Research on Students'
Participation Right in Internal
Governance of Universities

大学内部治理中的
学生参与权研究

包万平 著

中国社会科学出版社

图书在版编目（CIP）数据

大学内部治理中的学生参与权研究／包万平著. —北京：中国社会
科学出版社，2022.1

ISBN 978 - 7 - 5203 - 9667 - 7

Ⅰ.①大… Ⅱ.①包… Ⅲ.①大学生—学校管理—参与管理—
研究—中国 Ⅳ.①G647

中国版本图书馆 CIP 数据核字（2022）第 017455 号

出 版 人	赵剑英	
责任编辑	许 琳	
责任校对	魏 东	
责任印制	郝美娜	

出 版	中国社会科学出版社	
社 址	北京鼓楼西大街甲 158 号	
邮 编	100720	
网 址	http://www.csspw.cn	
发 行 部	010 - 84083685	
门 市 部	010 - 84029450	
经 销	新华书店及其他书店	

印 刷	北京君升印刷有限公司
装 订	廊坊市广阳区广增装订厂
版 次	2022 年 1 月第 1 版
印 次	2022 年 1 月第 1 次印刷

开 本	710×1000 1/16
印 张	21.5
插 页	2
字 数	350 千字
定 价	128.00 元

序　言

包万平的新作《大学内部治理中的学生参与权研究》付梓，邀为作序。看到这部著作的出版，我作为他的导师倍感欣慰。

大学是人类创造的一种历史悠久且独特的机构，现代意义的大学诞生于中世纪的欧洲，在当时"大学"意为"教师和学者的社团"。换言之，大学就是由教师、学生等组成的探索普遍学问的场所。中世纪大学有两种形态，其中一种是由学生效仿行会形式组成大学，由学生掌管的大学被称为"学生大学"。成立于1088年，被称为大学之母的博洛尼亚大学就是"学生大学"，这类大学由学生负责大学的内部治理工作，包括选聘教师、校长，进行财务管理等。应该说大学内部治理中的学生参与权，自现代大学的产生就已存在，在大学的办学实践中也得到了较好实现，但是随着历史的发展，这种权利逐渐弱化。尽管当前世界上纯粹的"学生大学"已经消失，但是，学生参与大学内部治理的传统一直存在，只是不同的国家和地区、不同的大学对于学生参与权的保障和重视程度有所不同而已。

随着高等教育大众化和普及化时代的来临，在我国各类大学，学生作为大学教育消费者的观念有所增强，一些大学开始探索"学生校长助理"等措施，以望通过学生参与大学内部治理，达到提升学生满意度等目的。但是，总体来看，我国大学对于学生参与权的关注还不够。同时，在教育学或法学类的学术研究中，对学生参与权的讨论也非常薄弱。因此，万平的新著能够抓住时代发展的需求，围绕大学内部治理中学生参与权进行系统研究，这无论对于大学内部治理理论的发展还是学生权利的理论研究，都是一个比较大的贡献。

万平的《大学内部治理中的学生参与权研究》这部著作，有几个方面给我留下了深刻印象。第一，采用多学科交叉视角。因为传统的大学治理研究，大多是从教育学科的角度进行研究的，能够采用多学科交叉进行研究的高水平著作不多见。这部著作运用法学、管理学、教育学等多学科的交叉思维，以大学内部治理中的学生参与权实现为初心进行了系统研究。第二，采用实证的研究方法。长期以来，我国人文社科学术有重思辨的传统，这一点虽是优点，但也有其不足，比如有些研究过于空洞，有为了思辨而思辨的感觉。万平由于受境外学术的训练，在著作中也延续了实证研究的传统，采用问卷、访谈等方法广泛调研，在掌握一手资料的基础上进行系统分析，从而得出研究结论。同时，实证研究非常耗时间，能够把它做好比较难能可贵。第三，在内容上有所突破。这本著作结合调研的数据，明晰了大学内部治理中学生参与权的构成要件，提出实现学生参与权的理论模型，同时就国家、政府等保障和完善学生参与权的法律制度和政策提出了一些改进建议，这些建议具有很强的操作性，对我国大学办学治理水平的提升，有实践参考价值。

作为一项开拓性的研究成果，这部著作虽有诸多可取之处，当然也有诸多需进一步完善的地方。希望万平再接再厉，吸取学界同仁的意见和建议，以此为新起点，产出更多优秀的成果。

刘宝存　于北京

2022 年 1 月

前　　言

　　大学内部治理中的学生参与权是学生作为重要利益相关者，全方位参与大学内部治理，表达自身诉求并对相应管理及决策产生影响的权利。近些年来，我国一些大学开始探索学生参与内部治理活动，然而，从整体上看，学生参与权不管是理论准备抑或是具体实践都处于探索阶段。为此，本书以推进学生参与权实现为目的，以学生参与行为为切入点，以教育部直属大学为对象，以哈贝马斯的交往与商谈理论为理论依据，主要就大学内部各主体对学生参与权的认知与态度、学生参与权的实现情况、影响学生参与权实现的因素和障碍等问题进行了实证探究。

　　本书采用混合研究范式，以定性研究为核心、以定量研究为补充，按照探索性序列思路进行设计和研究。第一，根据文献梳理形成的初步概念框架拟定访谈大纲，在检视访谈提纲的适用性和有效性后，对12名学生和9名管理者进行了访谈。第二，对全部访谈资料按照编码技术和Nvivo进行了整理和分析，从而形成完整的理论研究模型。第三，根据访谈资料编码结果设计调查问卷，并邀请6名专家和6名学生对该问卷进行了检视。第四，先行发放了100份预测问卷，完成小规模预先测试，测得问卷信度和效度良好。第五，采用分层、非随机抽样方法，共抽取四所"985工程"大学、四所"211工程"大学、两所一般大学，每所大学非随机发放问卷100份，总计回收问卷994份，有效问卷987份。所得资料利用SPSS软件进行资料处理与统计分析。

研究结论如下：第一，当前学生和管理者对大学内部治理中学生参与权的意义和作用认知清晰，但对学生参与权具体内涵的认知还比较模糊；学生对参与大学内部治理的愿望极为强烈，而管理者对学生参与权的总体态度不佳。第二，学生参与权运行方面，总体上看，参与层次尚浅，参与途径较窄，参与内容有限，参与人数不多，整体程度偏低，参与效果不佳。第三，影响学生参与权实现的因素。学校方面，办学理念中存在学生主体性体现不足、参与机制不健全、行政化倾向严重、管理者认知与态度有限等问题；学生方面，存在部分学生对参与权认知不清晰、参与意愿不强烈、参与能力不足等现实问题；其他方面，存在国家法律法规不明确、社会文化不支持等因素。

针对我国大学的现实情况，从根本上解决大学内部治理中学生参与权实现的困境，建议从以下三个方面加以改进：第一，在大学各主体对学生参与权的认知与态度方面，学生要学习公共知识，发挥主体意识，锻造公共品格。管理者要加强自身学习、增强服务意识等。第二，在改进学生参与权实现方面，健全现代大学制度和理念的保障，完善学生互动平台，拓展学生参与学校重大决策等内容，加强舆论引导等提升学生参与权实现程度。第三，消解影响学生参与权实现的制约因素，针对学校方面要营造民主氛围、推进信息公开等；针对学生方面要加强公民教育、健全公共参与；针对其他方面，要健全法律制度、重构大学法人治理结构、政府转变服务职能、营造参与环境等。

目　　录

第一章 绪论

随着高等教育法治化和社会民主化进程的推进，学生在大学的主体地位受到前所未有的关注，学生参与大学内部治理日益成为高等教育改革和发展的重要内容。联合国教科文组织在《面向二十一世纪高等教育宣言：观念与行动》中提出：国家和高等教育机构的决策者应将学生置于核心地位，应将他们看作高等教育改革创新发展的合作者和责任人。近几十年来，为顺应高等教育民主化发展趋势，我国积极推动大学内部治理改革，深化学生对大学各方面治理的参与、监督等。2005年出台并在2017年修订的《普通高等学校学生管理规定》第四十条规定："学校应当建立和完善学生参与管理的组织形式，支持和保障学生依法、依章程参与学校管理。"学生作为大学重要的主体成员和利益相关者，同时作为大学服务的核心"消费者"，对大学内部治理享有法定参与权。近年来，一些大学探索学生参与内部治理的活动，开始吸收学生代表参与大学内部治理的具体实践等。但从整体上看，学生参与权的实现不管是理论准备抑或是具体实践都处于探索阶段。为此，在国家推进公众参与社会治理的新形势下，有必要对我国大学内部治理中的学生参与权进行专门研究。

第一节 研究背景

大学内部治理中的学生参与权研究，有其特定的历史与现实背景。学生是大学存在的基础，学生参与权的提出是大学发展规律的客观体现。从历史的角度看，保障学生参与权是大学民主管理发展的趋势。从现实的角度看，学生参与权的彰显是大学治理改革的必然需要。同时，长期以来我国大学内部法权架构中由行政管理人员主导的行政权力和教师主导的学术权力一直占据着核心位置，而学生参与权的实现是大学法权配置的必然结果。

一 学生参与权的提出：大学发展规律的客观体现

学校是社会为实现教育目的而设立的专门机构①，它是按照社会需求，有目的、有计划、有组织地引导受教育者获得技能等，从而把受教育者培养成适应社会需要和促进社会发展的人，这是学校区别于其他事物的根本所在。大学是学校中的一个类别，学生是教育的对象又是教育的主体，是构成大学的核心组成教育要素。自中世纪大学产生以来，大学就是由学生和教师组成的探索高深学问的专门社团②，正如纽曼（John Henry Newman）所言，大学就是"探索普遍学习的场所"，是"一切知识和科学、事实和原理、探索和发现"的地方③。随着历史的发展大学的职能从传授知识拓展到科学研究、社会服务等，但人才培养作为大学的核心职能却从未发生过变化，大学始终"致力于保存知识，增进系统的知识，并在中学之上培养人才"④，学生作为大学履行人才培养职能的对象，是维系大学存在的核心要素，也是促进大学发展的支撑力量。这是由大学的职能和任务决定的。大学的首要职能是育人、首要任务是培养出优秀学生，因此在大学的实际运转中缺少学生就会导致运转不灵。

正是基于此，进入现代社会以来，"以学生为中心""培育质量

---

① 王道俊、王汉澜主编：《教育学（新编本）》，人民教育出版社1999年版，第94页。

② 刘宝存：《大学理念的传统与变革》，教育科学出版社2004年版，第219页。

③ Newman J. H. , *The Idea of A University : Defined and Illustrated.* Chicago：Loyola University Press，1987，p. 464.

④ Flexner A. , *Universities：American，English，German*，London：Oxford University Press，1930，p. 230.

文化"等成为国际高等教育发展的先进方向①，开始奉行以学生为本的理念，把学生作为大学发展的根本。如奥尔特加·加塞特（José Ortegay Gasset）所言，在大学里以学生为本的理念必须得到执行，大学不是教授接待学生的房子，而相反学生应该是管理房子的主人，让学生成为机构的躯干和骨架②。早在 300 多年前，耶鲁大学就提出了"你们就是大学"，在这里，"你们"是指学生，把学生看成是大学的真正主人，体现了以生为本的教育理念，也宣示了人才培养的根本宗旨③。从 20 世纪七八十年代后，出现了"学生消费者"（Student Consumer）概念，大学以满足学生的需求为前提，学生是高等教育服务市场的消费者④。也就是在高等教育的价值选择中必须坚持《国家中长期教育改革和发展规划纲要（2010—2020 年）》号召的"把促进学生成长成才作为学校一切工作的出发点和落脚点"，换言之，以学生的发展为出发点，以学生的成长为立足点，以学生的未来为落脚点，把学生的切身利益和需求放在大学改革发展的首位。

学生是大学存在的基础，质量是大学的生命，而生源质量是决定人才培养质量的关键，也是大学提高办学质量的保证，学生的创造性、主动性、积极性直接影响着大学的办学质量和发展方向。为了吸引更加优质的生源，大学需要根据学生的特点和要求变革发展。我国教育部于 2020 年 5 月 20 日发布的《2019 年全国教育事业发展统计公报》显示，到 2019 年我国有各类大学 2688 余所；全国各类高等教育在学总规模为 4002 万人，高等教育毛入学率达 51.6%。1973 年马丁·特罗（Martin Trow）提出的关于高等教育发展阶段的理论认为，高等教育毛入学率低于 15% 时属于精英教育阶段，毛入学率大于

---

① 教育部：《中国高等教育质量报告（摘要）》，《中国教育报》2016 年 4 月 8 日 5 版。

② ［西班牙］奥尔特加·加塞特：《大学的使命》，徐小洲、陈军译，浙江教育出版社 2001 年版，第 71 页。

③ 刘尧、冯洁：《雾里看花：寻找大学的主人》，《教育与现代化》2009 年第 3 期。

④ 拉亚妮·奈杜、琼安娜·威廉斯：《学生合约与学生消费者：学习的市场化与高等教育公共产品性质的侵蚀》，《北京大学教育评论》2014 年第 1 期。

15%小于50%时为大众化阶段，毛入学率大于50%时为普及化阶段①。按照特罗的理论，我国高等教育已经进入普及化阶段。在精英教育阶段，保证办学质量是大学发展的根本。在高等教育大众化阶段，办学质量依然是大学发展的根本。在普及化阶段，按照教育规律需要实现办学质量和数量的同步提高。而从1999年高校扩招以后，我国各大学办学整体规模大幅度扩张，各项指标如学生人数、教师数量、办学经费、校园面积、楼宇规模等都实现了量的突破，每个大学都逐步变成了克拉克·科尔（Clark Kerr）所描述的"多元化巨型大学"②。在办学规模扩大的同时，由于受诸多因素的影响，大学办学质量却没有同步发生质的飞跃，大学内部的治理水平等也没有太多改观。在新形势下，提高办学质量、走内涵式发展道路，是大学实现科学发展、持续发展的必然选择。

从精英教育转向大众化乃至普及化时代，并不仅仅是学生人数的增加，而高等教育本身的基本特点、教育治理方式等都发生了变化。在这个阶段，学生是高等教育经济成本分担的重要主体，学生将视高等教育为实现个人发展的重要投资方式，大学的办学质量以及提供的教育与管理服务，是广大学生选择大学的重要依据。这时学生就是大学名副其实的"顾客"，是高校教育服务的消费者，他们要求大学不仅仅保证他们的受教育权，而且还要更好地满足他们不同的发展要求和学习需要。这种学生消费者的身份特点就决定了学生期待对大学教育享有更为充分的选择权。而大学能否根据学生的个性和特点，以更高的办学质量、更优质的服务满足学生的多元需求，是学生能否对大学进行考量的重要因素。随着当今世界"学生消费者""利益相关者"等观念的流行，西方大学纷纷进行民主改革，将学生参与大学内部治理视为大学实现科学发展、民主发展、持续发展的重要推动力

① 邬大光：《高等教育大众化理论的内涵与价值——与马丁·特罗教授的对话》，《高等教育研究》2003年第6期。

② ［美］克拉克·科尔：《大学的功用》，陈学飞译，江西教育出版社1993年版，第1页。

量。在此过程中，大学为了适应学生的特点，增进与学生的沟通，提高教育治理水平与质量以满足学生的多元利益需求，学校管理者不得不吸收学生并将其作为大学内部治理的重要参与主体，赋予学生一定的治理参与权。在大学内部日常运行中，学生通过参与对大学内部重大决策等提出自己的意见和看法，从而改进相关工作以满足自己需求。这样不仅可以避免校内不同主体之间的分歧，而且有利于提高大学决策等方面的科学性和可行性，从而防止不必要的利益冲突等问题的出现。但是，目前我国大学内部治理中的学生参与权还未得到大学的相应重视，学生参与大学内部治理还存在诸多问题。

二 学生参与权的发展：大学民主管理的历史趋势

大学内部治理中的学生参与不是近现代才产生的，而是早在中世纪大学出现伊始就已存在。中世纪大学的产生分为两种模式，一种是先有不同地区和国家的学生聚合到一起，效仿行会形式组织成大学，然后根据学生的需要聘请教师，这类主要由学生掌管的大学被称为"学生大学"；另一种是先有教师聚合并成立大学，然后学生到大学求学，这类由教师掌管的大学被称为"先生大学"。成立于 1088 年并被誉为"大学之母"的意大利博洛尼亚大学是典型的"学生大学"，大学就是"学生团体"，学生行使大学管理权、主导大学内部治理，包括聘任校长、教师，制定规章制度，发放教师薪水，监督学术事务等。阿什比（Eric Ashby）发现，"甚至教授上课迟到或讲课过于拖延，他们还向教授追索罚金。为了防止教授中途为别的学校重金聘走，教授有时还需预付押金，由学生掌管"，大学与地方政府谈判等重要事宜都是由学生代表出面交涉①。由于受"学生大学"的影响，后来欧洲许多大学的学生都要求获得大学内部治理的参与权。到 13 世纪末，博洛尼亚大学的教师工资开始由市政当局发放，政府利用经

---

① ［英］阿什比：《科技发达时代的大学教育》，滕大春、滕大生译，人民教育出版社1983 年版，第 64 页。

济手段不断削弱学生对大学的控制权①。16 世纪以后，以巴黎大学为代表的"先生大学"成为欧洲大学流行模式。"学生大学"中的学术权威在内部治理中的作用越来越重要，大学的管理权逐渐被教授会等控制②。同时由于大学的世俗性增强，大学的"国家化"步伐也开始加快，大学的管理权逐步落入政府、教会及其他校外力量或校内教授会等手中。学生主导大学的局面被彻底改变，"学生大学"便退出历史舞台。尽管"学生大学"不复存在，但由于受"学生大学"的影响，后来许多大学一直保留着学生参与大学内部治理的传统。

到 20 世纪六七十年代，随着高等教育大众化的推进，西方部分国家大学在校生人数增多，而师资、设备等软硬件建设得不到保障，同时大学内部的改革与管理又非常滞后，学生对大学的不满达到顶点，于是爆发了学生要求民主管理大学、分享投票和决策权的运动，争取大学内部治理中的参与权成为当时各国大学生运动的主要诉求。1967 年意大利和德国③，1968 年法国、土耳其和塞尔维亚④等发生了不同程度的学生要求参与大学内部治理的示威游行活动，随后英国也出现了要求分享大学内部治理参与权的大规模学生运动，阿什比认为，"只要他们的反抗、挑战和背叛在理智上是真诚、严肃而有建设意义的，他们对大学就会有益的"。与此同时，美国各大学也出现了此起彼伏的学生示威游行等抗议活动，1968 年到 1969 年学生运动达到高峰。于是学生参与大学内部治理的理念开始被管理者逐步接受，

---

① 蔡文伯、付娟：《学生参与大学管理的制度逻辑和模式选择》，《复旦教育论坛》2016 年第 4 期。

② 耿华昌：《浅析大学生参与权的理论基础》，《江苏高教》2015 年第 5 期。

③ Mancini F. , Student Power in Italy. *The American Journal of Comparative Law* , No. 3 , 1969；Geck W. K. , Student power in West Germany：The authority of the student body and student participation in decision-making in the universities of the Federal Republic of Germany , *The American Journal of Comparative Law* , Vol. 17 , No. 3 , 1969.

④ Carreau D G. , Toward "Student Power" in France. *The American Journal of Comparative Law* , Vol. 17 , No. 3 , 1969；Ergun O. , Participation of Students in University and Faculty Administration in Turkey , *The American Journal of Comparative Law* , Vol. 17 , No. 3 , 1969；Vladimir J. , Participation of students in administration of colleges and universities in Yugoslavia , *The American Journal of Comparative Law* , Vol. 18 , No. 1 , 1970.

美国大学开始朝着接纳学生参与的方向发展。1970 年的一项调查发现，约 88% 的大学中的各种委员会中均有学生代表参与；约 20% 的大学董事会中有学生代表列席①。根据美国 1991 年大学董事会联合会的调查，在四年制大学中，40% 的大学董事会中学生代表拥有决策参与权②。在这些社会民主运动的驱使和推动下，到 20 世纪 70 年代许多国家开始颁布法律以保障大学内部治理中的学生参与权③。随之，在西方大学内部治理中的学生参与变成了法律事实。

相比较而言，我国大学内部治理中的学生参与权则发展缓慢。1904 年清政府颁布实施的《奏定各学堂管理通则》规定，各学堂学生不得干预本学堂事务，凡需向学堂陈诉事情，应告知值日学生，由值日学生报告主管，若学堂新增规章制度、实施禁令等，学生不得有任何阻挠，必须遵照执行④。北京大学成立之初，校内的所有事务都由校长等少数几个人专断，在蔡元培看来这非常不妥而且不可取⑤。1912 年蔡元培出任教育总长后，在颁布的《大学令》中通过教授会、评议会途径赋予了教师比较广泛的内部治理参与权⑥，而学生则被遗忘在大学内部治理体系之外。这样来自学生的诉求就无法及时有效地传达到大学决策当中，就容易引发学生使用"非正式"手段表达意见，如 1919—1921 年清华大学出现了学生"三赶校长"事件⑦，

---

① 李军：《美国高校学生参与管理的历史、现状与启示》，《中国高教研究》2003 年第 10 期。

② 刘宝存：《美国公立高等学校董事会制度评析》，《高教探索》2002 年第 1 期。

③ 刘振天：《西方国家教育管理体制中的社会参与》，《比较教育研究》1996 年第 3 期。

④ 璩鑫圭、唐良炎主编：《中国近代教育史资料汇编：学制演变》，上海教育出版社1991 年版，第 476—488 页。

⑤ 刘克选、方明东主编：《北大与清华：中国两所著名高等学府的历史与风格》，国家行政学院出版社 1998 年版，第 53 页。

⑥ 潘懋元、刘海峰主编：《中国近代教育史资料汇编：高等教育》，上海教育出版社1993 年版，第 367—368 页。

⑦ 清华大学校史编写组：《清华大学校史稿》，中华书局 1981 年版，第 76 页。

1922 年北大学生因"讲义费"引发了学生运动等①。

在我国大学的发展历程中，较早探索学生参与大学治理的当属1903 年至 1913 年主掌复旦大学的马相伯，在他的主持下复旦开始实行"学生自治"，建立了学生参与校内事务的制度和校内处理与学生纠纷的民主法庭，体现出了大学内部治理分权思想②。1919 年五四运动爆发，我国出现了学生参与大学内部治理的契机，教育家陶行知就发表了《学生自治问题之研究》一文，提出了学生民主参与的主张。陶行知认为，"学生自治就是学生团结起来，学习自己管理自己的手段"③，1939 年西南联大成立以"促进学生自治，努力抗战、建国、工作，联系组织、协助学校当局共谋学校团体生活之健全"为宗旨的学生自治会，学生自治会成立后，一方面引导学生发展，另一方面维护学生利益④。学生自治属于大学自治的组成部分，当时只是在个别学校推行，而且持续的时间也不长，因此没有得到政府教育管理部门的肯定。

新中国成立后，学生参与大学内部治理的积极性提高。1950 年《高等学校暂行规程》规定，"校（院）务委员会中要有学生会代表二人"，这是新中国最早关于大学内部治理中学生参与权的正式表述。近些年来随着教育民主化思想的深入和教育改革的逐步推进，部分大学开始探索学生参与大学治理的途径和方式，这些做法不仅彰显了校内学生的主体地位，而且也唤醒了学生心中的参与意识，为学生参与大学内部决策等提供了许多有益借鉴。但总体来讲，目前我国大学内部治理中对于学生参与权的保障还很不完善、学生参与大学内部治理有诸多现实困境。从历史的角度看，保障学生参与权是大学民主管理

---

① 程巍：《北大 1922 年 10 月"讲义费风潮"》，《中华读书报》2010 年 9 月 2 日第 13版。

② 李永贤：《国家之光人类之瑞——马相伯教育救国思想及实践》，《国家教育行政学院学报》2006 年第 2 期。

③ 陶行知：《学生自治问题之研究》，《新教育》1919 年第 2 期。

④ 蔡惠芝：《西南联大的民主管理初探》，《云南师范大学学报》（哲学社会科学版）1999 年第 3 期。

发展的趋势。为此，在新形势下探索我国大学内部治理中的学生参与权实现途径，是一个具有历史前瞻又有现实意义的课题。

三 学生参与权的彰显：大学治理改革的现实需要

高等教育大众化不仅仅是受教育人数的增加，而且高等教育本身的内容与性质也发生了显著变化。在大学内部运行中，传统的自上而下的行政管理已经无法适应社会需求与大学改革发展的需要，这在近些年来的大学发展实践中不断得到印证。学生与教师、行政管理人员是构成大学的重要主体，他们作为大学活动的主要参加者，所具有的权力、权利的大小及其分配方式直接决定着他们在大学运行中的地位和作用。在大学内部决策中，行政权与学术权的较量一直是大学体制机制改革的重点，在此过程中对于教师需求的关注也越来越多。而在行政职能部门和行政管理人员主导大学日常运行、资源配置与调度等过程中，大学的行政化倾向以及行政权力膨胀等问题开始显现，甚至部分大学内部出现了行政权一方独大等现象。在这种体制下，大学运行比较关注"上级"部门、领导、组织的命令、指示、要求，而对学生需求和意见关注不够，在大学内部决策中学生的要求和期待无法得到有效传递，学生权利得不到有效保障的现象比较常见。随着社会发展环境的变化，学生作为正在接受高等教育的知识群体，其维护自身权益的意识逐步增强，开始不断要求大学推进以民主参与为核心的民主管理[①]。在大学决策与实施中享有话语权，在大学内部治理诸多方面体现学生意志，学生参与大学内部治理、践行教育民主，成为大学改革与发展的必然趋势。同时，为了提高大学决策的有效性、科学性，提升大学内部治理的民主化程度，也需要探索和尝试学生参与的渠道和途径，发挥学生在大学各种事务中的重要作用。在此背景下，各方面要求大学民主改革创新的呼声不绝于耳，推进民主参与、实现

---

① 石中英：《教育中的民主概念：一种批判性考察》，《北京大学教育评论》2009 年第 4 期。

民主权利成为大学发展过程中必须面对的现实。国务院新闻办公室2016 年发布的《国家人权行动计划（2016—2020）》也强调，"健全社会主义民主政治，畅通、创新渠道，促进公民知情权、参与权、表达权和监督权充分实现"。党的十八大报告提出，"以扩大有序参与、促进信息公开、加强议事协商、强化权力监督为重点，拓宽范围和途径，丰富内容和形式，保障人民享有更多更切实的民主权利"，2017年党的十九大报告也提出"完善基层民主制度，保障人民知情权、参与权、表达权、监督权。健全依法决策机制，构建决策科学、执行坚决、监督有力的权力运行机制……加强协商民主制度建设，形成完整的制度程序和参与实践，保证人民在日常政治生活中有广泛持续深入参与的权利"。党和政府对公众参与社会治理、参与民主监督与管理的政策与宣示，在各行各业掀起了公众参与的热潮，有效促进了公众参与社会治理的实践。与此同时，保障公众参与权的法律与政策等也逐步得到完善。

在教育领域，也开始推进以完善民主参与、促进教育治理现代化等为核心内容的教育民主化实践。学生作为大学的重要成员和利益相关者，特别是在多元主体参与治理改革成为不可逆转的趋势下，促进学生参与、彰显学生参与权成为大学内部治理改革的重要内容，国务院发布的《国家中长期教育改革和发展规划纲要（2010—2020 年）》提出要完善大学治理结构、建立现代大学制度，加强学生代表大会等群众团体建设。自此，学生参与成为国家教育综合改革的重要关注点，并在此之后数次出现在党和政府重要的改革文件当中。2014 年 7月国家教育体制改革领导小组办公室发布的《关于进一步落实和扩大高校办学自主权完善高校内部治理结构的意见》提出，要完善和健全校内民主管理、社会参与监督、以章程为统领行使办学自主权的体制机制，"按照决策权、执行权、监督权既相互制约又相互协调的原则，健全和规范内部治理结构和权力运行规则"，"拓展学生参与学校民主管理的渠道，进一步改革完善高校学生代表大会制度，推进学生自主管理。要完善多元参与的校内治理体系，加强议事协商，积极探索师生代表参与学校决策机构的机制，充分发挥群众团体的作用……保障教职工、学生、社会公众对学校重大事项、重要制度的知情权，接受利益相关方的监督"。2014 年 10 月中共中央办公厅印发的《关于坚持和完善普通高等学校党委领导下的校长负责制的实施意见》提出，大学党的委员会"委员中除校级领导干部外，还应有院（系）、党政工作部门负责人及师生员工代表"，依此学生代表可以作为大学党的委员会委员。国务院于 2015 年 11 月在印发的《统筹推进世界一流大学和一流学科建设总体方案》中明确"加快高等教育治理体系和治理能力现代化"是"双一流"建设的重要目标，"完善民主管理和监督机制，扩大有序参与，加强议事协商，充分发挥教职工代表大会、共青团、学生会等在民主决策机制中的作用，积极探索师生代表参与学校决策的机制"是"双一流"建设的重要改革任务。2017 年3 月，教育部、国家发改委等五部门发布的《关于深化高等教育领域简政放权放管结合优化服务改革的若干意见》也提出要完善大学内部治理，"健全高校师生员工参与民主管理和监督的工作机制，发挥教职工代表大会和群众组织作用"。2017 年 2 月，教育部颁布了修订后的行政规章《普通高等学校学生管理规定》，明确学生拥有"以适当方式参与学校管理，对学校与学生权益相关事务享有知情权、参与权、表达权和监督权"等权利；大学学生申诉委员会由学生代表、教师代表、职能部门负责人、学校相关负责人等组成，负责对学生处理或处分决定不服提起的申诉等。

可以看出国家绘就的大学治理改革蓝图高度关注学生参与权，期望通过学生参与促进大学民主发展。在大学运行层面，现实也要求从传统管理主义观念中脱离出来，视学生为大学重要的成员和治理主体，推进"教职员工和学生参与学校决策、管理"的民主参与活动①，给予学生等应有的大学内部治理参与权。

---

① 顾明远主编：《教育大辞典》，上海教育出版社 1991 年版，第 16 页。

四 学生参与权的实现：大学法权配置的必然结果

大学是一个学术组织，但同时也是一个权力（利）场，权利与权力作为法权的两种形态普遍存在于大学之中。权力与权力、权力与权利、权利与权利互相联系、相互作用，并按照科学的原理进行配置从而形成相对稳定的法权结构，它对于大学的运行与发展起着至关重要的作用。正如伯顿·克拉克（Burton R. Clark）所言，如果懂得权力，就能懂得高等教育系统整合的一切方面，因为法权配置呈现出来的是一种系统的治理结构，"结构准许或否定群体成员的意见，这不仅表现在它决定由谁来安排议程和由谁来告诉其他人做什么——决策，而且表现在它限制将要做出的决定的范围——非决策"①。根据他的观察，高等教育系统包括三方面的权力，一是植根于学科的权力，也就是来自于教授个人、集体、学科专业等方面的学术权力；二是大学权力，来自董事会、董事以及行政管理群体的行政权力；三是系统权力，来自政府机构以及党派、其他机构的政治权力等②。具体到我国大学内部，学者们公认的比较常见的是前两种权力，也就是人们常说的学术权力和行政权力。学术权力源于知识化，是大学作为学术机构所特有的权力，是由专家学者等拥有的影响他人或者组织行为的一种权力，它是护卫大学探求高深学问、促进学术进步的保障，也是确保大学学术标准得以传承、大学办学水平得以提升的重要因素，它在大学内部运行中占据着重要地位。行政权力源于制度化，是由于大学行政管理的需要而产生，是由大学内部各类管理人员所行使的一种权力，它遍布在大学的每个角落、渗透在大学的所有活动之中，是大学日常运行的重要保障力量，在大学内部治理中也同样占据着重要位置。

---

① ［美］伯顿·R. 克拉克：《高等教育系统：学术组织的跨国研究》，王承绪等译，杭州大学出版社 1994 年版，第 120—121 页。

② ［美］伯顿·R. 克拉克：《高等教育系统：学术组织的跨国研究》，王承绪等译，杭州大学出版社 1994 年版，第 124—131 页。

大思想家孟德斯鸠（Baron de Montesquieu）有言，"所有拥有权力的人，都倾向于滥用权力，而且不用到极限绝不罢休"①，法约尔（Henri Fayol）也认为，"权力是指挥和要求别人服从的权利"②，是一种处于强势和优势地位的力量，容易在行动中锐变、异化，也容易对处于弱势位置的权利形成伤害，所以权力作为一种管理手段，它在客观上的不合理扩张甚至是滥用始终存在，在一些组织内部权力与权利之间常常处于失衡的状态、呈现出一种不平衡的关系。我国大学也未能幸免，长期以来我国大学内部法权架构中由行政管理人员主导的行政权力和教师主导的学术权力一直占据着核心位置。一方面，就行政权力方面而言，在运行中容易膨胀，从而导致大学的行政化。这是因为我国大学从创建开始就受到政府权力的干预，大学日常运行也由行政体制承担，党务组织行使政治权力，行政组织行使行政权力，而且行政权力与政治权力相互交织。同时，政治权力表现为一种更大的行政化权力，大学法权结构呈现出明显的一元化特征，各项活动都被置于行政权力的管辖之下，从而控制着大学的运行。③ 在此背景下，由于大学管理者对包括学生参与权在内的各类权利认知不足，所以大学内部决策等当中对学生的需要没有给予适当的关注。另一方面，就学术权力方面而言，由于大学管理者或相关学者的认知有限，导致现实中学术权力运用不当侵害学生权利的情况也时有发生。自 20 世纪90 年代以来，像"刘燕文诉北京大学案"等类似学位纠纷案件不断上演，学生将大学诉至法院的案例并不少见。学位纠纷这类由学术权力运行所引发的案件，由于学术权力的特殊性，其他的审查机制不太容易介入，同时大学内部行政权力等也会对学术权力保持一定尊让，所以它带来的危害结果和行政权力并没有差别，有时候会直接触及学

① ［法］孟德斯鸠：《论法的精神》，许明龙译，商务印书馆 2012 年版，第 185 页。
② ［法］法约尔：《工业管理与一般管理》，周安华等译，中国社会科学出版社 1982年版，第 24 页。
③ 别敦荣、冯昭昭：《论大学权力结构改革——关于"去行政化"的思考》，《清华大学教育研究》2011 年第 6 期。

生的受教育权等宪法规定的基本权利。可以看出,大学和其他的权力主导型组织一样,权力在比重上不一定占优,但权力在效能和强度上可以形成对权利的主导、压缩甚至侵害结果是一样的。①

大学内部治理的重点就是实现各利益相关者之间的法权配置。②法权配置包括两个方面的维度,一是权力的建设与规范,二是权利的保障与维护;重在实现权力与权利的统一,寻求在一个整体中的权利与权力平衡,用权利制约权力的运行。③ 一般而言,用权利制约权力被认为是比较可靠的一种模式,在不同领域受到普遍认可。用权利制约权力就是在进行法权配置时,恰当配置权利,以便能起到约束权力、限制权力膨胀或者对权利造成挤压。其中参与权就是一种理想的制约权力的权利,权利主体在参与的过程中发挥表达意见、提出建议、履行监督等作用,这样在一定程度上对决策结果产生影响,从而对权力的行使形成制约,并能促成民主的决策结果。④ 学生与教师、行政管理人员作为大学内部治理活动的主要参加者,所具有的权利、权力在一定程度上影响着他们在大学内部治理结构中的地位和作用。近些年来在我国大学内部治理中,学生处在法权结构边缘或者是游离在治理结构之外,在法权配置中对学生权利及学生参与权的关注不够。这体现在两个方面,一方面,在实践中不少大学对学生权利仍未给予太多关注,在对相应行政权力、学术权力运行机制进行设计时,学生在权利受到伤害寻求救济时所遇到的困难没有得到有效解决;另一方面,在理论研究上学界对大学内部治理中的学生权利、学生参与权关注不够,研究的深度、广度等都不足以支撑学生参与大学治理的实践活动。在大学内部治理改革中,考虑法权配置时,既要考虑那些

---

① 童之伟:《法权中心说补论》,《法商研究》2002 年第 1 期。

② 叶文明:《差异化放权:大学内部治理变革的策略选择》,《高等工程教育研究》2017 年第 2 期。

③ 段凡:《从法权概念到法权逻辑——中国法权研究评析与展望》,《湖北大学学报(哲学社会科学版)》2012 年第 3 期。

④ 侯健:《三种权力制约机制及其比较》,《复旦学报(社会科学版)》2001 年第 3 期。

各类有头衔的人，也要考虑那些没有头衔而有影响的人①。所以，作为没有头衔而有影响的群体，学生参与权的实现是大学法权配置的必然要求，在大学治理体系与治理能力建设中应当给予重点关注。

第二节　概念辨析

概念是从感性认识上升到理性认识，把所感知的事物的共同本质特点抽象出来而加以概括，是对特征的独特组合而形成的知识单元。所有的研究都需要在明晰各相关概念内涵的基础上进行，本研究需对"治理""大学治理""大学内部治理"以及"参与""学生参与""学生参与权"的概念进行辨析。

一　治理、大学治理、大学内部治理

（一）治理概念

1. 治理概念的由来

任何一种概念或理论的提出都有其由来，治理概念也不例外。西方学者和社会组织提出治理概念，主要基于国家层面和全球层面两个方面。在国家层面，主要是因为在社会资源配置中他们既认识到了"市场失效"，也看清了"政府失效"②。在 17 世纪到 19 世纪，西方国家奉行亚当·斯密（Adam Smith）所倡导的自由主义经济理论，其核心主张就是"自由放任"，认为"管得少的政府是好政府"，政府充当"守夜人"角色，其职能被定位为国家安全、守护领土、维护社会秩序等，政府"少管"或者"不管"社会资源配置，而由市场进行自由调节。到 20 世纪二三十年代，世界经济危机爆发，显现出了市场调节的缺陷性，市场失效表现为市场机制无法有效配置社会资

---

① ［美］伯顿·R. 克拉克：《高等教育系统：学术组织的跨国研究》，王承绪等译，杭州大学出版社 1994 年版，第 120 页。

② 胡祥：《近年来治理理论研究综述》，《毛泽东邓小平理论研究》2005 年第 3 期。

源或者市场无法解决效率之外的其他目标①。这为政府全面干预经济和社会公共事务提供了空间，政府通过参与逐步扩大自身职责范围，开始对社会公共事务等大包大揽，终成"超级保姆"，从而导致政府职能扩张，效率低下、机构臃肿等问题频出，这样就造成了政府信任危机、管理失效，人们便意识到政府在本质上仍然存在缺陷，也无法实现资源的优化配置②。与此同时，在世界层面，随着全球化、区域一体化等理念逐渐深入，产生了许多超出国家的全球性公共问题，如环境污染、科技风险等对世界发展提出了挑战，没有一个国家可以置身于这些问题之外，这就要求各国政府及国际组织和力量建立以全球合作、共同面对、协作管理的全球治理方式，以解决"没有政府"的地区和全球性公共问题③。在这两个层面，人们认识到国家和政府在市场统治或管理公共事务的过程中都存在诸多缺陷性，于是开始关注早已存在并被忽视的"治理"概念。

从词源上看，"治理"一词在英文中为"governance"，最早可以追溯到古希腊和拉丁文中的"掌舵"，原意是指操控、控制、指导、引导等，主要用于国家或政府对社会公共事务的依法执行，在传统意义上与"government"的含义相近，甚至二者可以互换④。后来，"治理"主要在政治学等领域使用，以表示政府统治方式与行动、在特定范围内行使权威等含义。1989 年世界银行在《撒哈拉以南非洲：从危机到可持续增长》报告中，首次使用"治理危机"（crisis in governance）一词，来形容当时非洲的政治与经济发展情况，并提出了"善治"的改革目标⑤。自此以后，各地学者们对"治理"概念及其理论

---

① 刘鸿翔：《论治理理论的起因、学术渊源与内涵特点》，《云梦学刊》2008 年第 2 期。

② 龙献忠、杨柱：《治理理论：起因、学术渊源与内涵分析》，《云南师范大学学报（哲学社会科学版）》2007 年第 4 期。

③ 马丁·休伊森、蒂莫西·辛克莱：《全球治理理论的兴起》，《马克思主义与现实》2002 年第 1 期。

④ 吴慧平：《西方大学的共同治理》，北京师范大学出版社 2012 年版，第 102 页。

⑤ World Bank., *Sub-Saharan Africa: From Crisis to Sustainable Growth*, The World Bank, 1989.

表现出了浓厚兴趣，并进行了大量研究工作，于是"治理"开始在社会科学中越来越广泛地被运用，不仅"治理"所应用的领域得到了广泛拓展，而且其基本含义已经超越了原来的定义。"治理"一词在不同的场合和不同的领域，所指称的内容有很大的差别。

2. 国外学者对"治理"的定义

较早对"治理"做出解释的是詹姆斯·罗西瑙等编写的《没有政府的治理》（*Governance without Government*），在这本书中他将治理解释为各相关行动者，在共同目标的支持下，各种人和社会组织用各种机制进行协商，以克服分歧、达成共识、满足需求、实现愿望的过程[①]。

治理理论研究的重要代表人罗茨（Rod Rhodes）认为，治理是"一种新的管理过程，或者一种改变了有序统治状态，或者一种新的管理社会的方式"。他列举了6种关于治理的不同定义，它们是：第一，作为最小国家的治理，意指国家削减公共开支，以最小成本取得最大利益；第二，作为公司的治理，意指指导、控制和监督企业运行的组织体制；第三，作为新公共管理的治理，意指将市场的激励机制和私人部门的管理手段引入政府的公共服务；第四，作为善治的治理，意指强调效率、法治、责任的公共服务体系；第五，作为社会一般控制系统的治理，意指政府与民间、公共部门与私人部门之间的合作与互动；第六，作为自组织网络的治理，意指建立在信任与互利基础上的社会协调网络[②]。

贝阿特·科勒－科赫（Beate Kohler－Koch）认为，治理实质上是将人们不同偏好和意愿转化为有效政策的方法手段，以及将多元利益转化为一致行动的过程。治理的本质是做出有约束力的决定[③]。

① Rosenau J. N. & Czempiel E. O., *Governance without Government: Order and Change in World Politics*, Cambridge: Cambridge University Press, 1992, p. 5.

② Rhodes R., "The New Governance: Governing without Government", *Political Studies*, Vol. 44, No. 4, 1996.

③ Kohler K. B. & Eising R., *The Transformation of Governance in the European Union*, London: Routledge, 1999, p. 14.

玛丽克劳德·斯莫茨（Marie – Claude Smouts）认为"治理"至少有4个基本特征：第一，治理是一个过程，而不是一种活动或一套规则；第二，治理过程的基础是协商合作，而不是控制或支配；第三，治理可以在公共部门存在，也可以在私部门存在；第四，治理是一种互动沟通，而不是一种特定制度规范①。

星野昭吉也认为，治理是一个个人与组织、社会与私人之间为了管理公共事务而进行的不断持续的过程，在此过程中，对立和冲突的利益得到协调，各主体之间彼此合作。治理既包括迫使人们妥协和服从的正规权力机构和管理，也包括权力机构和人们普遍乐于接受，享有共同利益的一些非正式措施和做法②。

3. 国内学者对"治理"的定义

从可以查阅到的文献来看，最早引入治理概念的是智贤，他认为"治道"是关于治理公共事务的效能③。随后毛寿龙认为在"英语词汇中 governance 既不是统治（rule），也不是执行（administration）和管理（management）"，而应该是政府等对社会公共事务的一种治理，政府等在这个过程中"掌舵而不是划桨"，不直接参与相应公共事务，是介于政府的"统治"和具体事务"管理"之间的概念，因此，将其译为"治理"较为适宜④。

俞可平则认为治理是一种以"在各种不同的制度关系中运用权力去引导、控制和规范公民的各种活动，以最大限度地增进公众利益"为目的，满足公众需求的公共管理活动或过程⑤。

申建林和徐芳认为，目前在国内"治理"无所不包，只要涉及到

---

① Smouts M. C. , "The proper use of governance in international relations", *International Social Science Journal*, Vol. 50, No. 1, 1998.

② ［日］星野昭吉：《全球政治学》，刘小林、张胜军译，新华出版社 2000 年版，第279 页。

③ 刘军宁主编：《市场逻辑与国家观念》，生活·读书·新知三联书店 1995 年版，第55 – 78 页。

④ 毛寿龙、李梅、陈幽泓：《西方政府的治道变革》，中国人民大学出版社 1998 年版，第 7 页。

⑤ 俞可平：《治理和善治引论》，《马克思主义与现实》1999 年第 5 期。

需要管理、组织、处理、办理、解决某些问题，都被冠以"治理"两个字。尤其是在十八届三中全会提出"推进国家治理体系和治理能力现代化"之后，可以发现在各个领域、各个组织、各个部门都在使用"治理"，比如国家治理、社会治理、环境治理、雾霾治理、大学治理、公司治理、农村治理等。在中国语境中，"治理"包括两个含义：第一是整治修整，比如治理黄河、治理淮河等；第二是控制管理，后来是指治国理政①。

赵春雷与高和荣等认为，治理实质上是对涉及利益相关者问题进行的群体决策，是一种利益分配的理论工具。它的精神实质在于：第一，治理必须以公共利益为导向；第二，治理主体多元化提升群体决策结果的可接受性；第三，捍卫自身利益是指直接参与群体决策、表达真实偏好且偏好得到尊重；第四，治理主体富于理性妥协精神，若没有部分个体的妥协，群体一致行动将难以实现②。

而更多学者则主张联合国全球治理委员会在《我们的全球伙伴关系》研究报告中对"治理"所做的解释，认为"各种个人和公共或私人机构管理其共同事务的诸多方式总和。它是使相互冲突的或不同的利益得以调和并且采取联合行动的持续过程。它既包括有权迫使人们服从的正式制度和规则，也包括各种人们同意或者以为符合其利益的非正式的制度安排"③。

综上所述，尽管每个人或组织对"治理"的理解各不相同，或者可以说有多少个研究治理的学者就有多少种关于"治理"的定义，尽管"治理"概念呈现出多元化和差异化，但可以从学者对其所做的定义中，归纳出"治理"概念的一些基本特征：第一，从目的上讲，治理指向在一些特定的范围内满足公众需求，以特定主体的现实

---

① 申建林、徐芳：《治理理论在中国的变异与回归》，《学术界》2016年第1期。
② 赵春雷、高和荣：《论西方治理理论的精神实质——基于前治理理论统构视角》，《南京社会科学》2017年第4期。
③ Commission on Global Governance. , *Our global neighbourhood*：*The report of the Commission on Global Governance*, Oxford：Oxford University Press, 1995, p. 23.

需要为根本，强调公共部门或其他组织运用公共权威或秩序，通过多种方式最终达成目的。第二，从主体上讲，治理是多元主体而不是一元主体，不是权威主体的独自运行，而是在不同的治理层面上存在不同的治理主体，发挥着不同的功能和作用。第三，从方式上讲，治理不是某个主体的"独角戏"，而是强调通过各主体的广泛参与和协同，实现各要素之间的协调、对话和谈判，在治理过程中每个主体的参与都是对实现最终治理目的的促进。第四，从手段上讲，治理强调合作、互动，通过建立体现法治和责任的合作互动机制，形成各主体之间为了达成公共利益最大化的新型关系。合作贵在自愿，而非强制，是建立在彼此认同和信任基础之上的共识。互动是为了民主和效率，是获知彼此的意愿、设想、目的等的过程。第五，从过程上讲，治理是一个上下互动的过程，而不是单向度的，强调为了实现最终目的在治理过程中需考虑最大多数意见，要通过多种方式和手段实现各主体间的沟通和交流。第六，从机制上讲，治理重在用权利制衡权力，多元主体的参与使公共权力运行发生了变化，公众参与权、监督权等的行使是有效保障公共权力合法、合理运行的重要条件，是保证公共主体提高服务质量、扩大基层民主的有效手段。所以本研究认为，联合国全球治理委员会的定义更具科学性。即治理是各种个人和公共或私人机构管理其共同事务的诸多方式总和。它是使相互冲突的或不同的利益得以调和并且采取联合行动的持续过程。

（二）大学治理、大学内部治理

和"治理"的概念一样，"大学治理"到目前也没有统一的表述。每个学者定义"大学治理"的视角和关注点各不相同，但大部分文献的概念界定都可以归入以下三类：

1. 注重结构的概念界定

李福华认为，"大学治理是在大学利益主体多元化以及所有权与管理权分离的情况下，协调大学各利益相关者的相互关系，降低代理成本，提高办学效益的一系列制度安排"①。

李维安、王世权认为，大学治理的要义在于"基于决策权的行政权力与学术权力匹配。考虑到大学的'学术性'这一其他组织所不具备的特征，两种权力匹配的基本范式是'大学术，小行政'，即'行政服务于学术'"②。

王绽蕊认为，大学治理就是"大学各个利益相关群体之间的决策权配置问题，他们之间的决策权配置模式就是大学治理结构（governance structure）"③。

2. 注重过程或结果的概念界定

张维迎在阐述大学治理的本质时认为"大学治理是用什么样的制度保证大学的理念和目标的实现"④。

左崇良认为大学治理过程，要使行政组织和学术组织在各种事务的决策与执行中达到影响力和控制力的平衡，而且还要使师生权利得到彰显⑤。

胡弼成、孙燕认为，大学治理是"大学这一组织内进行协调、互动、合作等实现大学发展目的的一种过程"，首先大学治理的目标是追求"良治和善治"，其次大学治理的主体包括大学人等在内的各利益相关者，再次大学治理的基础是处理好大学内外部权力关系、利益关系，最后大学治理的方式包括外显的制度和规范、内在的精神文化价值⑥。

3. "结构 + 过程"的概念界定

罗伯特·伯恩鲍姆（Robert Birnbaum）认为，大学治理是为了实现大学理事会等行政体系与教授等学术专业体系之间的内部平衡而设

---

① 李福华：《大学治理与大学管理》，人民出版社 2012 年版，第 5 页。
② 李维安、王世权：《大学治理》，机械工业出版社 2013 年版，第 37 页。
③ 王绽蕊：《高校治理：比较与改进》，光明日报出版社 2013 年版，第 5 页。
④ 张维迎：《大学的逻辑》，北京大学出版社 2004 年版，第 1 页。
⑤ 左崇良：《现代大学治理的法权结构》，《复旦教育论坛》2015 年第 6 期。
⑥ 胡弼成、孙燕：《文化精神：大学内部治理之魂》，《清华大学教育研究》2016 年第 3 期。

计的结构和过程①。

李立国认为，大学治理是国家治理体系的重要组成，是以制度体系为主导，价值体系和行动体系相配比的"三位一体"系统。制度体系是为了实现利益分配、确立权力运行规则，包括权力运行和组织体系；价值体系是体现办学规律，形成学校各成员广泛的价值认同；行动体系是各权力主体之间的互动。教师、学生、行政人员都是大学治理的主体，利益是大学治理的基础、权力是大学治理的关键、权利是大学治理的保障②。

王洪才认为，大学治理有四种内涵，包括作为结果的大学治理、作为手段的大学治理、作为结构的大学治理、作为目标的大学治理。作为结果的大学治理，就是通过多种途径达到最终目的，必要时可采取暂时强制手段；作为手段的大学治理，指对大学发展中出现的种种乱象的整治；作为结构的大学治理是指从治理主体而言，建立一种众人参与、共同治理的结构；作为目标的大学治理就是建立人们共同的理念价值追求③。

以上三类概念界定方法，本研究比较认同第三类"结构 + 过程"的概念界定。因为从词性上看"治理"是一个动词，所以大学治理是一个动态的过程，公共管理视野中的治理是"结构 + 过程"，治理结构是对各治理主体根据责权划分而形成的立体架构和制度性安排，所有的治理都是在"结构"中进行的，"结构"是治理的基础性条件。而治理过程是利益相关者参与决策的各环节总和，是治理主体在"结构"的安排中进行的参与，一个完整的治理过程包括发现问题、分析问题、解决问题的全过程。"结构 + 过程"的概念界定方式基本展现了大学治理的完整面，而只注重结构或只注重过程的概念界定，

---

① Birnbaum R., "The end of shared governance: Looking ahead or looking back", *New Direction For Higher Education*, No. 127, 2004.

② 李立国：《大学治理的内涵与体系建设》，《大学教育科学》2015 年第 1 期。

③ 王洪才：《大学治理的四种内涵》，《苏州大学学报（教育科学版）》2015 年第 4 期；王洪才：《大学治理：理想、现实、未来》，《高等教育研究》2016 年第 9 期。

只是体现了大学治理的某些点，不具有全面性，导致后续的研究不能在同一个基点上展开，所以在一定程度上有失偏颇。

4. 概念小结

综合以上概念分析，本研究认为大学治理是指大学内外部利益相关者根据责权划分所形成的结构性制度安排，通过参与大学事务决策等过程而达到平衡的动态活动。首先，大学治理的主体包括内部利益相关者，也包括外部利益相关者；其次，大学治理的依据是根据责权划分而形成的制度安排；再次，大学治理的方式是参与大学重要事务，通过参与过程达到治理目的；最后，大学治理的架构包括大学治理结构和大学治理过程。缺少其中的任何一部分，都不能称为大学治理。

根据大学利益相关者的不同，可以将大学治理细分为大学外部治理、大学内部治理两个层面[①]。大学外部利益相关者参与大学事务的结构和过程，可以称之为大学外部治理；大学内部利益相关者如校长、教师、学生等，参与大学事务的相关安排和过程，可以归入大学内部治理。有一些文献在探讨大学治理问题时，没有清楚界定大学治理的概念，也没有说明大学治理的类别指称，但可以通过基本的概念要素判断出大学治理的具体指向。将大学利益相关者主要涉及政府、社会、企业等主体的研究成果，可以归入大学外部治理，例如孙霞认为大学治理就是以民主、合作、互利为核心，通过法治实现学术自由、大学自治和权利保障，强调的是责任、法治和效率，凸显政府和民间、公共部门和私人部门的互动[②]。此外，大学治理主体只涉及校内的教师、学生、管理者等的，则可以归入大学内部治理概念范畴，例如王晓辉认为大学治理的核心要素是大学章程（是大学的规矩，规定了大学治理整个过程）、大学各委员会（是大学的决策机构，构成

---

① 孟倩：《大学内部治理的分权与制衡——博弈论的视角》，中国编译出版社 2016 年版，第 24 页。

② 孙霞：《中国的大学治理：法治意义及其实现》，《南京师大学报（社会科学版）》2015 年第 2 期。

大学治理的核心)、大学校长（是大学首脑，在大学治理中发挥主导作用）等①。

（三）大学内部治理与大学内部管理的区别

在论述大学内部治理概念时，大学内部管理是一个绕不开的关键词。在"治理"还没有成为热门中文词汇之前，人们习惯于用"管理"来论述大学内部运行中的内容。那么"大学内部治理"与"大学内部管理"又有哪些区别呢？

接下来，看一下"管理"的概念，自科学管理之父泰勒（Frederick Winslow Taylor）提出科学管理理论以来，已经一个多世纪了，但对于什么是管理，却没有一个统一的概念。对于管理的解释也众说纷纭，不同的人也给出了不同的阐述，比较有代表性的观点有下面几种：

法约尔（Henri Fayol）认为，管理就是"实行计划、组织、指挥、协调和控制"，计划是制定行动方案，组织是建立物质和社会的结构，指挥是使人发挥作用，协调是联合调动所有的力量，控制是按照命令和规章进行②。

弗里蒙特·E. 卡斯特（Fremont E. Kast）等认为，管理包括为完成目标而从事对人和物质资源的协调活动。典型的管理定义是通过计划、组织、控制等活动的过程③。

哈罗德·孔茨（Harold Koontz）等认为，管理就是创造良好的环境，使人在群体当中高效完成目标。首先，管理人员需要计划、组织、认识、领导、控制等职能；其次，管理存在于任何组织当中，适用于各级人员；再次，所有人员有一个共同目标；最后，管理直接关

---

① 王晓辉：《大学治理要素——国际比较的视角》，《中国人民大学教育学刊》2016年第 3 期。

② ［法］法约尔：《工业管理与一般管理》，周安华等译，中国社会科学出版社 1982年版。

③ ［美］弗里蒙特·E. 卡斯特、詹姆斯·E. 罗森茨韦克：《组织与管理——系统方法与权变方法》，李柱流等译，中国社会科学出版社 1985 年版，第 8 页。

系到效率和效益①。

安杰洛·金尼奇（Angelo Kinicki）等认为，管理一是有效率、有效能地达成组织目标，二是通过规划、组织化、领导与控制组织资源，三是来整合人员的工作②。

斯蒂芬·罗宾斯（Stephen P. Robbins）等认为，管理是指一种效能、有效率地和他人一起及通过他人完成事情的过程③。

尤建新认为管理是有效整合资源、协调组织中个人和群体行为，确保组织目标得以实现的过程。这个定义有四层含义：第一，管理是一个过程；第二，管理的目的是实现组织目标；第三，管理的手段是有效整合组织拥有的各种资源；第四，管理的本质是全过程的决策和协调④。

以上这些学者们关于管理的权威描述，从不同的角度展示了管理的面貌和特点，在一定程度上揭示了管理的本质、管理的要素等。综合前人的研究，可以看出管理是人特有的有目的、有意识的活动，其中管理目标、职权、资源、手段等是基本的管理要素，有计划、组织、领导、控制等是管理的基本职能（见表1-1）⑤。管理在本质上，是运用各种管理职能"通过别人完成任务"。具体来讲，管理的主体是管理层，组织是客体，管理主体用各种手段对于客体中的各种资源进行有效整合与优化配置，从而完成组织的具体任务、达到组织发展目标。可以看出，在此过程中管理层的认知、经验、知识、个性等是管理成败的重要因素，换言之，不同的管理者由于个体差异，会存在不同的管理效果。

---

① ［美］哈乐德·孔茨、海因茨·韦里克：《管理学（第九版）》，郝国华等译，经济科学出版社1993年版，第2页。

② ［美］Angelo Kinicki & Brian K. Williams：《管理学》（第四版），荣泰生译，（台北），美商麦格罗·希尔国际股份有限公司台湾分公司2012年版，第4-5页。

③ ［美］Stephen P. Robbins & David A. Decenzo & Mary Coulter：《现代管理学》（九版），洪伟典译，台湾培生教育出版股份有限公司2016年版，第8页。

④ 尤建新编著：《管理学概论（第四版）》，同济大学出版社2015年版，第4页。

⑤ 周三多、陈传明、鲁明泓编著：《管理学——原理与方法（第五版）》，复旦大学出版社2009年版，第12页。

表 1 - 1 **管理职能表**

管理职能	古典提法	常见提法	基本分类
计划（planning）	○	○	计划
组织（organizing）	○	○	组织
用人（staffing）			
指导（directing）			领导
指挥（commanding）	○		
领导（leading）		○	
协调（coordinating）	○		
沟通（communicating）			
激励（motivating）			
代表（representing）			
监督（supervising）			控制
检查（checking）			
控制（controlling）	○	○	
创新（innovating）			创新

　　和对管理的描述一样，学者们对大学管理、大学内部管理的解释也各有千秋。

　　约翰·凯特（John Kotter）认为，大学内部管理是通过计划、预算、协调、控制等活动，支持大学日常事务的运作和开展①。

　　麦森（Peter Maassen）认为，大学内部管理就是日常决策的运作执行，包括人、财、物的有效配置等②。

　　薛天祥将大学内部管理称为高等教育微观管理，是指依据高等教育的目的和发展规律，有意识地调节大学内外的关系与资源，从而达

① Kotter J. P. , *What Leaders Really Do*, Boston：Harvard Business Press, 1999, pp. 103 - 111.

② Maassen P. , "Shifts in Governance Arrangements：An Interpretation of New Management Structures in Higher Education", *Higher Education Dynamics*, Vol. 3, 2003, p. 32.

到培养人才目的的过程①。

李福华认为，大学内部管理是在特定环境下通过计划、组织、指挥、协调和控制等对组织资源进行优化配置，从而达到办学目标的创造性活动②。

张智强也认为，大学内部管理是指大学依照相关规定，采取可行的方法，优化大学机构与资源配置，为提高办学质量而进行的组织、计划、指挥、协调等活动③。

通过上述列举的概念界定可以发现，学者们普遍认为大学内部管理有通过组织、计划、协调、控制等手段和方式来实现大学发展目标之意，而大学内部治理是大学内部利益相关者根据权力（利）分配和责任划分所形成的结构性制度安排，以及通过参与大学事务决策等过程而达到平衡的动态活动。两者的关注点各有不同：在大学内部管理过程中，管理层喜欢唱独角戏，而大学内部治理更多强调多元主体互动；大学内部管理更看重结果，而大学内部治理更加强调过程和结果的平衡；大学内部管理具有极强行政色彩，上下有别，层级明显，而大学内部治理具有民主社会特征，要求多元主体参与互动、合作、协商等；大学内部管理看重权力，强调权威领导的意见和要求，通过计划、组织、指挥等来合理配置资源，从而确保大学各项任务的落实，而大学内部治理强调不同主体之间责权分配，相信合理的大学决策权配置有利于大学目标的达成；大学内部管理的主要关注点在一些具体可见的目标上，喜欢用传统的会议、命令等手段，而大学内部治理则以大学的公共利益为指向，更加关注长远和内隐的目标，关注用什么样的治理方式最有利于大学本质功能、最能够激发大学内部各主体的创造力，喜欢使用沟通、参与、咨询等现代民主手段。具体大学内部治理与大学内部管理的区别见表 1 - 2：

---

① 薛天祥主编：《高等教育管理学》，广西师范大学出版社 2001 年版，第 109 页。

② 李福华：《大学治理的理论基础与组织架构》，教育科学出版社 2008 年版，第 17—18 页。

③ 张智强主编：《大学生参与高校管理研究》，上海人民出版社 2012 年版，第 7 页。

表 1 - 2 **大学内部治理与大学内部管理的区别**

	大学内部治理	大学内部管理
重点目标	通过责权划分等，实现大学利益相关者之间的利益均衡	通过人财物的合理配置，从而确保大学办学目标的实现
核心导向	战略导向，确定大学的治理结构，确保大学处于正确的运行轨道上	任务导向，通过具体操作完成大学的主要任务，包括日常教学、科研、服务等
价值理念	协商共治	管理者说了算
关注焦点	平衡过程、结果等，关注人的诉求表达，核心体现在"人"上	重点关注目标、结果、效率、资源等，核心体现在"物"上
主要关系	因参与主体的多元性呈现的关系比较复杂多元	主要呈现大学内部的层级关系、上下级关系、管理与被管理的关系
运行机构	包括常设和不常设的机构、组织，如学术委员会、理事会、教职工代表大会等，形成健全的治理结构和治理体系	大学内部常设的组织机构，如各个行政管理部门、学院、系、所等
参与主体	多元利益相关者共同参与互动，包括大学管理者、教师、学生等	主体比较单一，主要是管理层，大学领导、职能部门领导、院系领导、行政职员等
实施手段	强调制度性安排和策略性手段，包括显性、隐性契约和市场机制等，重在沟通、参与、咨询、协商、合作等民主方式	偏向执行，综合使用计划、组织、指挥、协调、控制等手段，喜欢用会议、文件、命令等传统方式
关键驱力	规则约束下的各主体之间的信任	强调正式权力，权威指导意见、指示，强制规则等
权力运行	多元主体参与，自下而上、自上而下相结合，权力—权利多元互动，决策、执行、监督权等分离，互相约束	权力向上集中、向下控制，从上到下沿着层级单向度传递，下级服从上级，决策、执行权等搅合在一起，监督权虚化、无力等

	大学内部治理	大学内部管理
核心问题	约束大学管理层的恣意行为；各主体间的责权划分；满足各主体利益与需求；审议政策、指导组织的使命和策略等	坚持、执行大学的规划政策；处理大学运行中所产生的日常问题；发挥人、财、物最大作用等问题

通过两者的比较不难看出，传统的管理已经不太适合当今民主社会建设和多元发展的诸多需求，在新常态条件下，大学内部治理之所以受到重视，是因为其符合新时代发展的公共诉求，是基于时代变革对大学内部管理的扬弃与超越、升级与重塑。它克服了大学内部管理中存在的封闭性、控制性、单向性、人为性等弊端，体现了民主性、法治性、参与性、透明性、服务性等特质，是从观念到行动、从内涵到外在的根本性转变，是大学管理运行的范式转换、更替，是深刻的大学管理"革命"。可以说，大学内部治理是对大学内部管理的2.0升级版，所以，有学者认为"大学内部治理是大学管理追求的目标，是大学管理的高级阶段"①。

二 参与、学生参与、学生参与权

（一）参与的概念

在我国古汉语中，"参""与"二字分开或合并解释，皆有"参加""参与""参预"等含义。如《汉书·赵充国辛庆忌传》中提到"朝廷每有四夷大议，常与参兵谋，问筹策焉"；《后汉书·郎顗襄楷列传》有"每有选用，辄参之掾属"；而在《后汉书·班彪列传》中有"所上章奏，谁参与之"；《三国志·吴书·朱治朱然吕范朱桓传》中有"是时全琮为督，权又令偏将军胡综宣传诏命，参与军事"；《晋书·唐彬传》记"朝有疑议，每参预焉"，《北史·王建传》"登

---

① 王洪才：《大学治理的内在逻辑与模式选择》，《高等教育研究》2012 第 9 期。

国初，为外朝大人，与和跋等十三人迭典庶事，参与计谋"等。这些典籍中的"参""与"或"参与"皆有"参加""参议""加入其中"等意思。在《现代汉语词典》中将"参与"解释为"事务的计划、讨论和处理"①。"参与"在英文中为"participate"，其源自拉丁文"participare（participatus）"，由"pars"和"capere"两个基本词根组成，"pars"意为"部分"，而"capere"为"to take"之意②。《牛津大学英语词典》中的"participate"则是"某人参与某事"之意③。

"参与"思想在古希腊民主城邦国家便已产生，主要通过个人加入到民众集合以共同商议解决城邦大事，并承担保卫城邦的重大责任，这与现代意义上的公众参与社会事务颇为接近。到近代，"参与"在政治学、管理学中应用比较频繁，而在教育领域使用"参与"一词则是晚近几十年的事情。如上文所述，20世纪五六十年代，西方一些国家的学生因对大学发展不满而发生了大规模的学生运动，"参与"一词才被引入教育管理领域。在《简明国际教育百科全书·教育管理》中将"参与"解释为"与正式职位上的人从某种程度上分享管理权利"，首先参与是主动作为，其次参与是分享权利并承担责任④。罗伯特·欧文斯（Robert G. Owecs）在其著作《教育组织行为学》中认为"参与"是"个人思想和感情都投入一种鼓励个人为团队目标做出贡献、分担责任的团队环境之中"，"参与"是积极主动的"思想和感情的投入"，是以"主人翁"的姿态加入到实现团队目标或决策中的，是名副其实的自我投入，而不是摆样子、走过场⑤。陈向明认为"参与"是以具有解决问题的能力为前提，享有平等的

---

① 中国社会科学院语言研究所词典编辑室编：《现代汉语词典》（第5版），商务印书馆2007年版，第129页。

② 陆谷孙主编：《英汉大词典》，上海译文出版社1993年版，第1321页。

③ ［英］牛津大学出版社编：《牛津大学英语词典》，上海译文出版社2005年版，第995页。

④ 中央教育科学研究所比较教育研究室编译：《简明国际教育百科全书·教育管理》，教育科学出版社1992年版，第400页。

⑤ ［美］罗伯特·G. 欧文斯：《教育组织行为学（第7版）》，窦卫霖等译，华东师范大学出版社2001年版，第377—383页。

表达等权利，"参与"是一个积极、平等、自发的过程，而不是给予、被动、有物质条件驱使的①。

综合以上概念界定，本书认为"参与"是主体为了实现特定的目的，以改变或者影响原有结果为意愿，主动加入到某项活动中的具体过程。首先，参与的目的在于影响或者改变原有的结果状态，使其朝着自己所想要的方向转变，也就是为了达到或满足自己的要求或欲望；其次，参与是一种行为过程，而不简单是心理活动或内在的冲动，参与者必须通过身体活动参加到特定的过程中来；再次，参与是主动和自愿的，而不是非自愿、胁迫或者其他非出自内心方式的控制。所以"参与"不同于一般的"参加""在场"，主要含有"自主""主动""积极"参加的意思②。

（二）学生参与的概念

"学生参与"这一概念是在"参与"概念的基础上产生的，在研究中学者们对它也做出了基本界定，虽然每个学者界定的角度和表述方式不同，但基本含义都比较接近。

阿斯廷（Alexander W. Astin）认为，学生参与是学生卷入到某种活动过程中的行为，在卷入的过程中学生投入心理和身体能量，体现出了学生的主体性③。

张天兴认为，学生参与是指学生在大学内部治理中具有一定的话语权，并能够参与到大学内部的政策制定、执行和监督等的过程中，从而有效维护自己的权利，促进大学的科学发展④。

根据"参与"的概念及学者们关于"学生参与"的界定，本研究认为，在大学内部治理中，学生参与则是指学生作为重要利益相关

---

① 陈向明：《参与式教师培训的实践和反思》，《教育研究与实验》2002 年第 1 期。

② 杜睿哲：《论当事人的程序参与权》，《兰州大学学报》（社会科学版）2002 年第 1 期。

③ Astin A. W. , "Student Involvement: A Developmental Theory for Higher Education", *Journal of College Student Development*, Vol. 40, No. 5, 1999.

④ 张天兴：《大学治理中的学生参与问题研究》，《华北电力大学学报》（社会科学版）2016 年第 1 期。

者，为了实现特定目的，以主体意识和身份主动介入大学内部日常事务的行为和过程。首先，参与主体是在校大学生。其次，参与是以实现学生个人或集体的某种利益或诉求为目的，以影响或改变原先结果状态为参与意愿。最后，参与过程中学生应积极、主动地投入精力和情感，参与是学生主动作为的身体活动过程，所以是主动的认知、意愿、行为、情感参与的有机统一，而旁观等都不属于参与的范畴。

（三）学生参与权的概念

学者们关注学生参与权，是最近几年的事情。随着高等教育改革的深入推进，国家教育管理部门、各大学管理人员以及在校师生，都意识到学生作为大学重要主体，应该参与大学内部治理。但在大学内部治理中，什么是学生参与权？目前学界还没有统一的认识和表述，尚处在探索阶段。由于权利不是一个封闭的实体性概念，而是一个开放的关系性概念，所以理解权利的准确方式不是系统的要素分析，而是开放的结构——关系分析①，正如萨维尼（Friedrich Savigny）所言，对各种权利的解析只有从法律关系的整体出发才有可能实现并具有说服力②。如前文所述，大学内部治理是法权配置的结果，因此，在界定学生参与权之前需要说明我国大学与学生之间的法律关系，进而从该法律关系中理解学生参与权的内涵及其权利构成要件。

1. 大学与学生之间的关系

我国在成文法律中没有明确的关于大学与学生关系的论述，但学者们一般认为"特别权力关系"理论事实上对我国的影响根深蒂固，在我国传统的大学内部治理中也有着深厚的根基③。特别权力关系理论是在德国公法学家波尔·拉邦（Paul Laband）"主体封闭"思想的基础上，由奥托·迈耶（Otto Mayer）进行补充和体系化而形成的。

---

① 刘杨：《基本法律概念的构建与诠释——以权利与权力的关系为重心》，《中国社会科学》2018 年第 9 期。

② 郑永流主编：《法哲学与法社会学论丛（七）》，中国政法大学出版社 2005 年版，第 5 页。

③ 莫于川：《试论条理法在调整特别权力关系中的作用》，《河南财经政法大学学报》2014 年第 3 期。

奥托·迈耶认为，公民个人与国家存在着一种普遍适用的权利义务关系，比如公民个人有纳税的义务，而同时享有受国家保护的权利，此外公民个人与国家之间还会形成一种特别权力关系，这种关系是为了达成特定的公共目的，使得加入该特定关系的个人处于从属的地位，实施管理所形成的权力服从关系①，强调在特定行政主体内部，实施管理所形成的权力服从关系。比如军官与士兵、政府与公务员等，对于管理者的一系列指示、命令，士兵、公务员等都必须服从管理，这种特别权力关系排除权利救济、外部审查等外部机制约束，从而形成了一种独立的封闭空间系统。随后，该理论被扩展到其他领域，如学校与学生、监狱与罪犯等公营造物或公务法人利用关系之中。在此关系中，公营造物与它的利用人之间构成管理与被管理的关系，比如学生进入大学并取得学生这种同一般公民不同的特殊身份时，大学对学生可以实施特别需要之管理权力，而学生对大学的管理拥有容忍和服从的义务，于是形成了绝对的权力服从关系。在此关系中排除了权利救济的可能。如果学生违反大学的内部治理要求，就可以对学生进行惩戒。② 若学生不服大学的管理，不得向外部的法院等机构申请救济，也不得向大学管理提出主张。后来这一理论便风靡世界，对世界大学发展产生了比较深远的影响，在民国时期，这一理论经过日本传播到我国，对新中国成立之后的高等教育也有着深刻的影响。由于特别权力关系理论过于重视内部管理的维系，充盈着权利对权力的服从以及权力对权利的压制，以至于忽视对于权利的正常保护及社会发展的需求。随着社会发展，对于学生权利保护的呼声日益高涨，特别权力关系理论被认为是民主社会的漏洞从而受到越来越多的批评。1998年，

---

① 翁岳生：《行政法与现代法治国家》，台湾祥新印刷有限公司1990年版，第135页。

② 在这方面有一个典型的案例可以解释此种情形，1912年德国海德堡大学建立了一个学生监狱，该监狱的监房是3层小楼，最上面一层装有带钢针的窗户，给人一种戒备森严的感觉。学生在入狱期间，白天可以到教室上课，下课后必须回到监狱。有学生会因为调皮捣蛋而被投入学生监狱，两年后该监狱因侵犯人权而关闭。参见苏洁《海德堡大学"学生监狱"》，《人民周刊》2015年第1期。

以田永诉北京科技大学案①为契机,大学的"法律法规授权组织"作为行政主体法律地位得到确立。1999 年最高人民法院还把田永诉北京科技大学案作为典型案例在《最高人民法院公报》上公布,这对全国各地法院处理大学与学生之间关系起到了积极示范效应,在国内产生了巨大社会反响。自此之后,学界及实务界都不再坚持"特别权力关系",随着"特别权力关系"影响力的减弱,大学与学生之间的关系回归到了正常法治轨道。

正如前文所述,大学作为公共营造物或公务法人,与学生之间的关系在法律上仍然以公法调整为主,也就是说遵守以《教育法》《高等教育法》等法律法规为主导的行政契约关系。这种公法上的行政契约关系的产生,取决于大学本身的学生资格取得的规则。也就是说,只有被该大学录取的在校学生才能与该校构成营造物利用关系。比如张三是 A 大学在校学生,那么张三就与 A 大学形成了公法上的行政契约关系,张三与 A 大学之外的其他大学则不存在这种关系。简言之,大学作为特定的公营造物或公务法人,与学生之间形成的主要是公法上的契约关系,这种关系以学生取得该校的学生资格为开始,以丧失该校的学生资格为结束。学生在校学习与生活期间,主要接受《高等教育法》等行政法律的调整,若大学内部治理行为对学生的基本权利会产生影响,或者说大学的内部治理对学生而言是重要的,那么学生就拥有大学内部治理的法定参与权。对于侵害学生权利的情

---

① 田永诉北京科技大学案概要:田永系北京科技大学学生,1996 年 2 月在参加学校考试时,在征得监考教师同意后起身去洗手间。田永在走出的教室的瞬间,监考教师发现了从该生衣服内掉下来的与考试内容有关的纸条。按照考试纪律规定,田永被责令停止考试,离开考场。1996 年 3 月,北京科技大学发出通报,认定田永的行为属考试作弊,并给予其开除学籍处分,但学校并没有为田永办理学籍变动手续。在随后的两年时间里,田永和其他同学一样参加注册、缴纳学费、考试等一切教育教学活动。在大四毕业成绩评定中,田永平均成绩位列全班第九名,毕业答辩被评为优秀。1998 年 6 月,学校拒绝为田永颁发毕业证及学位证。1998 年 10 月,田永将北京科技大学诉至海淀区法院,法院判决北京科技大学向田永颁发本科毕业证书,并要求重新进行学位评定。北京科技大学不服一审判决,提起上诉。最终,北京市第一中级人民法院驳回上诉,维持原判。该案以田永的胜诉结案。具体参见北京市第一中级人民法院行政判决书,1999 一中行终字第 73 号。

况，学生就有权寻求救济，大学或其他机关不得阻碍学生的权利救济行动，并且应该通过多种途径保障学生权利。

2. 学生参与权的内涵

综合上述"参与""学生"参与的概念分析，本研究认为我国大学内部治理中的学生参与权是学生作为重要利益相关者，全方位参与大学内部治理，表达学生自身诉求并对相应管理及决策产生影响的权利。

从本质上而言，我国大学内部治理中的学生参与权是一种权利。对此孙佩瑜[①]、王建富[②]、郭春发和孙霄兵[③]、周世厚和高贺[④]等学者也有相同的表述。而不是如吴运来[⑤]、何静[⑥]、刘博文[⑦]等学者认为的一项"学生权力"。学者们出现对学生参与权的落脚点是"权力"还是"权利"不同论述的根源在于学者们对"权力"和"权利"两个词的理解出现了偏差。虽然两个词仅有一字之差，但两者的内涵却完全不同。他们之间的区别在于：第一，目的不同。权力设立的初衷是为了保障特定的公共利益，而不是权力主体的利益，所以在有限的范围内行使，只有为了特定公共利益时才可允许裁量；权利则是某个社会主体所享有的，是为了保障权利主体的利益，不具有公共性，是一种选择的自由和资格，可以交换。第二，对立面不同。由于两者的目的不同，所以他们的对立面也截然不同。权利的对立面是义务，权利与义务对等；权力的对立面则较为复杂，可以是权利、义务、责任

① 孙佩瑜：《高校管理中学生的参与权研究》，《高教探索》2007 年第 3 期。

② 王建富：《高校管理中的学生参与权浅》，《唯实》2012 年第 7 期。

③ 郭春发、孙霄兵：《大学章程制定中要认真对待学生参与权》，《中国高教研究》2012 年第 11 期。

④ 周世厚、高贺：《多学科视角：高校学生的校政参与何以必须？》，《高教发展与评估》2015 年第 4 期。

⑤ 吴运来：《学生参与高校治理权的正当性及类型化研究》，《现代教育科学》2012 年第 2 期。

⑥ 何静：《主体间性视域下学生参与高校管理的机制研究》，《现代教育管理》2012 年第 9 期。

⑦ 刘博文：《高校治理中学生参与权的实现路径——基于协商、协同、共同治理机制的选择》，《高等理科教育》2015 年第 4 期。

等。第三，自由度不同。行使权力的目的不是为了保障权力主体的利
益，若放弃权力就意味着公共利益有受到损失的风险和可能，权力主
体没有选择的自由，放弃权力则需要承担相应法律责任，所以权力不
可放弃、不可交易，权力必须行使；权利是法律规定的给予某些主体
的空间自由，如何行使以及是否行使权利则由权利主体决定，权利主
体有行使权利的自由，也有不行使权利的自由。第四，影响力不同。
权力是为了维护一定的社会关系所设立，因而拥有可以处分公共产品
的能力和资格，为了实现特定目的具备强制力侵害的可能，正因为权
力有如此强能力，所以权力存在滥用的危险。而权利的影响力则相对
有限，权利的行使只对个别人或组织产生作用，而且权利的实现还有
赖于义务主体积极履行义务方可，若义务主体不履行相应义务时还得
请求权力主体的救济①。学生参与权从目的上为了保障学生利益、表
达学生诉求；在自由度上具有可放弃性等特点；在影响力上学生参与
权并不具备处分公共产品能力，也不存在强制力侵害之可能。所以，
认为学生参与权是学生权力的观点无法成立，学生参与权实则为学生
权利。

从权利的属性上而言，以权利涉及的内容为标准，权利分为程序
权利和实体权利，程序权利是指体现在一定步骤、方式、时间和顺序
等设定的流程中的权利，实体权利是指除程序权利之外的权利，如债
权、物权、肖像权、著作权等属于实体权利。我国大学内部治理中学
生参与权涉及的内容复杂，其中包括知情、申诉、决策等程序性内
容，主要通过学生参与的操作层面得以体现，是以时间、空间、方
式、步骤、顺序等为构成要素的安排；同时也包括学生评教、后勤管
理等实体内容。因此，认为学生参与权仅是"程序性权利"②的结论
并不严谨，所以学生参与权不仅是一项程序权利，而且也是一项实体

---

① 周永坤：《法理学——全球视野》，法律出版社 2000 年版，第 246—247 页。
② 孙佩瑜：《高校管理中学生的参与权研究》，《高教探索》2007 年第 3 期。

权利①。另外，从权利的公私属性上而言，权利大体上可以分为两类，一类是私人性的，它是为了个人的利益而确立的权利；另一类是公共性的，它是为了公共的利益而确立的权利②。显然，大学内部治理中的学生参与权，是属于公共性的权利，所以在此参与权的主体就是学生，学生参与大学内部治理并不是基于个人利益之目的，而是为了公共利益之诉求。

3. 学生参与权的要件

权利作为被承认的意志或被保护的利益③。给权利做一个"完整的定义"是不可能的，所以应该把权利看成是一个不可分析、不可定义的初始概念④。所以，学者们更喜欢从权利的构成要件上进行分析。国外有学者用简明的公式表示了权利的构成要件："根据 A，B 对 C 拥有 D 权利"，在其中 A 是权利依据或权利来源，B 是权利主体，C 是义务主体，D 是权利内容⑤。权利的依据，用以说明权利从何而来；权利主体，是说明谁可以拥有和行使权利；权利的内容，是指权利有哪些具体的方面和范围；义务主体是指权利所对应的义务人⑥。国内学者对权利构成要件是在贝克（Lawrence C. Becker）论述财产权学说的基础上发展而来，包括诸如权利的依据、权利主体、权利客体、权利内容、义务人及其义务等⑦。因此，本研究就以此通说的权利要件对我

---

① 郭春发、孙霄兵：《大学章程制定中要认真对待学生参与权》，《中国高教研究》2012 年第 11 期。

② ［荷］格劳修斯：《战争与和平法》，何勤华等译，上海人民出版社 2005 年版，第 31 页。

③ ［奥］汉斯·凯尔森：《法与国家的一般理论》，沈宗灵译，中国大百科全书出版社 1996 年版，第 89 页。

④ Feinberg, J. & Narveson, J., "The nature and value of rights", *Journal of Value Inquiry*, Vol. 4, No. 4, 1970.

⑤ Gewirth A., "Can Utilitarianism Justify Any Moral Rights?" in Pennock R. & Chapman J., eds. *Ethics, Economics and the Law*, *Nomos XXIV*, New York : New York University Press, 1982, p. 159.

⑥ Plant R., "Needs, Agency, and Welfare Rights", in Moon J. D., eds. *Responsibility, Rights, and Welfare: The Theory of the Welfare State*, Boulder: Westview Press, 1988, p. 55.

⑦ Becker L. C., *Property Rights: Philosophical Foundations*, London: Routledge and Kegan Paul, 1997, pp. 8 – 11.

国大学内部治理中的参与权进行解析。

（1）学生参与权的依据

权利并不是朴素的情感表达，而是有着明确来源的客观存在①。权利依据是为权利寻找辩护性力量，它主要解决两个问题：第一权利的稳定性问题，第二是权利基础问题。

权利最早源于罗马法中的"jus"，发轫于自然法观念，所以在历史上就认为权利是自然产生、不证自明，在自然状态中包括人和其他动物，权利普遍存在②。就如《独立宣言》的描述，"真理不争自明：人人生而平等，造物主赋予每个人不可让渡的权利……"，所以相信权利具有天生的普遍性依据，并得到社会的一致性认可，这种一致性认可以社会成员各主体不证自明的良知为基础，因此按照自然法观念，权利以某种方式从宇宙的法则或人性中衍生出来的③。在历史主义观念里，自然法依据权利的正当性，人们无法获得关于权利内在的真正的善，这样就会导致自然正当和自然权利的相对主义，从而导致结果的理想主义④。所以，以边沁（Jeremy Bentham）为先驱的分析法学派对权利不证自明的论证方式不以为然，认为只有经过法律实证的权利才不会存在争议，否则就会变成一个"纯粹争议的词汇"，因此"权利乃法律之子"⑤。而以罗尔斯（John Bordley Rawls）为首的契约论者则认为：根据社会契约，权利是人们经一致的同意、集体的理性选择的结果⑥。权利是以人类心智为基础的构建物，这些构建物

---

① Blackstone W. T. , "Equality and human rights", The *Monist*, Vol. 52, No. 4, 1968.

② ［罗马］查士丁尼：《法学总论——法学阶梯》，张企泰译，商务印书馆 1989 年版，第 6 页。

③ ［美］艾伦·德肖维茨：《你的权利从哪里来》，黄煜文译，北京大学出版社 2014 年版，第 23 页。

④ ［美］施特劳斯：《自然权利与历史》，彭刚译，生活·读书·新知三联书店 2016 年版，第 5 页。

⑤ Bentham J. , "Supply Without Burthern", in Stark W. , eds. *Jeremy Bentham's economic writings*, London: George Allen & Unwin, 1952, p. 334.

⑥ Rawls J. B. , *A Theory of Justice*, Cambridge, Mass: Belknap Press of Harvard University, 1999, pp. 123 – 130.

通过公共意见的交往与商谈而得到①。

首先，从自然法观念而言，没有学生就没有大学，自中世纪大学产生以来，学生就是组成大学的重要主体，在大学内部治理中学生参与权是不证自明的一种天然权利，我国大学也不例外。其次，从契约论者视角而言，我国大学与学生之间构成的是公法契约关系，双方在交往与商谈一致的基础上完成大学内部法权配置，在其中就包括了学生的参与权。最后，从法律主义的角度而言，我国大学在法律法规及规范性文件中都已经确认了学生的参与权，规定学生"可以""有权"参与大学"民主管理"等。我国通过法律确认大学内部治理中的学生参与权，一方面起到了法律权利证成的作用，另一方面也通过法律的形式向社会宣告，学生作为权利主体可以参与大学内部治理行为。所以，从各方面来说，我国大学内部治理中的学生参与权有着历史的、现实的和法律的来源依据，为学生参与大学内部治理行为提供了现实证成。

（2）学生参与权的主体

权利主体说明的是"谁的权利"的问题，经典的权利理论都是以主体哲学理论为起始的，以对主体的发掘、确定等成为权利之合法性的基础②。所以任何权利都有其主体，没有主体则不存在权利。同时，权利本身的存在，也稳固了主体的地位，正如巴巴利特（Barbalet）所言，权利可以借助某种资格地位赋予其特殊的能力，从而作为自己地位的结果，所以从长远的角度而言，权利是一个人的资格，标志着他可以做什么和他有什么能力做什么③。

最终谁有资格拥有和行使某种权利，是在初始状态中由各方交往与商谈而选择决定的，适用于那些有能力参加并根据初始状态对公共

①　[美] 艾伦·德肖维茨：《你的权利从哪里来》，黄煜文译，北京大学出社 2014 年版，第 7 页。

②　秦奥蕾：《论"公民"作为基本权利主体的内涵》，《中国政法大学学报》2010 年第 5 期。

③　[澳] 巴巴利特：《公民资格》，谈谷铮译，桂冠图书股份有限公司 1991 年版，第 22 页。

理解而行为的人们①。我国大学内部治理中学生参与权的权利主体无疑是学生，本研究所指的学生不是抽象意义上的泛指，而是具有法律意义的学生概念。如前文所言，学生必须是与该大学产生法律关系的学生，换言之，只有经过各种能力选拔考核而录取的具有在册学籍的在读学生，因此我国大学内部治理中学生参与权的权利主体是所有在校学生，所有学生均具享有和行使参与权的法律资格，在权利能力②上一律平等，不存在因为年龄、年级、民族、身份、学科专业等差异而有所差异的情况。

如果说权利能力是法律问题的话，而行为能力则是事实问题。凡是具有权利能力的主体都具有进行某种行为的资格，但能不能运用该资格，还要受到主体的认知水平、知识能力、精神状况等主观条件的限制，这就涉及到了权利主体的行为能力。行为能力是主体行使权利和履行义务的能力，在传统的法理中判断行为能力的标准有两个：一个是年龄，一个是精神状态。这是因为人们的认知、意识、能力、水平等都是随着年龄的增长而逐步健全的。同时，精神状况与其心智水平有关，也会影响其基本的行为识别和判断。我国大学内部治理中学生参与权的权利主体，用年龄和精神状态判断其行为能力则显得较为过时，因为所有学生在这两者上不存在明显的差异。所以采用较为普遍的认知原则便可，换言之，只有学生对参与大学内部治理有基本的认知，同时也有较为明确的参与态度和意愿，对自己参与大学内部治理的结果有明确的预期，就认为该学生具有了参与权的行为能力。

（3）学生参与权的客体

权利客体是权利主体影响和作用的客观对象，也是权利义务发生联系的中介和纽带。在哲学上，客体的内涵取决于主体的定义，是存在于主体之外的一种客观存在，如物、行为、智力成果、人身利益

---

① Rawls J. , *A Theory of Justice*, Cambridge, Mass: Belknap Press of Harvard University, 1999, p. 442.

② 权利能力，又称为权利义务能力，是法律关系主体依法享有权利、承担义务的资格。

等，是权利主体可以在意志基础上进行支配的客观。具体到我国大学内部治理中的学生参与权，学生作为权利主体，能支配和实现的客观，是学生参与大学内部治理的具体行为，所以学生参与权的权利客体是参与行为。如前文所述，学生参与行为是有明确参与目的、意识、意志支配下的活动，是受学生思想支配的外在参与的身体活动。所以，学生参与行为具备法律行为的一般特征：首先，社会性特征。"人的行为是社会互动行为，即引起他人行为的行为，不管行为者的主观意图如何，他行使权利的行为，会伴随着他人相应的行为，或者为了达到某种共同的目的而相互配合、彼此协助等等"①。所以，从客观上来看，学生参与行为就如哈贝马斯所言的"交往与商谈"，是行动的行为、言语行为、交往行为等。其次，法律性特征。言其具有法律性，是因为学生参与行为有别于一般的学习和生活中的日常行为，是依据法律规范进行的参与行为，一是参与行为有法律规范的保护和约束，二是参与行为产生预期的法律效果。所以学生参与是一种积极的参与行为，这种参与行为会产生法律或者事实的效果，在事实效果上来说有会发生学生参与的具体举动，比如学生提意见、参与决策、参与讨论等行为，从法律效果上来说，能否产生维护学生权益、促进大学民主等效果。最后，可控性特征。学生参与行为是一种可控的行为，包括机制上的可控制性，也包括个人的自我可控性。机制上的可控性，是指学生参与行为从行为的起始发生，到具体的过程直至参与结束，都是依据参与规则进行，避免出现混乱的参与。学生个体的自我可控性，是指学生参与是有目的、有意识地做出的行为，是思想意识支配的行为。所以，参与行为作为参与权的客体，包括了参与的行为过程和行为的结果两个部分，缺乏过程只谈结果或者缺乏结果只谈过程，都是不完整的参与行为，正是这种从过程到结果的参与行为，在某种程度上会助推大学与学生之间关系的产生、变革和消灭等。

---

① 江伟、李宁主编：《法理学教程》，吉林人民出版社 2008 年版，第 114 页。

（4）学生参与权的内容

权利内容是指权利在行使过程中所覆盖的具体项目和范围。不同的权利有不同的内容，有些权利覆盖内容较为丰富，有些权利内容较为单一，因此需要具体权利具体分析。对于我国大学内部治理中的学生参与权，学者们也进行了探究，郭春发、孙霄兵认为从权利的内容而言，学生参与权包括参与学术与非学术事务相关事项及活动的所有权利总称，作为学生个体性权利主要表现为知情权、选择权、监督权、申诉权等，作为群体性权利是通过学生会、社团及其他组织行使民主参与的权利①。吴运来认为学生参与权从类型上可划分为后勤服务管理、教学管理、行政事务、发展规划等参议权，每种权利根据涉及内容的性质及难易程度等，可划分为知情权、选择权、提案权、决策权、监督权等几种权能②。钱春芸认为在大学内部治理中，涉及学生切身利益的内容比较复杂，其中包括知情、申诉、决策等程序性内容，主要通过学生参与的操作层面得以体现，是以时间、空间、方式、步骤、顺序等为构成要素的安排；同时也包括学生评教、后勤管理等实体内容③。

上述学者对学生参与权内容的论述，虽然在某种程度上廓清了学生参与权的权利内容，但是这种将权利内容用清单方式进行的列举，会造成一定的逻辑理解困难④。对用列举出的问题在历史上美国的立宪者们曾经展开过激烈争论，比如列举清单是否意味着对清单之外权利内容的否定，清单的内容是否永久不变等⑤。同理，用清单的方式对学生参与内容进行类型划分也会出现类似的逻辑不周延情况，所以

---

① 郭春发、孙霄兵：《大学章程制定中要认真对待学生参与权》，《中国高教研究》2012 年第 11 期。

② 吴运来：《学生参与高校治理权的正当性及类型化研究》，《现代教育科学》2012年第 2 期。

③ 钱春芸：《高校事务管理中的学生参与权》，《哈尔滨师范大学社会科学学报》2013年第 3 期。

④ Martin R. , *Rawls and rights*, Lawrence, KS: University Press of Kansas, 1985, p. 26.

⑤ ［美］汉密尔顿、杰伊、麦迪森：《联邦党人文集》，程逢如等译，商务印书馆2004 年版，第 426—434 页。

这种列举的方式本身就不可取，而且随着形势的发展，这些参与内容也应随之变化。本研究认为大学内部治理内容庞杂、涉及面广泛，学生作为大学的主体，应该多方面参与大学内部治理，具体参与哪些内容、适合参与哪些内容，这需要进一步探究。

（5）学生参与权的义务人及其义务

从权利的设置推导相应的义务是现代权利话语的一般逻辑①。因为权利作为某种资格、利益等，其行使具有选择性，涉及权利的实现是以什么为保障、以什么为对象等现实问题，而这些问题在理论上都属于义务范畴。义务是按照权利人的要求从事一定行为或者不从事一定行为以满足权利人利益的手段，若义务人不履行一定行为或不行为的义务，则权利人的利益就不可能实现，所以义务是不可放弃、不可转让，而是必须承担和履行的②。权利和义务并不是凭空存在的，而是在社会组织有机体的结构中被具体规定的，换言之，在社会组织内具体权利、义务的确定有赖于成员所处的具体位置、角色等，正是由于每个成员在社会系统结构中角色的不同，决定了其具体权利、义务的不同。这有两个方面的含义：第一，这种差别化的权利、义务安排，是由于组织有机体运行的结构化功能要求；第二，由于组织内各主体所处位置、角色等的差异，才产生不同主体权利、义务的不同。因此在组织体内，权利人享受或行使权利必然以义务人履行义务为基础，离开义务无法理解权利，没有义务的履行，权利也无法实现。正如汉斯·凯尔森（Hans Kelsen）所言，一个主体行使权利，便意味着另一个主体对这个主体的义务。这种一方主体的权利与另一方主体的义务之间的客观的、必然的联系关系，通常被称为"权利义务之间的逻辑相关性"③。权利与义务这种相关联性，只有在具体的法律关系中才能够体现和说明，离开了具体的法律关系，则权利与义务无从谈起。

---

① 夏勇：《权利哲学的基本问题》，《法学研究》2004 年第 3 期。

② 李步云、刘士平：《论行政权力与公民权利关系》，《中国法学》2004 年第 1 期。

③ ［奥］汉斯·凯尔森：《法与国家的一般理论》，沈宗灵译，中国大百科全书出版社1996 年版，第 87 页。

如前文所言，我国学生以其学籍资格的取得和营造物利用而形成与大学之间属行政契约法律关系，学生是大学内部治理中参与权的主体，而大学则是该权利的义务主体，学校有保障学生参与权实现的义务。这是大学内部治理结构中法权配置的必然结果，也是大学发展中学生主体作用发挥的客观需求，因此对于学生参与权的实现，大学作为义务主体按照规定或要求有保障学生参与治理之义务。义务表现为"应为""付出""为其所当为"，在很大程度上是义务主体自觉履行。人们能够履行日常生活中的义务，是出于他们的意识，而不是出于对承担某种不利后果的惧怕①。所以针对学生参与权，大学应该积极、主动履行保障义务，但是大学作为公务法人机构，其保障义务的履行就由其管理者行使，如果管理者不积极履行保障义务，则意味着大学对与学生之间形成的行政契约的违背。

第三节　研究目的与意义

本研究以推进我国大学内部治理中学生参与权的实现为目的，对完善学生参与大学内部治理的理论及改进实践工作提供支撑。

在理论方面的意义：第一，对学生参与大学内部治理中各主体的认知、态度、行为和参与内容、参与途径、参与效果等提供部分一手调研材料，对深入研究学生参与大学内部治理相关理论提供证据支持；第二，通过研究大学内部治理中的学生参与权，对丰富大学生基本权利理论有所贡献；第三，通过研究对丰富大学内部治理研究的内容、完善大学内部治理的理论体系研究有所贡献。

在实践方面的意义：第一，通过实证调查得出影响大学内部治理中学生参与的症结性问题，并提出一些改进的建议和意见；第二，通过研究为国家未来制定的相关教育法律、政策文件等，就保障学生参

---

① ［澳］巴巴利特：《公民资格》，谈谷铮译，桂冠图书股份有限公司1991年版，第49页。

与、完善大学民主管理等内容，提出一些具体的完善意见，对改变目前大学治理中学生民主参与不足的现实有所帮助；第三，通过深入研究学生参与权，对解决现实中大学与学生的权益纠纷等提供一些选择路径。

第四节 研究问题

如前文所述，我国大学内部治理中的学生参与权构成要件：学生是权利主体，参与行为是权利客体，主体通过支配客体实现权利之目的，换言之，学生参与权的实现是以学生参与行为为载体的。所以参与权的实现是以参与行为为前提和核心的，没有参与行为也就谈不上参与权实现。就像卡尔·马克思（Karl Heinrich Marx）所言，"除了我的行为以外，我是根本不存在的，我根本不是法律的对象。我的行为就是我同法律打交道的唯一领域，因为行为就是我为之要求生存权利，要求现实权利的唯一东西"[①]。所以本研究从学生参与行为切入对学生参与权实现进行研究。根据研究目的，本研究主要研究以下几个问题：

第一，我国大学内部各主体对学生参与权的认知、态度如何？

（1）学生对大学内部治理中学生参与权的认知、态度如何？

（2）管理者对大学内部治理中学生参与权的认知、态度如何？

第二，我国大学内部治理中学生参与权的实现情况如何？

（1）我国大学内部治理中学生参与权实现的保障如何？

（2）我国大学内部治理中学生参与权实现的途径有哪些？

（3）我国大学内部治理中学生参与权实现的内容有哪些？

（4）我国大学内部治理中学生参与权实现的程度如何？

第三，我国大学内部治理中影响学生参与权实现的因素和障碍有哪些？

[①] 《马克思恩格斯全集》（第1卷），人民出版社1995年版，第121页。

（1）从校方的角度，大学内部治理中影响学生参与权实现的因素有哪些？

（2）从学生的角度，大学内部治理中影响学生参与权实现的因素有哪些？

（3）从其他方面，大学内部治理中影响学生参与权实现的因素有哪些？

第五节　研究限制

本研究的研究对象范围广、涉及面比较大，由于研究条件限制，无法做到对范围更广阔的大学进行深入且长时间的资料收集，故以教育部直属大学为例，以对学生及管理者的访谈、对学生的调查问卷为核心进行研究，主要研究限制如下。

一　研究样本限制

目前，我国约有各类大学 2688 所，大学的层次、门类、隶属关系等都比较多样，而且现在各大学的规模都比较大，因此凭单人力量对全国各大学的学生参与情况进行调查研究属无法完成之任务。另外，在 1998 年国务院《关于调整撤并部门所属学校管理体制的实施意见》之后，我国大学分为中央部属大学和地方省属大学两类。在中央部署的 115 所大学中，除了 40 所行业性强、关系到国家发展全局的大学由工业与信息化部等部委直接管理之外，其余大学全部由教育部直属管理，教育部直属大学占到全部中央部属大学的 65%[①]。当前这 75 所教育部直属大学，在我国高等教育格局中占有重要位置，这些大学在我国整个大学乃至高等教育事业发展中具有示范性、前瞻性等方面的作用，对教育部直属大学的研究相较于其他大学而言，其意

---

① 李冲、刘世丽、苏永建：《我国高校内部治理结构与关系研究——基于教育部直属 75 所高校的调查与分析》，《大连理工大学学报（社会科学版）》2018 年第 5 期。

义更为深远①。而且，研究者本人也长期在教育部直属大学供职，在研究资源获取等方面也多有便利。因此，本研究以教育部直属大学为例解析大学内部治理中的学生参与权实现问题。所以研究无法覆盖到地方所属院校、高职高专、其他部门直属院校等诸多类型大学，因此这样调查得到的资料就比较有限，存在着代表广泛性不足局限。

二 研究内容限制

由于我国大学内部治理中的学生参与权研究，不但涉及到校内治理中的主体和因素，也涉及到校外主体和因素，比如政府的管理、文化等都能够影响到大学内部治理中的学生参与权。由于各方面条件的限制，本研究主要探讨校内主体和因素等，无法顾及到校外的内容和因素，这样从研究内容的完整性方面，存在一定的缺憾。

---

① 目前教育部直属大学在教育部的统一领导下，在办学质量、内部治理等方面都走在全国其他大学前列。在 75 所教育部直属大学中，除了国际关系学院、中央戏剧学院、中央美术学院、北京语言大学之外，其余 71 所大学均被入选了"211 工程"，其中 32 所大学入选了"985 工程"。当前在"双一流"建设中，除了国际关系学院和北京语言大学外，其余 73 所大学均入选了国家首批"双一流"建设项目。

第二章　文献探讨

文献探讨是开展研究的基础性工作。近些年由于工作关系，研究者注意搜集有关大学内部治理、学生参与等方面的资料，在期刊、会议、报纸、年鉴、学术辑刊、著作等各种载体上已经积累了不少相关文献。同时为了深入开展本课题研究，研究者在中外文数据库进行了检索，搜集到数千篇（本）各类文献，下面将搜集到的相关文献分为"我国大学内部治理的相关研究""大学内部治理中学生参与相关研究"等专题做些述评，以希望能够"站在巨人的肩膀上"推进本研究。

第一节　关于我国大学内部治理的相关研究

对于大学治理、大学内部治理的概念，至今虽然在内涵界定等方面还存在一定的分歧，但在理论上能够形成的一个基本认识是大学内部治理包括治理结构与治理过程两个方面，而且治理过程是在结构中进行，两者互相交织、协同运行。为了便于认清大学内部治理的理论，有必要对大学内部治理的相关研究做些文献梳理，这无疑是推进大学治理体系与治理能力现代化建设的重要内容，也是现代大学制度创新的重要方向。为此，根据本研究所关注的重点和内容，现将已有研究分为"谁来治理——我国大学内部治理主体相关研究""怎样治理——我国大学内部治理结构相关研究""如何治理——我国大学内部治理模式相关研究""域外视角——对世界大学内部治理比较与借鉴"4 个重要专题进行相关成果述评。

一　谁来治理——我国大学内部治理主体相关研究

大学的兴旺与否取决于其内部由谁控制①，可见治理主体在大学内部治理中的重要性。由于大学是典型的利益相关者组织，它存在的多元利益与冲突特质决定了大学内部治理主体的多元性，多元利益主体彼此之间产生互相的博弈关系从而达到内部平衡。大学里的每个成员都是大学发展过程中不可或缺的力量，所以都应该是大学内部治理的主体，包括教师、学生、管理者等②。从源头上看，大学是教师和学生的共同体，所以教师的话语权在内部治理中非常重要，同时学生的视角和参与也非常关键③。从文献的研究现状来看，在大学内部治理中对于教师主体的研究明显在研究的数量、广度、深度上已经达到了比较高的水平，而对学生主体的研究则相对薄弱很多。下面分别就相关的研究议题做些简要述评。

1. 大学内部治理中关于教师主体研究的核心议题

就教师主体而言，近些年来学者们对于大学内部治理中的教授治校、学术委员会建设、教职工代表大会等方面的议题讨论得最为激烈。

在探讨教授治校的文献中，对于教授治校与教授治学的讨论是一个颇具争议的话题。教授治校是个舶来品，在世界范围内具有普适性，它与大学自治、学术自由结合，共同构成了"世界大学通例"④。目前学者们在不同场合或不同文献中也常常倡导教授治校，仔细分析可以发现每个学者眼中的教授治校内容各不相同。主要有两种观点：第一种观点认为教授治校是指教授掌管大学内部主要事务，特别是学

---

① ［美］伯顿·R. 克拉克：《高等教育系统：学术组织的跨国研究》，王承绪等译，杭州大学出版社 1994 年版，第 121 页。

② 张建初：《现代大学制度下的大学治理结构》，《教育评论》2009 年第 5 期。

③ 韩震：《大学的使命与完善大学治理结构》，《山东高等教育》2015 年第 2 期。

④ 谭晓玉：《教师参与大学内部治理：角色定位与制度反思》，《复旦教育论坛》2015 年第 1 期。

术事务决策权，呼吁教授治校的目的是建构以学术权力为主导的大学内部治理结构和组织机制，确立教师在大学内部治理中的权威地位，以期打破行政权力一权独大的局面①。第二种观点认为教师治校就是指大学教授等教师群体作为大学内部利益相关者享有大学内部治理决策权并参与大学决策，从而在内部治理中发挥实质性影响，突出决策的公共性、协商性和制约作用②。教授治学是一个具有中国特色的词汇，到目前为止还没有非常权威的界定。在可查阅到的文献中，"教授治学"一词最早在1930年由时任北大校长蒋梦麟使用，他在社会动荡的背景下提出"教授治学、学生求学、职员治事、校长治校"，希望校内各司其职、不问政治③。显然，这里的"教授治学"中的"治"并不是"治理"之意，而是传统意义上的"治学"，是"做学问""做研究"的意思。新中国成立后，能见到的文献中较早使用"教授治学"的是杨叔子，他是在作为校学术委员会主任对《华中科技大学学术委员会工作条例（试行）》进行阐释时，提出教授治学以学术为基、学生为本，"党委领导、行政管理、教授治学"，这里的"治学"则为治理学术之意④。最近几年关于教授治学的讨论和界定，主要是对于学术权力主张的关注，如教授治学由教授、治理、学术3个要素组成，它的核心是发挥教授在大学内部的主体作用，体现现代大学共享治理的民主精神⑤；教授治学是以学术权力与共同治理为追求的学术管理⑥；教授治学是教师代表在学术领域管理学术、行使学

---

① 眭依凡：《教授"治校"：大学校长民主管理学校的理念与意义》，《比较教育研究》2002年第2期；赵蒙成：《"教授治校"与"教授治学"辨》，《江苏高教》2011年第6期。

② 彭阳红：《"教授治校"与"教授治学"之辨——论中国大学内部治理结构变革的路径选择》，《清华大学教育研究》2012年第6期；朱守信、杨颉：《共同治理视域下教授治校的当代阐释》，《中南大学学报（社会科学版）》2015年第5期。

③ 苏云峰：《从清华学堂到清华大学》，生活·读书·新知三联书店2001年版，第42—46页。

④ 杨叔子：《论教授治学——兼议华中科技大学学术委员会工作条例（试行）》，《高等工程教育研究》2002年第1期。

⑤ 别敦荣、唐世纲：《论教授治学的理念与实现路径》，《教育研究》2013年第1期。

⑥ 袁本涛：《教授何以治学？——基于中国现行大学制度的思考》，《高等理科教育》2014年第1期。

术权力的治理结构①；教授治学是为了扩大教授等在学术事务上的参与权，健全支撑学术权力等运行的机制②。那么为什么要提出教授治学而不用教授治校呢，对于这个问题的回答可谓见仁见智，每个学者都有着自己的理解，其中最具有代表性的观点认为教授治学这个概念，是在中国语境下提出用以安抚教授等教师群体要求参与大学内部治理，又不突破现有体制和利益格局，同时又是对反对大学行政化呼声的一个现实交代③。这种解释是否科学合理，还需要学者们进一步的讨论。总体来说，我国从教授治校到教授治学的转变及其争论，基本的共识是"教授治校"或"教授治学"中的"教授"一词是指以教授等为代表的学者群体，这里的"治"则为"治理"之意，具体的争议点就产生在"治校"或"治学"的差异上，这个争论的实质和核心是关于教师群体是否具有大学内部治理的参与权之争、是关于教授治校的权限范围之争，并不是关于学术事务决策权之争。在可以预见的未来，或许对于这个问题的争论还将继续，并且研究的深度、广度会进一步有所拓展。

关于我国大学学术委员会建设，最早的文献可以追溯到民国时期《大学令》构建的教授会、评议会制度。1929 年 7 月国民政府公布、并于 1934 年 4 月重新修订的《大学组织法》，进一步肯定和巩固了评议会、教授会的探索成果。其后 1948 年 1 月出台的《大学法》也基本上延续了这一做法。从而用委员会的形式保障了以教授等为主体的教师群体执掌大学重要事务。

新中国成立后，我国开始全面学习苏联模式，按照苏联做法改造和建设新中国教育，大学内部先后施行过校（院）长领导下设校（院）务委员会制、党委领导下的校务委员会负责制、党委领导下的以校长为首的校务委员会负责制等，学术委员会一度在历史进程中消

---

① 张笑涛：《"教授治学"的内涵及落实路径》，《江苏高教》2016 年第 3 期。

② 赵世奎、卢晓斌：《教授治学：自下而上配置学术权力》，《中国高等教育》2016 年第 2 期。

③ 王长乐：《"教授治学"到底是什么意思？》，《民主与科学》2011 年第 4 期。

失。到 1963 年教育部提出"高等学校可以试行在校务委员会下设立学术委员会,作为学校党委和行政在领导学术方面的助手"。由于学术委员会的地位属于"助手",在实际的决策等当中没有太多实质权力,所以不少大学对此反应冷淡①。后来尽管 1978 年的《全国重点高等学校暂行工作条例》、1998 年的《高等教育法》等对学术委员会分别做出过规定,但在我国大学的改革与发展过程中,由于其定位模糊、功能弱小等"先天不足",学术委员会的地位一直都比较尴尬,学术委员会在现实中的运行并不理想。为了规范大学学术委员会建设,教育部于 2014 年 1 月颁布了新的《高等学校学术委员会规程》(教育部令第 35 号),该规程对大学学术委员会的地位作用、学术委员会的人员构成及组织要求、学术委员会的权利与义务、学术委员会权限、学术委员会的运行制度等内容进行了明确。教育部在公布该规程的同时,要求各本科大学于 2014 年底前完成本校学术委员会章程及学术委员会的组建或者改组工作,提出把学术委员会作为校内最高学术决策机构,"可选择有突出学术创建和潜力的学生作为特邀委员进入学术委员会"②。在此之后,各个大学积极推进学术委员会建设,与此同时关于学术委员会的研究也日益增多。总体来讲,我国关于学术委员会的研究,不管是在理论探索还是实践创新方面都开始走向纵深。

教职工代表大会是教师参与高校民主管理的重要形式,在大学内部治理结构中也占有重要位置。历史上我国大学并没有教代会,20 世纪七八十年代在借鉴企业职工代表大会等的基础上开始建构教职工代表大会制度,1978 年 4 月教育部讨论通过的《全国普通高等学校暂行工作条例(草案)》首次提出要"在党委领导下定期举行师生员工代表大会",1980 年,经中央批准开始在各省市的试点学校中开展

---

① 包万平:《我国大学学术权力运行的历史变迁研究》,《重庆大学学报(社会科学版)》2019 年第 6 期。

② 宗河:《本科高校年底前出台本校学术委员会章程》,《中国教育报》2014 年 3 月 22 日第 1 版。

教代会，1983 年召开了"高等学校教职工代表大会工作座谈会"，全国已有 9.2% 的学校成立了教代会。1985 年 1 月教育部、全国教育工会颁布了《高等学校教职工代表大会暂行条例》，该文件成为指导各大学进行教代会建设的重要依据。教代会有 4 项基本职能：听取校长工作报告、讨论决定学校基本规章制度、讨论决定教职工福利事项、监督各级领导干部等，但在实践运行中存在教代会的职权逐渐被减弱和虚置等问题①。为了保障教师参与学校民主管理和监督，1985 年 5 月发布的《中共中央关于教育体制改革的决定》提出，"要建立和健全以教师为主体的教职工代表大会制度，加强民主管理和民主监督"。1993 年 10 月颁布的《教师法》明确"教师要通过教职工代表大会或者其它形式参与学校的民主管理"。1995 年 3 月颁布的《教育法》规定"学校及其他教育机构应当按照国家有关规定，通过以教师为主体的教职工代表大会等组织形式，保障教职工参与民主管理和监督"。1998 年 8 月出台的《高等教育法》也规定"高等学校通过以教师为主体的教职工代表大会等组织形式，依法保障教职工参与民主管理和监督，维护教职工合法权益"。后来，教代会在大学中的位置和作用有所提升，经过不断探索实践，目前全国 98% 以上的各级各类公办学校建立了教代会制度，教代会成为教师行使民主参与、民主管理的重要渠道②。在教代会的发展过程中，教代会出现了权利内容被压缩，与现实情况脱节等现实问题③。为了保障教师参与学校民主管理和监督，2011 年 12 月教育部发布的《学校教职工代表大会规定》（教育部令第 32 号），分别对教职工代表大会的职权、教职工代表大会代表产生及权利与义务、教职工代表大会的组织与运行、教职工代表大会的工作机构及其职责等进行了明确。可以看出，我国教职工代表大会

---

① 郭卉：《我国高校教职工代表大会制度变迁的历史考察》，《高教探索》2007 年第 2 期。

② 魏建徽：《〈学校教职工代表大会规定〉的时代特征》，《山东工会论坛》2012 年第 4 期。

③ 毕宪顺、赵凤娟：《高等学校的民主监督与权力制约——以教职工代表大会制度为基本形式》，《教育研究》2009 年第 1 期。

在实践中的突破和创新，随着教职工代表大会职能的扩大、代表巡视制度的施行、二级教职工代表大会的兴起等内容的逐步完善，大学教代会从制度保障到实践运行都逐步走向规范①。

综上所述，关于大学内部治理中的教师主体研究，从理论准备到实践创新，再到法律法规及政策保障都逐步走向完善，面向未来关于教师主体的研究就是走向细化和精准。由于教师主体并不是本研究关注的核心内容，所以在此就不做过多评论。

2. 大学内部治理中关于学生主体研究的核心议题

在大学内部治理中，对于学生主体的研究议题主要集中在学生权利、学校管理权与学生受教育权的冲突与救济、学生代表大会等方面。

关于学生权利，目前一般认为是指学生作为学校中的主体依法享有的基本权利。学者们认为关于学生权利的内容既包含学生作为社会人的权利内容，也包括作为学校人的权利内容②。第一种是学生作为社会公民享有的基本权利，包括实体性权利如生命权、人格权、隐私权等，也包括程序性权利如告知权、申辩权等③。第二种是作为学生身份所特有的权利，如学生身份权（学籍权）、教育教学活动参与权、学业学位证书获得权等④。由于学生权利是一个正在发展中的概念，所以在不同的时代学生权利有着不同的内涵。特别是随着我国教育法治建设的不断完善，在《教育法》《高等教育法》等中关于学生权利的条款也越来越明确，学者们在教育法学的整体研究中也开始重点关注学生权利⑤。

① 顾承瑶：《我国高校教职工代表大会制度的实践与思考》，《长春师范大学学报》2017 年第 5 期。

② 杨娟：《论我国高校学生权利的内涵、现状及保障机制》，《河北科技大学学报（社会科学版）》2011 年第 2 期。

③ 尹力：《试论学校与学生的法律关系》，《北京师范大学学报（人文社会科学版）》2002 年第 2 期。

④ 申素平：《教育法学：原理、规范与应用》，教育科学出版社 2009 年版，第 242 - 243 页。

⑤ 刘爱东：《学生权利的回顾与前瞻》，《现代教育科学》2004 年第 6 期。

受教育权作为学生的一项宪法性权利，随着大学办学自主权的扩大，大学行政管理权与学生受教育权之间的冲突和纠纷也日益增加。有学者认为大学管理权与学生受教育权是保障正常教育活动的制度性安排，在现实中双方权利配置的不平等，管理者一方的越界等都是引起二者冲突的原因，最终表现为权力与权利的冲突，因此应该通过建立正当程序、遵守法治保留原则、给予学生无障碍的权利救济等以实现两者间的平衡①。也有学者认为在所有学生与大学之间的权利冲突中，比较常见的是由大学行使学生处分权而引发的冲突，由于长期以来我国大学正当程序、学生权利意识薄弱，没有按照合理、公正的程序要求进行内部治理，从而对学生受教育权形成伤害。无救济即无权利，因此建立和完善学生权利的救济制度就显得格外关键，学生权利救济要坚持全面救济、穷尽校内救济、人文关怀等原则，如规范大学处分权的行使、完善校内申诉制度、完善教育行政复议、疏通诉讼渠道等，全方位保障学生权利②。

学生代表大会（简称学代会）是紧密联系学生、确保学生会合法性、让学生参与大学内部治理的重要途径。按照《中华全国学生联合会章程》《中华全国学生联合会关于加强和改进高校学生会研究生会建设的指导意见》等规定，每一到两年需召开一次学生代表大会，它主要开展审议学生会组织工作报告、讨论决策重要事项、选举产生学生会领导组织机构、开展学生代表提案工作等。学生代表按照一定比例民主选举产生，大会决议实行表决制，重要任免实行票决制。基层学代会制度则是以二级学院（系）为单位的全体学生代表大会制度，即指二级学院学生依一定程序定期选举产生自己的代表，组成二级学院学生代表大会作为行使学生权利的机构，并由二级学院学生代表大

①　钟飞：《高校管理权和学生受教育权张力平衡再探析：新制度主义视角》，《现代教育管理》2016 年第 10 期。

②　王胜利、王洁：《浅析高校惩戒权与大学生受教育权的冲突与平衡》，《天津法学》2010 年第 1 期；范伟、杨司阳：《教育法治视野下高校学生权利救济：内涵、原则与机制建构》，《现代教育管理》2017 年第 6 期。

会组织学生会，以实现对整个二级学院治理参与的一种制度形式①。目前由于各大学对学生代表大会的认识不到位，在现实中存在学生代表不具备民意基础等诸多问题②。更有甚者，我国部分大学的"学生代表大会"已经变成了学生"校园文化活动"，还有相当一部分大学没有召开过"学生代表大会"③。由于学生代表大会制度及其运行蕴藏着培养学生权利意识、主体意识、责任意识、培养学生组织能力等育人功能，因此学者们呼吁关注学生代表大会制度建设及实践探索④。

整体而言，国内对于大学内部治理中的学生主体研究，不管是在文献的数量还是文献的质量和深度上都比较薄弱。关于学生权利的研究，虽然目前已经进入到实质性阶段，对于学生权利的保障、学生权利的救济也取得了一些成果，但是离达到完善和形成共识还有很长的路。关于学生权利内容等方面，目前文献对于具体权利的细化研究还很不够，比如对于学生参与权的讨论起步不久。此外，对于学生代表大会等的探讨还处在摸索阶段，还需要后续学人的继续探索。这些也都是进行本研究的重要考虑因素之一。

二 怎样治理——我国大学内部治理结构相关研究

马克斯·韦伯（Max Weber）认为，一个组织不管是追求比较粗俗的商业价值抑或是拯救灵魂的崇高目标，都需要一套通过有效的治理结构来完成所追求的目标⑤。治理结构是对各治理主体根据责权划分而形成的立体架构和制度性安排，它的实质在于建构应对"多元利益和冲突"需要的决策权配置问题，是探讨建立一种什么样的结构或

---

① 张革华、彭娟：《高校学代会制度的育人功能分析》，《高校辅导员学刊》2010 年第 4 期。

② 封华：《大思政背景下对高校学生代表大会制度的思考》，《学校党建与思想教育》2017 年第 8 期。

③ 包万平：《教育改革应关注大学"两会"》，《科技日报》2011 年 1 月 21 日第 8 版。

④ 董薇：《学生代表大会制度中的民主教育》，《中国教师》2015 年第 1 期。

⑤ ［德］马克斯·韦伯：《经济、诸社会领域及权力（第 2 卷）》，李强译，生活·读书·新知三联书店 1998 年版，第 11—12 页。

机制，才能够有效在"多元利益和冲突"条件下处理其一般事务①。就大学内部治理结构而言，其核心内容是大学内部主体在各类事务决策中的法权配置及在此基础上的权力（利）运行，主要是"大学内部利益相关者之间各种权力的分配、制约，以及利益实现的机制设计、制度规定和体制安排，集中体现大学管理的结构、运行及其规制的主要特征和基本要求"②。所以大学内部治理问题的关键在于对多元利益和冲突的化解和协调，大学治理结构本质上是一种应对多元利益和冲突的决策权结构③。建构科学、合理的大学内部治理结构是大学正常运行的必要条件。

大学内部治理结构是历史和文化的产物，是现实利益主体关系的反映，也是多元利益相关者博弈后的均衡形态。在历史演进的过程中，由于利益主体多元和分化，大学内部治理结构也从简单变为复杂，大学内部治理结构的变异，受到外部和内部两种因素的影响，它的变化没有一个恒定不变的公式可寻，而是根据现实的变量元素构建大学内部治理结构④。总结历史规律发现，大学内部治理结构呈现出横向权力分配从模糊状态走向分工合作、纵向权力分配不断寻找平衡点、大学内部最高决策权力从单中心走向多中心主体的总体特点，大学内部治理结构变革的内容也主要集中在横向权力分配、纵向权力分配、内部决策最高权力分配三个重要方面⑤。从大学内部管理向内部治理的转变，代表着"单一中心权力（利）"时代的结束，"多中心权力（利）"时代的来临，同时随着大学内部从管理模式到治理模式的转化，大学内部的法权配置也经历了从"互侵式"到现代"交互

---

① 龚怡祖：《大学治理结构：现代大学制度的基石》，《教育研究》2009 年第 6 期。
② 顾海良：《完善大学治理结构的四个着力点》，《教育文化论坛》2011 年第 1 期。
③ 唐汉琦：《大学治理结构下学术自治与科层制的矛盾冲突及其消解》，《现代大学教育》2014 年第 2 期。
④ 熊庆年、代林利：《大学治理结构的历史演进与文化变异》，《高教探索》2006 年第 1 期。
⑤ 何淑通、何源：《大学内部治理结构变革：模式、动因与内容》，《现代教育管理》2016 年第 11 期。

式"治理结构的转变，所有治理主体不管是权力主体还是权利主体都平等参与、过程开放、互动协商，不再突出单方性，而是呈现权力—权力、权力—权利互相制约监督等特点①。现实中有效的大学内部治理结构，应该根据各利益相关者的类别、特点以及大学发展现实等，将决策权合理地分解到不同主体中，让每个主体的利益需求在大学内部治理架构下实现有效表达，从而使得不同利益主体的法权之间形成有效制约②。

在我国大学内部治理结构方面，由于我国大学内部实行党委领导下的校长负责制，有学者认为我国已经确立了"党委领导、校长负责、教授治学、民主管理、社会参与"③ 或"党委领导、校长负责、依法治校、教授治学、民主管理"的大学治理结构④。还有学者则认为我国大学内部治理结构比较明确，可以归纳为三个方面：一是党委领导下的校长负责制；二是学术委员会决议学术事项；三是教职工代表大会负责民主监督⑤。另外，有学者从责权层次划分的角度认为，从横向上看，我国大学采取校、学院两级或者校、学院、系三级治理模式，在具体的职权上，校一级职能部门主要负责政策制定、资源配置等；学院一级是教学科研实体，主要负责教学活动组织、实施、评价，科研活动组织，社会咨询、服务培训等；系是最基础的教学单位，主要负责拟定教学计划、组织教学等，这样大学就构成了一个完整的从决策到执行的科层化组织体系⑥。从纵向上看，学者们对大学内部的法权配置认识差异较大，综合已有文献可以归纳为三种观点，

① 高松元、龚怡祖：《型塑大学治理结构：一种法权结构的重建》，《教育发展研究》2011 年第 11 期。
② 李喆：《地方大学优化内部治理结构的思考》，《中国高等教育》2015 年第 7 期。
③ 李立国：《大学治理的转型与现代化》，《大学教育科学》2016 年第 1 期。
④ 孙大军：《对当代我国高校治理中民主与效率问题的认识》，《教育评论》2014 年第 12 期。
⑤ 彭阳红：《"教授治校"与"教授治学"之辨——论中国大学内部治理结构变革的路径选择》，《清华大学教育研究》2012 年第 6 期。
⑥ 秦惠民、郑中华：《网络舆情作用下的大学治理结构完善》，《中国高教研究》2013 年第 5 期。

分别是"两种权力说""三种权力说"和"四种权力说"。

两种权力说认为，我国目前的大学治理结构中主要存在行政权力和学术权力，由学术人员行使学术权力，由行政人员行使行政权力①。三种权力说认为，我国大学内部治理结构中有政治权力、行政权力和学术权力等三种权力在运行，也就是党组织行使政治权力、行政人员行使行政权力、学术人员行使学术权力②。四种权力说认为，在我国大学内部结构中，现行法律明示或默示的有四种权力，分别是政治权力、行政权力、学术权力、民主权力，政治权力是党组织对大学行使的权力；行政权力是以校长为首的行政干部行使的权力；学术权力是以学术委员会等所行使的权力；民主权力则是校内师生民主参与、监督等的权力③。

治理结构是现代大学制度的基石，如果一所大学的治理结构出现问题，就会引发一系列问题。我国大学的许多问题都与大学内部治理结构失衡有关④。学者们通过研究发现我国大学内部治理结构比较严重的问题是权力冲突和权力失衡，呈现出"互侵式"治理结构法权形态之间互相摩擦、矛盾等特点。主要表现在：一是政治权力和行政权力边界不清⑤。二是学术权力和行政权力关系失衡⑥。三是民主参与和监督权力（利）微弱乏力⑦。

这些问题的存在，与治理理论所要求的多元主体合作共治、法权形态之间互动协调有不小差距，同时与大学内部治理结构应对多元利

---

① 罗昆、阙明坤：《博弈·边界·创新：我国大学内部治理的权力审视》，《现代教育管理》2016 年第 5 期。
② 刘虹：《大学治理结构的政治学分析》，《复旦教育论坛》2013 年第 6 期。
③ 秦惠民：《我国大学内部治理中的权力制衡与协调——对我国大学权力现象的解析》，《中国高教研究》2009 年第 8 期。
④ 王英杰：《大学文化传统的失落：学术资本主义与大学行政化的叠加作用》，《比较教育研究》2012 年第 1 期。
⑤ 李喆：《地方大学优化内部治理结构的思考》，《中国高等教育》2015 年第 7 期。
⑥ 方芳：《大学治理结构变迁中的权力配置、运行与监督》，《高校教育管理》2011 年第 6 期。
⑦ 王红岩、张瑞林：《大学内部治理改革存在的问题与发展趋势》，《东北师大学报（哲学社会科学版）》2015 年第 3 期。

益需求和冲突的实质有所出入，违背了大学内部治理法权配置、分权制约等本质①。所以，当务之急是完善大学内部治理结构，处理好大学内部各种权力（利）关系，建立民主科学的内部运行机制。为此，学者们从不同的角度给出了完善的建议和意见。有学者从政治权力入手，认为党组织在大学内部治理中具有制度建设、利益代表、文化引领、精英统筹等功能，大学内部治理要增强党在大学治理中的基础性权力，推进校—院分权治理改革、实现管理重心下移和师生参与等②。也有学者认为法律确认的党委领导下的校长负责制是新中国几十年来，大学内部管理体制反复探索的经验总结，也是大学内部治理历史检验的结果，因此要立足国情，坚持党委领导下的校长负责制，按照"党委领导、校长负责、教授治学、民主管理、全委决策、共同参与"六大要素建构大学内部治理结构，建立有力的领导机制、科学民主的决策机制、透明公开的权力约束机制、平等协商的共同参与机制③。

此外，还有学者从整体上提出了改进的思路和设想，认为大学内部治理制度优化设计要分享治理权，做好顶层设计④。章程作为大学"宪法"，是大学内部治理的重要依据和基本规范，治理结构作为其核心内容在各大学章程中有着明确体现。若在缺乏大学章程的情况下，大学内部容易通过临时性的政策或制度来运行，而且这些临时性的规定容易受到大学内外部各种因素左右，也容易受到大学领导等个人因素的影响，所以需要通过大学章程完善大学内部治理结构，以增强大学内部治理的法治性、民主性、科学性⑤。为此，一要厘清政治

---

① 谢艳娟：《大学治理结构法治化变迁的国际经验与逻辑反思》，《现代教育管理》2016 年第 5 期。

② 任羽中、吴旭、杜津威、吴浩：《中国特色现代大学治理问题研究》，人民出版社2017 年版，第 126 - 128 页。

③ 韩震：《大学的使命与完善大学治理结构》，《山东高等教育》2015 年第 2 期；董泽芳、岳奎：《完善大学治理结构的思考与建议》，《高等教育研究》2012 年第 1 期。

④ 李维安、王世权：《大学治理》，机械工业出版社 2013 年版，第 167—197 页。

⑤ 司晓宏：《关于推进现阶段我国大学章程建设的思考》，《教育研究》2014 年第11 期。

权力与行政权力的关系，二要完善制度保障教师和学生权利，三要创新方式保障师生民主参与权与监督权等①。此外，还有学者提出仅仅完善内部治理结构并不能保证大学内部治理的有效实现，而真正实现大学内部有效治理，还应该关注大学的文化建设，比如领导力提升、组织文化建设等非结构因素②。

综上所述，关于大学内部治理结构的研究，学者们从理论到实践进行了多方面探索，大都认同大学内部治理结构是治理主体根据责权划分而形成的立体框架与制度安排，是大学内部决策的法权配置和设计，它在本质上是一种多元利益的决策权结构。大学内部治理结构的形成受内外部各种因素的约束，要在总体上从纵向、横向的责权配置中寻找内在的平衡，从而将决策权分配给不同的治理主体，实现内部制约。

在对我国大学内部治理研究的过程中，学者们比较关注权力的配置，提出了"两种权力说""三种权力说""四种权力说"，这些认识都或多或少存在不严谨的问题。因为权力与权利在治理结构中都是法权配置的重要内容，有权力配置必然会涉及权利的问题，如上文所言，目前学者们将主要的精力放在大学内部治理结构中的权力上了，从而忽视了治理结构中的权利问题或者说对于权利的关注明显不足。另外，我国大学内部的政治权力和行政权力相互交织，同时政治权力表现为一种更大的行政化的权力③。因此这两种权力可以并称为行政权力，同时民主权力的提法也有所不妥，因为权力有强制性、不能抛弃等特点，显然民主权力并不具备这样的特点，所以本研究认为这里应该是民主权利，大学内部治理结构是行政权力、学术权力与民主权利的配备，大学内部治理中的学生参与权、

———————

① 李景平、程燕子：《大学内部治理的困境与出路——基于七所"985 工程"高校章程文本分析》，《现代教育管理》2015 年第 8 期。

② 顾建民、刘爱生：《超越大学治理结构——关于大学实现有效治理的思考》，《高等教育研究》2011 年第 9 期。

③ 别敦荣、冯昭昭：《论大学权力结构改革——关于"去行政化"的思考》，《清华大学教育研究》2011 年第 6 期。

监督权皆属于民主权利的范畴。

关于我国大学内部治理结构的提炼总结，学者们虽然论述的角度和思路各不相同，但都比较倾向"党委领导、校长负责、教授治学、民主管理"。本研究也支持这一认识，因为党委领导、校长负责在国家法规制度与政策解读等方面都比较明确，另外教授治学、民主管理等也多次出现在相应的政策文件当中。不过目前学者们对教授治学的解读各不相同，不同的大学在执行过程中也差异较大。而民主管理或者民主权利作为师生表达利益需求、参与大学内部治理的权利，无论从理论研究层面，还是国家政策设计或具体操作层面都比较薄弱。在实践中，我国目前这种大学内部治理结构，决策指令自上而下传达，基层需求自下而上传送，在其中校级行政职能部门居于核心位置，而学生等既没有进入决策机制的入口，也没有获取决策信息的正式渠道，在整个内部治理结构中处于边缘的地位①。同时，在理论研究中对我国大学内部治理结构是否应该、如何配置学生参与权等研究不多，因此这就是本研究聚焦大学内部治理中学生参与权的重要价值所在。此外，对于改进和完善大学内部治理结构，学者们从不同角度提出了许多建议和意见，这些都为后续进一步研究做好了铺垫。

三 如何治理——我国大学内部治理模式相关研究

治理结构是现代大学制度的基石和灵魂，治理模式是大学运行的关键与核心。学者们在关注大学内部治理结构的同时，也比较关注大学内部治理模式的探索。因为治理模式是大学内部治理过程中手段与方式的综合，治理模式能够在很大程度上体现出大学的办学理念、办学思想等，采用什么样的内部治理模式以及治理模式的好坏直接关系到大学治理目的的实现以及大学未来的改革与发展。

关于大学内部治理模式的形成与变迁，学者研究发现，大学职能

---

① 刘虹：《大学治理结构的政治学分析》，《复旦教育论坛》2013 年第 6 期。

的变迁与知识生产方式的转变带动了大学内部治理模式的根本性变革。随着大学职能的拓展，大学内部治理由原来的内部组织相对简单、学术权力垄断逐步朝着多元、复杂、问责、分享的方向发展；知识的生产承担了更多的社会责任，更加强调绩效结果和社会作用，越来越多的社会主体参与科学决策，这促使大学要适应社会发展需求，调整自身的治理模式①。也有学者认为这是因为无论外在社会如何变化，大学的"知识创生"使命始终没有变化，人类历史经历的三次知识转型，都是以权力为中介而伴生的大学内部治理模式的变革，在前现代社会大学作为纯粹的知识探索场域，知识的自由权属性体现出大学自治模式；在现代社会中过于追求知识的功利需求，大学治理也更加重视管制模式；在后现代社会的知识协商表现，知识民主权利的彰显产生了大学治理的共治模式，这种共治模式认为大学治理不再是单边行为，而是强调合作、协商、平衡，要求各利益主体在彼此理解、信任和对话的基础上互动。从自治、管制到共治治理模式的演变，体现了大学内部治理是以善治为目标的治理现代化追求②。此外，也有学者以院校为个案进行研究发现，大学内部治理模式变迁的制度逻辑是获利机会是大学内部治理模式变迁的微观基础，权力冲突是大学内部治理模式变迁的动力机制，大学文化认同是大学内部治理模式变迁的决定因素之一。另外，大学内部治理模式的变革也受制于外部社会宏观结构、制度等因素的影响③。

　　大学内部治理过程中，在各权力主体的博弈下形成了不同的内部治理模式，但整体上趋向于多元主体参与的共同治理。与传统治理模式相比，共同治理更注重协调，而不是控制，其中共享权力是核心，

---

① 刘永芳、龚放：《打造"学科尖塔"：创业型大学治理模式的创新及其启示》，《中国高教研究》2014 年第 10 期。

② 李曼：《论大学治理模式变革的知识逻辑》，《教育研究》2015 年第 3 期；柳翔浩：《转换与融合：大学治理模式的历史社会学分析》，《教育研究》2016 年第 7 期。

③ 周光礼：《大学治理模式变迁的制度逻辑——基于多伦多大学的个案研究》，《高等工程教育研究》2008 年第 3 期。

信任是前提，沟通是途径①。对此，不同学者的研究路径不同，但研究结果却基本趋同。如有学者研究发现从 20 世纪七八十年代起，全球大学治理模式发生了巨大变化，呈现出一些新的发展动向，如从"外部指令性控制"转向"自我选择性约束"，从"学术自理"转向"管理自治"，从"硬治理"转向"软治理"等②。美国大学内部治理模式经历了董事会法人自治、校长主导治理、利益相关者"共同治理"三个阶段，其优势在于责权分层、专门委员会、共同治理等③。而在英国大学内部治理中，共享治理模式发展迅速，一定程度的共享治理有助于大学改革与发展，在其中学者群体的参与至关重要，正是他们的参与才使得共享治理成为可能④。传统上大部分欧洲大学内部治理采用的都是"共享治理"模式，也就是由教职工、校长、董事等共同参与决策，由于这种模式有其缺陷，目前欧洲正在发生大学治理变革，由教授治理（学术自治）模式向董事会治理模式发生渐变⑤。关于大学内部治理模式的类型，学者们发现大学内部治理模式没有固定的版本，要根据一定的政治、经济、文化、社会等环境因素，结合一个大学的实际状态来进行治理。比如英国的大学内部治理呈现出多样性特点，苏格兰传统模式、学者主导型、学者自治型、共同治理型、高等教育公司模式等并存⑥。

对于建构和完善我国大学内部治理模式，学界大多认为大学内部

---

① 杨靓：《渐进的变革：大学内部共同治理的多元模式摭探》，《辽宁教育行政学院学报》2014 年第 4 期。

② 施晓光：《现代大学治理模式的转向》，《苏州大学学报（教育科学版）》2015 年第 4 期。

③ 王亚杰：《美国大学治理对中国特色现代大学治理体系建设的启示》，《中国高教研究》2014 年第 9 期

④ 马克·泰勒：《现代大学的共享治理》，《山东高等教育》2015 年第 10 期。

⑤ 张炜、童欣欣：《欧洲大学治理模式的变革趋势及其治理启示》，《杭州电子科技大学学报（社会科学版）》2012 年第 2 期。

⑥ 吴云香、熊庆年：《英国大学治理模式的多样性及其存在基础》，《重庆高教研究》2013 年第 6 期。

治理重在制度，根在文化①。具体包括治理模式构建的指导思想、治理模式的操作维度、治理模式导向的大学未来发展内容②，大学内部治理模式的构建要营造信任、协商、负责的治理文化③。也有学者认为目前我国大学内部治理模式与外部有关，大学内部治理与社会参与无法分开，现代大学制度建构应该具有社会参与的部分④。还有学者提议，当前大学组织正在向网络化演进，这为大学各主体参与大学治理提供了契机，有利于大学内部协调合作、互信沟通等的实现，因此应该重视完善大学网络治理，增强各利益主体参与大学内部治理的意愿、探索大学协同治理的模式⑤。

综上所述，学者们对于大学内部治理模式从不同的视角进行了探索，关于大学内部治理模式的形成与变迁，学者认为随着大学职能与社会发展，大学内部治理模式从简单到复杂、从单向度到多元参与，多元主体参与的共同治理是世界范围的大学内部治理发展趋势，但不同学者对此表述不同，如有的用共享治理、协商治理等，但整体上含义基本趋同。对于大学内部治理模式的形成，不同的学者的切入点不同，所以研究发现也各不相同。总体来说，大学内部治理没有固定的模式，是特定历史文化、社会和校情结合的产物，即使在同一条件下也可能产生不同的内部治理模式。关于我国大学内部治理模式学者们的思想还没有形成聚焦，对如何构建和完善大学内部治理模式还没有形成比较成熟的思路。一言以蔽之，关于大学内部治理模式，相关研究已经为进一步深化做了很好的积淀。

---

① 赖明谷、柳和生：《大学治理：从制度维度到文化维度》，《现代大学教育》2005年第5期。

② 汪明义：《构建中国特色的社会主义大学治理模式》，《国家教育行政学院学报》2017年第4期。

③ 顾建民：《大学治理的内涵建设》，《苏州大学学报（教育科学版）》2015年第4期。

④ 王洪才：《论大学内部治理模式与中位元原则》，《江苏高教》2008年第1期。

⑤ 赵彦志、周守亮：《网络视域下的大学组织特征与治理机制》，《教育研究》2013年第12期。

四 域外视角——对世界大学内部治理比较与借鉴

面对高等教育国际化的发展趋势，各大学面临着巨大的内在发展压力与外部激烈竞争，为了在此环境中实现持续发展，世界各地大学都在主动或被动地进行变革和调整，探索有效的大学内部治理方式，从而提高办学质量。近年来，在研究我国大学内部治理的过程中，学者们比较关注域外大学内部治理的新变化，以期通过比较分析为完善我国大学内部治理体系、推进大学治理现代化提供启示和借鉴。从已有文献来看，学者们的关注点主要集中在美、英、德、法、日等发达国家和地区大学的内部治理，下面就相关研究成果做些简要梳理，以审视域外大学内部治理发展的动向。

美国在当今世界高等教育中处于领先位置，因此既有文献对美国大学的内部治理关注较多，研究角度和内容也比较广泛。比如有学者研究发现，美国大学内部治理形成了以董事会等为代表的决策体系，以大学校长等为代表的行政体系，以评议会、教授会等为代表的学术管理体系[1]。不同于欧洲的大学董事会，美国大学的董事会主要由校外人士组成，董事会既是决策机构也是权力机构，其职责包括任命校长、制定发展规划、保障办学资源，其成员包括社会名流、政府官员、律师、校友、社区代表等，董事会任命校长，校长负责执行[2]。美国大学的评议会、教授会属于学术管理体系，其成员都是从教师代表中选举产生。评议会设置在大学校级层面，主要负责学术决策、制衡行政权力等；教授会则设置在院系层面，主要负责本院系的学术决策等事宜[3]。有学者以加州大学伯克利分校为例研究发现，美国大学内部共同治理是对不断膨胀的行政权力的约束，此制度保持了教师、

---

[1] 时伟：《大学内部治理结构改革的逻辑、动力与路径》，《中国高教研究》2014 年第 11 期；欧阳光华：《董事、校长与教授：美国大学治理结构研究》，高等教育出版社 2011 年版，第 119－200 页。

[2] 刘宝存：《美国公、私立高等学校董事会制度比较研究》，《吉林教育科学（高教研究版）》2001 年第 6 期。

[3] 王绽蕊：《高校治理：比较与改进》，光明日报出版社 2013 年版，第 80 页。

学生、行政等主体之间的交流与沟通，这样各主体间互相尊重、共同协商、共同决策，从而保证了大学持续发展的动力①。此外，还有很多学者从不同的角度进行了研究，如克拉克·科尔（Clark Kerr）根据办学实践形成的著作《大学校长的多种生活：时间、地点与个性》②、亨利·罗索夫斯基（Henry Rosovsky）的著作《美国校园文化：学生、教授、管理》③、刘爱生的著作《美国大学治理：结构过程与人际关系》④ 等也从不同侧面探讨了美国大学内部治理的相关议题。

英国大学历史悠久，从古典大学到现代大学，英国大学都属于世界高等教育版图中极为重要的一极，所以学者们对英国大学内部治理的关注也比较多。如在我国制定大学章程的过程中，2013 年教育部政策法规司组成大学章程考察团赴英国多所大学进行考察发现，英国大学采用多元治理模式，大学理事会作为决策机构汇集了各行业的代表，校内决策充分吸纳各利益相关方参与，如在学术委员会中有学生代表，从而实现了大学内部学术、行政、教师、学生等各方权力（利）的制约与平衡⑤。而且英国大学理事会通常每年召开一次会议，具体管理事务由校务委员会负责。校务委员会人员组成一般在 30 人左右，由校外人士、校内教师和学生等构成，具体参与大学内部相应事务决策等⑥。另外还有学者通过院校个案研究揭示了英国大学的内部治理特点，如对牛津大学等个案的研究发现，英国大学内部治理是

---

① 王英杰：《论共同治理——加州大学（伯克利）创建一流大学之路》，《比较教育研究》2011 年第 1 期。

② ［美］克拉克·科尔、玛丽安·盖德：《大学校长的多种生活：时间、地点与个性》，赵炬明译，广西师范大学出版社 2008 年版。

③ ［美］亨利·罗索夫斯基：《美国校园文化：学生、教授、管理》，谢宗仙等译，山东人民出版社 1996 年版。

④ 刘爱生：《美国大学治理：结构过程与人际关系》，中国社会科学出版社 2018 年版。

⑤ 黄兴胜、舒刚波、翟刚学：《大学章程与大学内部治理——基于英国、意大利大学章程建设的考察报告》，《中国高教研究》2014 年第 1 期。

⑥ 刘宝存、杨尊伟：《我国高等教育治理体系的社会参与：国际比较的视角》，《中国高教研究》2016 年第 12 期。

在权力共享的基础上实现制衡的，大学内部治理是一个上下互动的过程，大学内部利益相关者实现参与的过程，通过协商、合作等达成共同的目标①。对伯明翰大学的个案研究发现，大学内部治理主体多元化、法权配置均衡，既有校内人员也有校外人士，有教师、学生和管理者等，学术权力与行政权力边界清晰、运行有序②。此外，不少学者对英国大学内部治理也进行了专门探讨，如曾鸣的著作《英国大学治理机构发展研究》③、王宝玺和王磊的著作《19 世纪英国大学制度变革研究》④ 等。

德国和法国作为欧洲传统的高等教育强国，对世界大学发展影响深远，学者们对这两国大学内部治理的关注也比较广泛。有学者研究发现，德国大学内部治理变革呈现出三个特点：一是原来由政府掌握的权力向大学校长转移，校长权力扩大；二是大学内部治理由传统的"教授治校"向"多元共治"转变，大学内部治理结构表现出混合特点；三是在院系、研究所等基层组织，由一名教授主持向多名教授共同主持转变，院系研究所等基层学术组织的治理功能和地位提升⑤。而法国大学是"学院共和国"，大学是学院的集合，在内部治理中大学校长的权力相对有限，而学院院长则具有重大实际权力，所以法国大学内部治理的关键在学院治理，在学院的决策过程中每个教授都有参与机会，法国参议院和国民议会在 2013 年颁布的《高等教育与研究法》中赋予了大学自主权，大学内部治理呈现出共同治理的特点，例如大学行政委员会由校外人士、教师代表、学生代表等组成⑥。此

---

① 孙丽昕：《英国大学内部治理的权力共享与制衡机制分析——以牛津大学和斯特灵大学为例》，《高教探索》2014 年第 5 期。

② 赵湘、白宗新：《英国伯明翰大学内部治理结构分析》，《世界教育信息》2017 年第 10 期。

③ 曾鸣：《英国大学治理机构发展研究》，厦门大学出版社 2019 年版。

④ 王宝玺、王磊：《19 世纪英国大学制度变革研究》，中国海洋大学出版社 2015 年版。

⑤ 姚荣、王思懿：《"上下分治"：西方公立大学内部治理结构的变革——基于任务导向型法权配置的视角》，《江苏高教》2016 年第 6 期。

⑥ 王晓辉：《法国大学治理模式探析》，《比较教育研究》2014 年第 7 期。

外，不少学者对法国、德国大学内部治理也进行了专门探讨，如刘敏的著作《法国大学治理模式与自治改革研究》①，陈洪捷的著作《德国古典大学观及其对中国的影响》②，周丽华的著作《德国大学与国家的关系》③ 等。

日本是亚洲的高等教育强国，对日本大学内部治理的研究对我国大学有很强借鉴意义。研究发现日本大学的内部治理主要体现在校长、评议会和教授会之间的法权配置上，二战后日本国立大学内部形成了以学部教授会为中心自下而上的治理模式，学部教授会可决策"重要事项"；评议会属合议制机构，为各学部决议大学事务的平台，评议会决议大学事务时各学部教授会派代表参加；校长掌管校务，这还需决议机构的审议才可做出决定，显然大学校长的权力受到明确制约④。日本国会于 2003 年通过了《国立大学法人法》，随后日本大学按照该法的分权、民主、多元的原则重新构建了内部治理体系，重新分配决策权，实现了管理中心下移，强化了院系在大学内部治理中的核心地位⑤。还有学者发现日本大学内部治理中的如教授会、讲座制、学部制等，都是突出学术权力在内部治理中的支配地位，建构了完备的大学内部权力运行体系，良好的内部治理成为释放和提高学术创新的原动力⑥。此外，不少学者对日本大学内部治理也进行了专门研究，如王文利在《日本大学校发展研究》一书中用个案和比较方法探讨了日本大学发展的历史、特征、影响因素等内容⑦。李昕在《日本大学办学个性化研究》一书中从教师和学生两个角度，对日本大学在学

---

① 刘敏：《法国大学治理模式与自治改革研究》，北京师范大学出版社 2015 年版。
② 陈洪捷：《德国古典大学观及其对中国的影响》，北京大学出版社 2006 年版。
③ 周丽华：《德国大学与国家的关系》，北京师范大学出版社 2008 年版，第 14 页。
④ 金红莲：《日本国立大学内部治理的制度变迁》，《比较教育研究》2010 年第 9 期。
⑤ 王瑛滔、李家铭：《大学法人化与大学治理结构变革——东京大学的经验和启示》，《全球教育展望》2012 年第 11 期。
⑥ 丁建洋：《学术权力的凝视：日本大学治理结构的历史演进与运行逻辑》，《清华大学教育研究》2016 年第 1 期。
⑦ 王文利：《日本大学校发展研究》，人民出版社 2016 年版，第 2－3 页。

生、课程、教师及法人化等方面的个性化内容做了梳理①。另外，还有学者对其他国家和地区的大学内部治理也进行了深入研究，此处不再评论。

我们通过上述文献梳理不难发现域外大学内部治理的发展趋势和变革的主要特点：

第一，促进内部治理的科学化。防止组织内部少数人或多数人暴政的基本办法是法权制衡②，目前世界发达国家的大学内部治理，基本上都形成了董事会、理事会、校长、教师、学生及校外人士多主体参与的决策框架，大学内部决策权从集中走向分散，从纵向上权力重心逐步向院系下移，尤其是学术权力的下移最为明显，当然也有个别国家的大学为了提高内部决策效率出现集中行政权力等情况；从横向上为了避免权力的滥用与失误，对教授会、评议会、校长等一些关键治理主体的权力做了有效分解或向其他主体转移，各参与主体及其权力边界逐步清晰，做到了责权明晰、有序治理。

第二，实现大学内部共同治理。随着民主社会的发展，世界发达国家的大学在完善内部治理的过程都比较注重共同治理。共同治理是把教师、学生、行政人员等利益相关者放在一个平台上③，赋予学生、教师等各个群体在相应领域的决策参与权，让每个群体成员都能够在内部治理的过程中发出自己的声音，所以大学内部决策并不仅是关注重要权威人士意见的过程，还是一个关注和回应各利益相关者需求的过程、一个互相广泛而持续沟通交流的过程。各国大学内部治理的变革过程充分体现了这一点，比如持续地赋予学生在大学内部治理中的参与权、改变大学内部由教授会等个别组织或人员把持的封闭做法，

---

① 李昕：《日本大学办学个性化研究》，南京师范大学出版社 2016 年版，第 49 – 228 页。

② Lyall K. C. ，"Recent Changes in Structure and Governance of American Higher Education"，in Hirsch W. Z. &Weber L. E. ，eds. *Governance in Higher Education*：*The University in a State of Flux*，London，UK：Economica，2001，pp. 17 – 25.

③ Heaney T. ，"Democracy，Shared Governance，and the University"，*New Direction for Adult and Continuing Education*，No. 128，2010.

说明吸收有关利益相关者参与大学内部共同治理是世界趋势。

第三，为大学内部治理提供制度保障。为了提升大学发展质量，推进大学内部治理改革，各国都比较注重通过外部的法律、内部大学章程等来建构大学内部治理结构。比如为了提升大学治理水平，近些年法国国民议会先后出台过1968年《高等教育指导法》（简称《福尔法》）、1984年《萨瓦里法》、2007年《大学自由与责任法》、2013年《高等教育与研究法》等；就持续推进大学内部治理结构完善，日本国会先后通过多部法律规范予以保障，如1947年《学校教育法》、2003年《国立大学法人法》等，这些国家出台的法律对于推进大学内部治理完善起到了积极作用。另外，大学章程是大学内部治理规则的重要载体，因此世界各国也比较注重通过制定和完善大学章程来改进大学内部治理，对于这一点我国大学在制定章程的过程中早已关注到了，在此就不再赘述。

总的来讲，目前对世界大学内部治理的比较与借鉴研究文献比较多，其中有比较宏观的多个国家大学之间的比较分析，有单个国家内部大学之间的比较，有基于院校层面的个案研究，也有许多研究成果从不同的角度进行比较分析并为我国大学完善内部治理提出了许多建议和意见。整体上来看，近几年来学者们对大学内部治理研究所投入的力度明显增强，而且时间越往后其研究成果的深度和广度越不断拓展，产生了一批高质量的研究成果，这些研究成果为本研究的进一步拓展提供了较大的参考和借鉴价值。当然也应该看到任何研究都可能存在不足，目前对域外大学内部治理比较与借鉴方面的研究文献存在的主要不足体现在：一是研究过程中对于域外发达国家大学内部治理的介绍比较多，但基于中国本土现实需要的理论创新还有些不足，对比较研究的本土运用问题还有待深入；二是由于大学内部治理研究的涉及面比较广、内容庞杂，不少研究者由于各方面条件的限制，比如自身身份的限制、学科属性的限制等，其研究成果概念的周延性、切入问题的精准性还有所欠缺。这些问题都需要未来学者在研究过程中给予重点关注。

第二节 大学内部治理中学生参与相关研究述评

大学内部治理中学生参与是高等教育改革与发展的基本趋势，目前我国不管是在事务操作还是理论研究方面都进行了一些有益的探索。为了更加清楚地展现目前的研究现状，本研究现将已有相关研究文献分为"大学内部治理中学生参与的价值和意义""大学内部治理中学生参与的途径""大学内部治理中学生参与的内容""大学内部治理中学生参与的程度""大学内部治理中影响学生参与的因素"等五个方面进行简要述评。

一 大学内部治理中学生参与的意义

根据已有文献梳理，学界对于我国大学内部治理中学生参与基本上持肯定态度，认为不管是对大学还是对学生而言都有积极意义。第一，从大学角度看，学生作为大学的重要利益相关者，通过参与大学内部治理，充分表达自身意愿，使得大学决策过程须考虑学生意见和要求，同时学生参与的过程也是与校方管理层就相关事宜进行充分沟通和协商的过程，这样可以避免引发不必要的分歧与争议，从而提升内部运作的效率，保障学生权益等；另外学生通过参与也可以行使监督权利，从而使得大学内部运行更加民主科学[1]。第二，从学生个人角度看，由于传统"决策—执行"的治理模式，将学生排除在治理体系之外，从而割裂了校方与学生之间的联系。学生参与大学内部治理，使得它充分考虑学生需求，大学的决策与发展更加贴近学生实际，从而提升学生对大学的归属感和认同感。此外，学生参与大学内部治理体现了学生的主人翁地位，通过参与实践，学生可以充分利用参与权，锻炼自身参与公共事务的能力，同时大学内部治理活动也是

---

[1] Johnstone D. B. ， "The Student and His Power"，*The Journal of Higher Education*，No. 3， 1969.

一种隐形的公民教育课程，学校的内部治理活动潜移默化地影响学生，学生通过参与不断提升公民质量，从而成为全面发展的人①。

当然也有一些学者对学生参与大学内部治理表示担忧或者提出反对意见，如有学者认为学生参与大学内部治理不具有合理性，其理由在于：第一，学生是个学习者，他们只能在有限的时间内在大学学习、生活，而且学生比较关注短期利益，较少关注大学长远发展，若让学生参与内部治理，对大学可持续发展没有益处。第二，学生参与可能会导致大学的政治化，会有把大学校园变成暴动基地的可能。第三，学生是通过大学教师接受教育，教师是在合法公共委托基础上以教学和科研来维护社会利益，学生和教师在大学内部治理中处在不同地位上，另外学生也缺乏参与决策的专业化水平。第四，学生参与大学内部治理，可能会导致教师对学生的依赖，从而不利于学术标准的坚持②。也有学者认为相对于大学内部治理的其他主体而言，学生在大学中更重要的是表现为一名学习者，尚欠缺参与大学内部治理的知识水平与管理经验，所以学生不可能在大学内部治理中起到决定作用，另外大学内部运行机制、服从权威的管理文化等都是影响学生参与大学内部治理不可忽视的因素③。

本研究也认为学生参与大学内部治理是高等教育改革与发展的趋势，对于推进大学决策科学化、民主化以及满足学生需求、提升治理水平等具有多方面的价值，同时能够体现学生主体性，对提升学生公民素质与能力、促进学生全面发展等都有重要意义。对于有学者对学生参与的担忧或者反对，本研究认为从总体上来说，目前大学生普遍心智成熟、有自己的观点和思想，具有一定辨别是非的能力，他们思想敏感，有想象力、创新性、创造性，而且身处大学

① 叶飞：《"治理"视域下的学校公民教育》，《教育学报》2013 年第 6 期。

② Geck W. K. , "Student power in West Germany：The authority of the student body and student participation in decision – making in the universities of the Federal Republic of Germany", *The American Journal of Comparative Law*, Vol. 17, No. 3, 1969.

③ 陈大兴：《自由与限度：论高校内部治理中学生主体介入的权能制约与边界划定》，《内蒙古社会科学》2013 年第 2 期。

之中，能发现大学内部治理存在的问题，具备参与大学内部治理的一定能力①。另外，学生参与在多数情况下并不是直接参与，而是采用推选学生代表等方式参与，这样可以在一定程度上避免部分学生参与能力不足问题。同时，大学内部治理中，学生参与制度的建构是植根于国家现有文化、制度、法律的基础之上，其中学生参与在西方国家存在的问题，未必会在我国出现。相反，在其他国家没有出现的问题则可能在我国成为问题。因此鉴于学者们多方面的担忧，在建构我国大学内部治理中的学生参与制度时，要充分考虑其存在的弊端和不足。

二 大学内部治理中学生参与的途径

关于大学内部治理中学生参与的途径，学者们从不同的角度进行了研究。有学者认为学生作为大学的核心利益相关者，有参与大学内部治理的权利，但要使学生在内部治理中发挥最大效用，要进行主体选择，应该从大学、学生及决策事项三个角度进行考量②。关于大学内部治理中学生参与的途径，西方主要有官方的行政组织和非官方的学生组织两种途径。官方的行政组织如董事会、理事会、委员会等，各大学根据一定的比例设定了学生席位，学生代表可以参与大学决策、拥有表决权。非官方的组织如学生联合会、某种特质的群体性组织等③。西方国家的学生组织是学生参与大学内部治理的重要途径，充当了学生个人与大学对话的中间人，如学生会等都有明晰的内部组织结构，利用民主选举机制产生主要成员，并向大学董事会、理事会等决策机构派出学生代表，以行使大学内部治理中的学生参与权。国内的学生组织分为两大类，第一类是直接参与大学内部治理的学生组

---

① 刘岩：《我国大学生参与高校管理的现状、问题及对策》，《当代教育论坛》2006年第5期。

② 刘博文：《论学生参与高校决策的主体设计》，《广州大学学报（社会科学版）》2015年第6期。

③ 朱丽丽、宋思涛：《学生参与高校治理路径的比较研究》，《中国轻工教育》2015年第6期。

织，如学生代表大会，可以起到与学生沟通并代表学生行使部分学生权利的作用。第二类是推动学生参与大学内部治理的学生组织，为学生参与大学内部治理搭建桥梁和纽带，建立学生诉求表达通道，如中南财经政法大学专门委员会①。此外，还有学者总结出了大学内部治理中学生参与的9种途径：一是通过学生会等学生组织，二是通过学生社团，三是通过出任校务委员等，四是通过申诉委员会，五是通过校长接待日，六是通过出任学生校长助理，七是通过学生居委会自我管理机构，八是利用网络信息工具，九是通过当选学生干部参与大学内部治理②。

　　综上所言，归纳已有研究文献，可以将大学内部治理中的学生参与途径分为三个部分：第一，大学正式建制化途径，如董事会、理事会等；第二，通过保障性途径参与，如学生代表大会；第三，通过学生自治组织参与，如学生会、学生社团。学生个人参与的方式如参与座谈会、校长接待日、校长信箱、学生校长助理、学生申诉委员会等。但是这些途径和方式能否涵盖所有的学生参与途径和方法，如在信息化条件下，通过移动通讯、互联网等方式参与大学内部治理是在新形势下非常值得关注的方面。此外，这些途径是否适合我国大学内部治理的学生参与之需求呢？这些途径分别在大学管理层和学生方面的认可度如何呢？这些途径和方式如何通过制度化的方式进入到大学内部治理体系和治理机制的建构当中呢？还需要注意的是由于具体国情使然，西方大学内部治理中的学生参与途径，如国外大学董事会理事会与该国大学内部治理结构、大学发展传统等高度相关，我国能在多大程度上借鉴国外经验和做法，现有文献还不能有效回答这一系列问题。这些都需要后续进一步研究。

---

　　① 李芳、孙思栋、周巍：《学生组织的扁平化转型——基于学生参与大学治理的调查研究》，《中国青年研究》2016年第12期；李玲玲、李家新：《"学生权利"与"学生权力"：论高校管理中的学生参与》，《重庆高教研究》2014年第5期。
　　② 林永柏、邬志辉：《大学生参与高校管理研究综述》，《现代教育科学》2011年第4期。

三 大学内部治理中学生参与的内容

大学内部治理涉及办学的方方面面，那么学生应该参与或可以参与哪些内容较为适宜呢？这涉及参与范围和内容问题，从目前的文献梳理来看，主要有两种观点，一种是"全面参与说"，另一种是"部分参与说"。全面参与说认为学生应该参与大学内部治理的各项事务，从而实现大学决策的科学化、民主化。其中有学者以对参与权进行分类的方式确定参与范围，比如认为大学内部治理中的学生参与权可以分为实体参与权和程序参与权，程序参与权包括知情权、申诉权、抗辩权等，实体参与权包括立法事务参与权（制定规章制度）、行政事务参与权（各种行政事项）、学术事务参与权（与学生相关之教学管理等）、司法实务参与权（学生处分监督、申诉等）[1]；学生参与权从类型上可以分为学生活动策划组织权、后勤服务参与权、学校行政事务参与权、教学管理参与权、学校中长期规划参议权等，每一种权利根据其内容性质和实现难易程度分为知情权、选择权、提案权、决策权、监督权等几种权能[2]。另外还有学者用总结的方式来说明大学内部治理中学生参与的范围，如认为在大学内部治理过程中吸纳学生作为利益相关事务之决议、监督等[3]。

部分参与说认为学生应该参与大学内部治理某方面事项，从而达到培养学生主体意识、保障学生权益的目的。比如有学者认为学生参与的内容，包括课程设置与管理、教学改革、部分社会活动与校园活动、大学人事任免事务[4]；或参与规章制度制定、大学各具体管理事

---

[1] 钱春芸：《高校事务管理中的学生参与权》，《哈尔滨师范大学社会科学学报》2013年第3期。

[2] 吴运来：《学生参与高校治理权的正当性及类型化研究》，《现代教育科学》2012年第2期。

[3] 梁瑜、陶钦科：《试论大学生参与学校民主管理存在的问题及对策》，《牡丹江大学学报》2008年第10期。

[4] 冼季夏：《构建学生参与的高校治理实践研究》，《广西社会科学》2016年第5期。

项、学生处分①；或者对教学、后勤方面的参谋建议②；对教学工作的评价、反馈、决策一系列参与活动③等。

综上所述，学者们对于大学内部治理中学生参与范围的认识分歧较大，首先就全面参与说而言，或以列举或以总结的方式就大学内部治理中的学生参与内容进行了论述，本研究认为由于大学内部治理涉及办学的诸多方面，从历史发展来看，除了中世纪"学生大学"实现了学生的全面参与之外，在其他任何时候都由于各方面条件限制没能实现全面参与。在当前历史条件下，我国在大学内部治理中实现全面参与的可能性不大。其次就部分参与说而言，用列举的方式划定一定的参与范围，比如学生可以参与和学生利益相关的决策、监督等事宜，那么哪些事宜与学生利益相关、哪些事宜与学生利益不相关呢？这比较难界定，因此本研究认为学生参与大学内部治理不宜用列举的方式划定范围，那么到底哪些适合学生参与，哪些又不适合学生参与呢？这就需要从学生需求和管理层两方面进行调查，每种主体对于学生参与的范围认识是否相同，若不同又有哪些差异？这种一手资料的调研对于完善大学内部治理中的学生参与权构建具有重要意义，因此这也是本研究关注的核心问题之一。

四 大学内部治理中学生参与的程度

在研究大学内部治理中学生参与的程度时，学者们借鉴较多的是雪莉·阿恩斯坦（Sherry R. Arnstein）提出的公众参与阶梯模型④。阿恩斯坦依据公众参与的程度和深度将公众参与分为 8 个类型 3 个阶梯（如图 2-1 所示），8 种类型依据参与程度从高到低分别是公众控制（Citizen Control）、权力转移（Delegated Power）、合作（Partnership）、

---

① 王建富：《高校管理中的学生参与权浅》，《唯实》2012 年第 7 期。

② 汤子平：《发挥学生参与高校管理的作用》，《现代教育科学》1988 年第 3 期。

③ 熊勇清、茶世俊：《大学生参与教学管理的实践与思考》，《国家教育行政学院学报》2008 年第 9 期。

④ Arnstein S. R. , "A Ladder of Citizen Participation", *Journal of the American Institute of Planners*, Vol. 35, No. 4, 1969.

展示（Placation）、咨询（Consultation）、告知（Informing）、治疗（Therapy）、操纵（Manipulation）。第一阶梯包括治疗（Therapy）、操纵（Manipulation），这些属于无公众参与阶段，主要由政府操纵和控制；第二阶梯包括告知、咨询、展示，这些属于公众表面参与阶段，公众可以通过参与可以获得知情、表达等权利，但公众的观点、建议和意见等未必会被政府接纳；第三阶梯包括合作、权力转移、公众控制，这些都属于公众深度参与阶段，在这个阶段公众在参与中具有决策权利等，是比较彻底的实质参与。

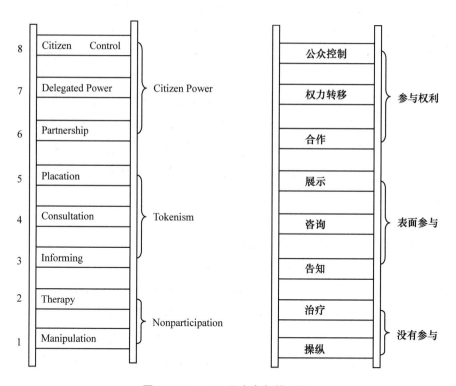

图 2 – 1 Arnstein **公众参与模型图**

关于在大学内部治理中学生参与的程度或层次，有学者在阿恩斯坦公众参与模型的基础上按照"不参与—参与较浅—参与较深"的逻辑，提出了学生参与大学内部治理程度的模型，将学生参与程度划分为初级（表面决策阶段）、中级（协商决策阶段）、高级（共同决策阶段）三个阶段，初级阶段包括"知情"和"咨询"两个层级，中级阶段包括"参与"和"合作"两个层级，高级阶段为学生共同参与决策层级。随着参与阶段的递进，学生参与的人数会逐层递减，在初级阶段学生参与人数最多、范围最广，在中级阶段人数和范围都逐步缩小，到高级的决策阶段实际参与的学生人数最少①。也有学者认为由于大学内部治理是一个复杂与具有专业性的工作，基于学生的角色和能力考量，应该设定学生介入的层级与内容边界，学生参与应该以其能力和角色逐步拓展，要充分考量其参与的必要性、利益相关度、可实现度等②。

综上，阿恩斯坦的公众参与模型将公众参与分为无参与、表面参与、深度参与三个层次，这种划分方法对于学生参与而言也同样适用，知情、咨询等归入表层参与阶段，合作等已经进入中层参与阶段，而决策则属于深度参与阶段。总体来说，目前关于大学内部治理中学生参与程度研究的相关文献并不多，研究的深度和广度也比较有限，还需要做进一步深入探索。

五　大学内部治理中影响学生参与的因素

对于学生参与大学内部治理的影响因素，学者们从不同的角度进行了探索。有学者认为学生参与大学内部治理打破了传统被动的治理模式，大学内部治理是否重视学生参与，是否把学生作为大学主体，是高等教育改革和发展的核心问题③。而学生提出的问题和建议能否被学校领导层知晓、接受，并把学生的意见和建议纳入大学内部治理决策中，这关乎学生能否真正参与大学内部治理，同时学生自主性能

---

① 刘博文：《高校决策中学生分层参与的理论构想》，《黑龙江高教研究》2015 年第12 期。

② 陈大兴：《自由与限度：论高校内部治理中学生主体介入的权能制约与边界划定》，《内蒙古社会科学》2013 年第 2 期。

③ 崔桓：《社会转型期下我国高校学生参与大学治理探析》，《高等农业教育》2015年第 8 期。

否发挥也是检验学生参与大学内部治理成效的重要内容。为此，有学者认为，学生参与大学内部治理的制度包括个人、大学及国家逻辑三个方面。个人方面包括学生、教师、大学行政管理者对于学生参与大学内部治理的认知，尤其应该关注学生参与大学内部治理的意识和能力培养；大学方面包括学生参与大学内部治理的相关制度与规则，如大学章程等；国家方面包括学生参与大学内部治理的相关法律、法规、规章及政策等①。还有学者进一步提出，学生参与大学内部治理应该立足于思想认知、情感认同、价值追求和行为意志四个层面：思想认知是学生参与大学内部治理首先生成的感性反映，包括对参与主体性、责权利等的思考与评价，这是学生参与的起点；情感认同是大学内部治理与学生参与之间形成的契合关系，主要指向在内部治理中学生参与的情感体验与反映，包括学生主体对参与的观念、原则、规范等经过思考、判断与评价之后，所形成的思想内化过程，情感认同是参与的动力；价值追求是学生参与意识构成中的精神柱石，是学生对大学内部治理参与理想目标的渴求与希望，学生通过参与大学内部治理进行协商合作、实现学生个体价值与大学发展的有效统一，从而达到满足学生的公共诉求和愿望；行为意志是学生参与大学内部治理意思的调控系统，是学生在参与大学内部治理实践中克服困难、实现治理理想目标的决心和毅力，是学生主体在思想认知、情感认同和价值追求过程中，对参与治理行为的控制力与支配力，持久的行为意志对于参与行为的结果起着积极推动作用②。

另外，针对目前我国大学内部治理中学生参与出现的困境，学者们对其根源或影响因素进行了探究，根据文献可以将其概括为以下几个主要方面：第一，从大学传统出发，长期以来由于受"官本位"思想影响，在大学内部治理中学校管理层属于主导位置，具有绝对权

---

① 蔡文伯、付娟：《学生参与大学管理的制度逻辑和模式选择》，《复旦教育论坛》2016 年第 4 期。

② 何晨玥：《大学生参与大学治理视阈下的法治德性》，《广西社会科学》2015 年第 6 期。

威，而学生一直被视为"被管理"对象，行政管理部门及人员容易忽略学生的主体地位。同时由于在大学内部治理结构中，行政权力独大、学术权力式微、学生权利缺失，大学行政化的体制制约或排斥了学生参与①。第二，从学生视角出发，学生对自身权利缺乏认识，同时由于长期被视为受教育者和被管理，已经习惯了服从和被管理的现状，他们的民主参与意识还处在萌芽状态，缺乏主动参与大学内部治理的意识或者说参与意识比较淡薄②。也有学者认为学生不具备大学内部治理的经验和能力，不够成熟，对学生的参与能力提出了质疑③。第三，从制度层面出发，大学内部治理中学生参与权缺失的原因在于制度不健全，在法律层面学生参与大学内部治理找不到直接的法律依据或法律忽略了学生的权利主体地位，在大学内学生属于纯粹的管理对象，这些都妨碍了学生参与大学内部治理的积极性、主动性④。

从已有文献的梳理中不难发现，学者们对于影响大学内部治理中学生参与的因素的总结，有些可以采信，但有些研究结论值得商榷。从大学传统发展方面来讲，近些年来学者们对大学内部"官本位"思想、大学行政化问题等进行了不少研究，现都形成了基本研究共识，无疑这些问题也是影响大学内部治理中学生参与的重要因素，这一点在此不用做过多评论。但学者们对于学生因素的考察，得出的结论，如学生参与意识淡薄、对自身权利没有认知、参与的素质能力不够等，是值得怀疑的，因为这些结论大多是学者们的主观判断或经验推定，那么到底学生对自身的权利有无认知、有无参与意识、是否具

---

① 董伟伟:《论参与高校管理中的学生权力》,《理论观察》2014 年第 2 期。
② 李玲玲、李家新:《"学生权利"与"学生权力":论高校管理中的学生参与》,《重庆高教研究》2014 年第 5 期。
③ 姚佳胜:《论大学治理的学生参与》,《黑龙江高教研究》2016 年第 4 期;曹军、李祥永、郭红保、任惠兰:《权力观视阈下大学生参与高校管理研究》,《现代教育管理》2016 年第 4 期。
④ 苏兆斌、孔微巍、李天鹰:《大学生参与高校管理的制度反思与建议》,《当代教育科学》2015 年第 17 期;华坚、丁远:《高校学生参与管理的创新研究》,《教育与职业》2015 年第 36 期。

备参与大学内部治理的能力，最准确的结论应该来自于对学生的第一手调查资料，而目前从已有的文献梳理来看，此方面的调查资料并不多见。此外，从制度方面我国有《高等教育法》《普通高等学校学生管理规定》为学生参与大学内部治理提供了法律法规保障，如2018年修订的《高等教育法》第十一条规定"高等学校应当面向社会，依法自主办学，实行民主管理"，2017年修订的《普通高等学校学生管理规定》第四十条规定："学校应当建立和完善学生参与管理的组织形式，支持和保障学生依法、依章程参与学校管理。"从这些条文不难看出，国家法律法规规章明确赋予学生参与大学内部治理的权利。当前存在的主要问题在于大学内部治理中的学生参与权作为一种民主权利，法律并没有细化为大学内部治理中学生参与的具体范围、内容等更为具体的事宜，这在一定程度上造成不同主体对大学内部治理中学生参与权认识的局限，同时也成为影响学生参与权实现面临的重要困难。因此，有学者认为在法律层面上找不到学生参与大学内部治理依据的说法是不成立的。

综合上述文献梳理，可以将影响大学内部治理中学生参与的因素归纳为大学、学生、制度三个方面，大学方面的影响因素包括大学的办学思想，管理层的认知、态度、行为等层面；学生方面的影响因素包括对于参与的认知、意愿、行为等层面；制度方面包括国家法律法规和大学规章制度两个层面，大学内部制度包括大学章程及相应的具体制度。应该说这些影响因素囊括了大学内部治理中的基本要素。学者们对于这些影响要素的探索，为本研究进一步深入探讨奠定了基础，但是在其中哪些因素在我国大学内部治理的学生参与过程中表现得比较突出和关键，而哪些因素表现得比较次要或者并不突出呢？还有这些影响因素相互之间是否存在相关联系呢？以及在完善我国大学内部治理中学生参与机制的过程中如何加以解决和消除这些影响因素呢？这些问题都不容易从现有的文献中找到答案，因此这也是进行本研究的重要价值之所在。

第三节 文献述评小结

综上文献梳理发现，我国大学内部治理中的学生参与权实现包括大学内部治理和学生参与权实现两大部分。

就大学内部治理的理论探索而言，文献梳理小结如下：第一，关于治理主体。大学内部治理的主体包括教师和学生等，目前从文献研究现状来看，在大学内部治理中对于教师主体的研究明显在数量、广度、深度上已经达到了比较高的水平，而对学生主体的研究则相对薄弱。就学生权利来说，对于学生权利的保障、学生权利的救济等方面的研究也取得了一些成果，但离达到完善和形成共识还有很长的路要走。关于学生权利内容等方面，目前文献对于具体权利的细化研究还很不够，比如对于学生参与权的讨论才起步不久。第二，关于治理结构。学者们比较认同大学内部治理结构是治理主体根据责权划分而形成的立体框架与制度安排，是大学内部决策的法权配置和设计，它在本质上是一种多元利益的决策权结构。关于我国大学内部治理结构的提炼总结，学者们都比较倾向"党委领导、校长负责、教授治学、民主管理"的模式，但关于在该治理结构中是否应该、如何配置学生参与权等的研究成果不多。第三，关于治理模式。治理模式是大学内部治理过程中手段与方式的综合，大学内部治理中没有固定的模式，是特定历史文化、社会和校情结合的产物，即使在同一条件下也可能产生不同的内部治理模式。随着大学职能与社会发展，大学内部治理模式从简单转向复杂、从单向度转向多元参与，包括学生在内的多元主体参与治理是世界范围内的发展趋势。第四，关于比较与借鉴。目前对世界大学内部治理的比较与借鉴研究文献比较多。通过文献梳理发现，当前域外大学内部治理的发展趋势和变革有促进内部治理的科学化、实现大学内部共同治理、为大学内部治理提供制度保障等共性特点。但是由于研究者学科属性等的限制，关于大学内部治理中学生参与权的探讨并不多见。

就学生参与权实现的相关研究而言，现有的研究主要集中在学生参与的意义和价值、参与途径、参与内容、参与程度、影响因素等方面，文献梳理小结如下：第一，关于参与的意义和作用。学者们基本上持肯定态度，认为不管是对大学还是对学生而言都有积极意义，但整体上泛泛而论，对此意义和作用进行系统研究的不多。第二，关于参与途径。通过文献梳理发现，参与途径包括大学内部正式决策机制如董事会、理事会等；学生个人参与的途径如参与座谈会、校长接待日、校长信箱、学生校长助理、学生申诉委员会等。但是这些途径和方式能否涵盖所有的学生参与途径？此外，这些途径是否适合我国大学内部治理中学生参与之需求？这些途径分别在大学管理层和学生方面的认可度如何？现有文献还不能有效回答这一系列问题。第三，关于参与内容。目前主要有"全面参与说""部分参与说"两种观点，而且学者们倾向于用列举的方式划定参与范围，显然这不符合学生参与的逻辑。那么到底哪些适合学生参与，哪些又不适合学生参与？这就需要从学生需求和管理层两方面进行调查，而目前这方面的调查研究极为少见。第四，关于参与程度。目前关于大学内部治理中学生参与程度的研究大多借鉴阿恩斯坦的公众参与模型，将公众参与分为无参与、表面参与、深度参与三个层次，那么我国大学内部治理中学生参与的程度如何，相关的研究较为少见。第五，关于影响因素。可以通过现有文献将影响学生参与的因素归纳为大学、学生、其他三个方面，由于学者们的研究角度不同，有些研究结论可以采信，但有些研究结论值得商榷，比如认为学生参与意识淡薄、对自身权利没有认知、参与的素质能力不够等结论大多是学者们的主观判断或经验推定，而非基于实证研究。

从现有文献研究的整体来看，目前对于我国大学内部治理中的学生参与权实现的研究还比较薄弱，特别是缺乏大学内部各主体对学生参与权的认知、态度，包括学生和管理者分别对学生参与权的认知、态度等的实证研究；大学内部治理中学生参与权的现实运行情况，包括参与途径、治理内容、参与程度等研究大多基于经验总结或主观推测，缺乏一手资料支撑，因此结论的可靠性存疑，另外对于参与保障等鲜有文献进行论述；影响我国大学内部治理中学生参与权实现的因素和障碍，从学校的角度、学生的角度以及其他方面都分别有哪些因素，目前缺乏较为系统的研究。因此对这些问题进行研究，对于推进我国大学内部治理中学生参与权实现有着极为关键的作用和意义，为此本研究立足于这些问题展开探究。

第三章　研究设计与方法

　　研究设计与方法是对研究活动开展的全过程计划与安排，是确保研究质量的关键内容。尽管不同类型的研究，对设计与方法有不同要求，但整体上不外乎选择研究对象、明确研究变量，确定研究方法，最后形成研究方案等。本研究的设计与方法部分主要包括理论依据与框架、研究思路与流程、访谈调查及过程、访谈资料整理分析、问卷设计及调查、研究伦理。

第一节　理论依据与框架

　　理论依据是进行研究的基本保障，没有理论支撑的研究犹如无本之木、无源之水。因此，理论作为人们对客观规律的总结，是用于分析、解释、说明研究内容的主要观点、理论学说、原理等，是确定研究思路、设计研究过程、提出研究结论的主要立足点。同时，为了清晰地展现研究思路，以便更加有序有效地开展研究，必须建立研究与分析框架，使研究者能够清晰全面地掌控研究走向[①]。

一　理论依据

　　尤尔根·哈贝马斯[②]（Jurgen Habermas）提出的交往与商谈理论是公民参与及其权利研究领域非常重要的代表性理论，在世界范围内

---

① 张庆动：《论文写作手册（增订四版）》，心理出版社 2011 年版，第 67 页。
② 哈贝马斯是法兰克福学派第二代的中坚人物。法兰克福学派是当代西方的一种社会哲学流派，也被称为"新马克思主义"流派，它植根于欧洲哲学传统，该学派思想深受黑格尔、康德、叔本华、尼采、狄尔泰、马克思、韦伯、卢卡奇等众多西方哲学思 （转下页）

颇有影响。在他看来，任何组织的合理运行都离不开交往与商谈，因为交往与商谈的过程亦是民主形成之过程，大学也不例外。作为现代社会的巨型组织，大学的治理及运行是大学内外部利益相关者参与其中而达成平衡的动态活动，包括学生在内的各主体参与就是一个交往与商谈的过程，所以，将哈贝马斯的交往与商谈理论作为探讨和分析我国大学内部治理中学生参与权之实现研究的理论依据较为切适。

二 初步框架

根据研究的目的与研究问题以及理论依据，本研究以推进我国大学内部治理中的学生参与权实现为目的，在梳理相关概念和文献的基础上，将其作为推进研究的初步框架，具体见图 3 - 1。

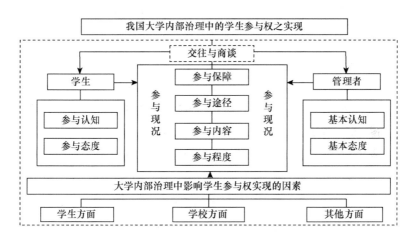

图 3 - 1 初步研究框架

（接上页）潮的影响，但同时又关注重大社会现实问题，从哲学、政治学、社会学、心理学、法学等各个角度，对社会问题进行跨学科的分析、研究与批判。自 20 世纪 20 年代以来，产生了在世界范围内颇有影响的三代理论家，第一代主要有霍克海默、玛律库塞、阿多尔诺、班杰明、弗洛姆等人；第二代主要有哈贝马斯、施密特、涅格特等人；第三代主要有韦尔默尔、奥菲等。哈贝马斯由于思想深刻、体系宏大而完备被公认为"当代最有影响力的思想家"，在世界学界具有重要地位。他一方面继承法兰克福学派的批判主题，另一方面对传统批判理论进行批判，并力图通过交往与商谈理论对传统批判理论进行重建。参见任岳鹏《哈贝马斯：协商对话的法律》，黑龙江大学出版社 2009 年版；芭芭拉·福尔特纳《哈贝马斯：关键概念》，重庆大学出版社 2016 年版。

第二节 研究思路与流程

研究思路与流程主要是明确如何对于研究对象进行研究，用什么方法，经过什么步骤，达到什么研究目的，从而得出研究发现等。本研究按照混合研究范式思路进行设计，研究流程包括五个阶段。

一 研究思路

由于我国大学内部治理中的学生参与权之实现是一个跨学科领域的研究课题，同时本研究会涉及学生以及管理者两方面资料的收集，若单纯采用独立的定性或定量研究范式在研究过程中存在诸多不足，如定性研究中访谈对象数量有限就会使得研究结论容易受到质疑；若单纯使用定量研究就会丧失大量有效信息，从而使得大学内部治理中的学生参与权之实现研究产生偏颇。而在本研究中，混合研究范式能够有效避免两者存在的部分问题，具有一定的切适性。因此，为了保障研究结论的科学性和严谨性，本研究采用混合研究范式。

混合研究范式是定性研究和定量研究的天然补充，是第三种研究范式[1]。混合研究是指在单个研究中同时采用定性和定量的方法来收集、分析资料，整合研究发现并做出推断[2]。目前，混合研究范式有三种基础设计方案和三种高阶设计方案，在基础设计方案中聚敛式设计是同时进行定性与定量资料收集与分析的做法；解释性序列设计是先用定量研究组件剖析研究问题，然后用定性研究来解释定量研究结果的做法；探索性序列设计是首先进行定性资料收集分析，接着利用定性研究的结果研发新的定量测试工具，然后再进行定量研究，最后

---

① Johnson, R. B. & Onwuegbuzie, A. J., "Mixed methods research: A research paradigm whose time has come", *Educational Researcher*, Vol. 33, No. 7, 2004.

② Tashakkori, A. & Creswell, J. W., "The New Era of Mixed Methods", *Journal of Mixed Methods Research*, Vol. 1, No. 1, 2007.

再得出研究结论①。在本研究中，如前文所述，在已有的文献中尚无法查阅到关于大学内部治理中学生参与权实现研究较为权威的调查问卷或其他定量研究工具，因此本研究采用第三种方案探索性序列设计。本研究的具体研究流程按照图3-2进行设计。

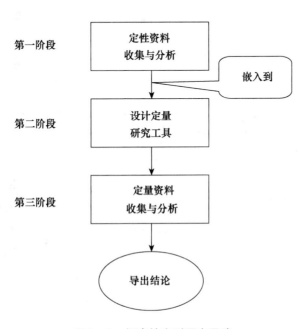

第一阶段 —— 定性资料 收集与分析

嵌入到

第二阶段 —— 设计定量 研究工具

第三阶段 —— 定量资料 收集与分析

导出结论

图3-2 探索性序列研究思路

二 研究流程

根据研究目的和研究问题，本研究流程根据混合研究范式中的探索性序列设计进行细化，研究流程分为以下五个阶段，具体见图3-3。

（一）准备阶段

主要针对研究动机及目的，了解研究方向后，配合文献探讨所需文献资料进行搜集，归纳出具体的研究问题，并为后续研究做好资料、访谈联系等方面的工作。

———————————

① ［美］克雷斯威尔：《混合方法研究导论》，李敏谊译，格致出版社、上海人民出版社2015年版，第40—46页。

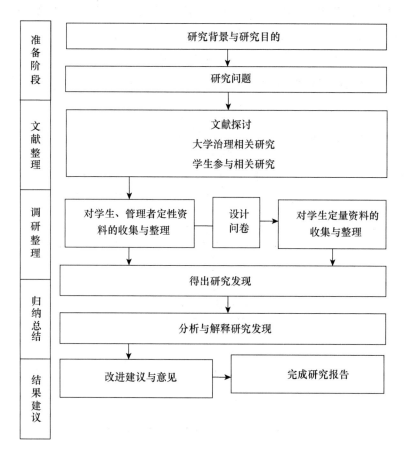

图 3 - 3   研究流程

（二）文献整理阶段

主要针对研究目的及欲解答的问题，进行文献的搜集与探讨，搜集本研究必须使用的相关文献资料：

1. 法律法规规章：已经制定的教育法律、法规、规章及政府文件。

2. 大学校内规章制度：包括已经核准发布的大学章程、校内议事规则、决策程序制度、学生管理制度等。

3. 专家学者论述：国内外已经发表的与大学内部治理中学生参与权有关的研究成果，具体载体包括学术期刊、出版的书籍等。

4. 新闻媒体报道：包括各大学关于创新和实践大学内部治理中学生参与的举措、制度、新闻线索等。

（三）调研整理阶段

本阶段主要有三项任务：一是访谈资料的收集与整理，为了获取有效的研究资料，访谈在认真做好访谈准备、选取访谈对象的基础上进行；访谈资料收集结束后，严格按照访谈资料整理与分析的要求进行操作。二是制定调查问卷，将访谈资料整理与分析的结果融入调查问卷的设计中；三是进行问卷调查与整理，在对问卷进行小样本信度效度分析后进行大样本调查，在调查的过程中做好解释说明等工作，确保调查资料真实有效。问卷资料收集完成后按要求进行整理与分析。

（四）归纳总结阶段

本研究将前述资料予以整理，再进行归纳与分析。为了使研究具有前瞻性和权威性，请相关专家学者、大学管理者及在校学生协助，对搜集的文献资料和调查的资料进行验证，以求精确性；同时，对资料进行再分析，以呈现研究的真实性。

（五）结果建议阶段

完成归纳与检验工作后，提出研究结论，并从实现大学内部治理中学生参与权的角度分别对政府机构、大学管理者、学生等多个方面提出具体改进建议和意见。

第三节　访谈调查及过程

按照混合研究探索性序列设计，在本研究中访谈调查主要有两个目的，一是为后续的问卷设计做准备；二是了解学生、管理者对大学内部治理中学生参与权实现的所思、所想、所为，从而为本研究提供"原汁原味"的第一手资料。

一 访谈调查界定

为了解学生及管理者对大学内部治理中学生参与权的认知、态度及学生参与现况、影响因素等内容，本研究通过深度访谈法收集"原汁原味"的一手材料，为分析大学内部治理中学生参与权实现提供支撑。

"访谈"是一种研究性交谈，是研究者通过口头谈话的方式从被研究者那里收集第一手资料的方法①。访谈（interview）为访问者（interviewer）与受访者（respondent）双方进行"面对面的言词沟通，其中的一方企图了解他方的想法与感触等"，因此有"有一定目的，且集中于某特定主题上"②。深度访谈不适用表面观察以及普通的访谈即可得到，它必须借由相关知识与技术、事先拟好访谈大纲，一步步对受访对象探索每一个问题的深层意义。

访谈包括结构式访谈、无结构访谈和半结构访谈③。本研究的访谈形式采用半结构式访谈，这种访谈有结构式访谈的严谨和标准化的题目，也给被访者留有较大的表达自己想法和意见的余地，并且访谈者在进行访谈时，具有调控访谈进程和用语的自由度④。由于半结构式访谈是在一种相对开放且经过设计的访谈情景中进行的，受访者更能清楚表达出本身的主观观点。所以，研究者为使访谈顺利进行，在访谈前先拟订访谈大纲，大纲内容以兼顾理论、实务及政策执行等层面问题为主；然后根据这些大纲，在访谈中运用不同的问题引导受访者答出所需要的资料，让访谈的内容更加集中。

---

① 陈向明：《质的研究方法与社会科学研究》，教育科学出版社 2000 年版，第 165 页。

② Mishler, E. G., *Research Interviewing：Context and Narrative*, Cambridge, Mass：Harvard University Press, 1986.

③ Fontana, A. & Frey, J. H., "Interviewing：The Art of Science", in Denzin N. K. & Lincolo Y. S. eds., *Handbook of Qualitative Research*, Thousand Oaks：Sage Publications, 1994.

④ 许红梅、宋远航：《教育科学研究方法原理与应用》，黑龙江教育出版社 2007 年版，第 80 页。

二 访谈调查过程

(一) 访谈提纲

在本研究中，通过访谈获得来自学生和管理者的第一手资料至关重要，因此收集访谈资料是进行本研究的关键阶段，根据研究目的和研究问题，以及通过文献梳理而形成的初步概念框架，研究者分别拟定了针对学生及管理者的访谈大纲初稿，具体见表 3-1 和表 3-2。

表 3-1 　　　　　　　　　　**对学生访谈提纲初稿**

主要层面	访谈提纲
学生认知	1. 在您看来，学生参与大学内部治理有没有意义和作用？如果有的话，有哪些方面的意义和作用呢？ 2. 若学生拥有参与权利，您认为什么样的学生可以参与大学内部治理？或者参与大学内部治理，需要具备什么样的条件和要求？ 3. 您是如何理解大学内部治理中学生参与权利的？
学生态度	4. 您觉得学生是否有必要参与大学内部治理？为什么？ 5. 如果具体到您，您是否希望参与到大学相应事务的治理中去？
学生参与现况	6. 您是否有过参与大学内部治理的经历，如果有的话，能否简单讲一下？ 7. 据您所知，在咱们学校，学生参与大学内部治理的途径或渠道有哪些？学生可以参与哪些方面的治理内容？ 8. 据您观察，在咱们学校，学生参与大学内部治理的程度和效果如何？ 9. 据您所知，在咱们学校，学校为学生参与权的实现提供了哪些保障或者支持？
影响因素及改进	10. 在您看来，影响学生参与大学内部治理的困难和因素有哪些？包括学校方面、学生方面还有其他方面等。 11. 针对目前的情况，您认为如何在大学内部治理中保障学生参与权？您有哪些改进建议和意见？

表 3-2 　　　　　　　　　　**对管理者访谈提纲初稿**

主要层面	访谈提纲
管理者认知	1. 在您看来，学生参与大学内部治理有没有意义和作用？如果有的话，有哪些方面的意义和作用呢？ 2. 您是如何理解大学内部治理中学生参与权利的？

续表

主要层面	访谈提纲
管理者态度	3. 如果具体到您负责的工作中，您是支持还是反对学生参与治理呢？为什么？
学生参与现况	4. 据您所知，在咱们学校学生参与大学内部治理的途径或渠道有哪些？学生可以参与哪些方面的治理内容？ 5. 据您观察，咱们学校学生参与大学内部治理的程度和效果如何？ 6. 据您所知，在咱们大学，学校为学生参与治理提供了哪些保障或者条件支持？学校未来有没有这方面的改进考虑？
影响因素及改进	7. 在您看来，影响学生参与大学内部治理的因素有哪些？包括学校方面、学生方面还有其他方面等。 8. 针对目前的情况，您认为如何在大学内部治理中保障学生参与权？您有哪些改进建议和意见？

在完成初步访谈提纲后，为了检视访谈提纲的适用性和有效性，研究者选取了 3 名学生与 3 位管理者进行了咨询，具体咨询名单见表 3 - 3 和表 3 - 4。

表 3 - 3　　　　　　　　　　访谈提纲咨询学生名单

姓名	学校
王同学	中国矿业大学
崔同学	华北电力大学
吕同学	中国传媒大学

表 3 - 4　　　　　　　　　　访谈提纲咨询管理者名单

姓名	单位
孙老师	北京语言大学
郭老师	华北电力大学
李老师	中国政法大学

通过学生和管理者的检视，大家一致认为整体上访谈提纲内容全面、结构合理、题目数量适当、问句用词准确易懂，本访谈提纲能够

实现访谈调查的目的。但是也对学生访谈提纲中的两个地方提出了改进意见：一是认为"您是如何理解大学内部治理中学生参与权利的"问句，对于访谈的学生而言该题目过难、学生不容易回答，而且访谈中的其他内容可以形成对本问题核心内容的回答，建议删除本题。二是"据您所知，在咱们大学，学校为学生参与权的实现提供了哪些保障或者支持"问句中，"学生参与权的实现"是一个较为专业的学术用语，在访谈时学生不能有效理解其内涵，建议修改为"据您所知，在咱们大学，学校为学生参与治理提供了哪些保障或者支持"。本研究认为，学生和管理者提出的改进意见和建议较为合理，为此将本研究对学生的访谈提纲进行修改，从而形成最终的访谈提纲，具体见表3-5。对于管理者的访谈提纲不做改动。

表3-5　　　　　　　　　　对学生访谈提纲确定稿

主要层面	访谈提纲
学生认知	1. 在您看来，学生参与大学内部治理有没有意义和作用？如果有的话，有哪些方面的意义和作用呢？ 2. 若学生拥有参与权利，您认为什么样的学生可以参与大学内部治理？或者参与大学内部治理，需要具备什么样的条件和要求？
学生态度	3. 您觉得学生是否有必要参与大学内部治理？为什么？ 4. 如果具体到您，您是否希望参与到大学相应事务的治理中去？
学生参与现况	5. 您是否有过参与大学内部治理的经历，如果有的话，能否简单讲一下？ 6. 据您所知，在咱们学校学生参与大学内部治理的途径或渠道有哪些？学生可以参与哪些方面的治理内容？ 7. 据您观察，咱们学校学生参与大学内部治理的程度和效果如何？ 8. 据您所知，在咱们大学，学校为学生参与治理提供了哪些保障或者支持？
影响因素及改进	9. 在您看来，影响学生参与大学内部治理的困难和因素有哪些？包括学校方面、学生方面还有其他方面等。 10. 针对目前的情况，您认为如何在大学内部治理中保障学生参与权？您有哪些改进的建议和意见？

（二）访谈对象

在选择学生作为访谈对象时，为了保证学生代表的广泛性和访谈内容的全面性，本研究在教育部直属大学中各选取 4 名本科生、硕士生、博士生为访谈对象，由于刚刚入学的一年级学生对参与所在大学内部治理情况不甚熟悉，因此选取学生访谈对象时，以选取高年级学生为主，本、硕、博学生均以二、三年级为主。每所大学选取了两名访谈对象，共计在 6 所大学访谈 12 名学生。在访谈过程中发现，在进行到一半的时候访谈的信息已经达到饱和程度，由于资料的饱和程度越高就越容易发展清楚的理论模型，所以做完了 12 名学生的全部访谈。具体学生访谈资料、背景资料见表 3-6 所示。

表 3-6   学生访谈对象及其基本资料

编号	学生	背景资料
S01	本科生 马同学	男，J 大学二年级学生
S02	本科生 王同学	女，K 大学三年级学生
S03	本科生 方同学	男，L 大学三年级学生
S04	本科生 汪同学	女，M 大学二年级学生
S05	硕士生 苗同学	男，N 大学硕士研究生三年级
S06	硕士生 孙同学	女，O 大学硕士研究生二年级
S07	硕士生 何同学	男，P 大学硕士研究生二年级
S08	硕士生 张同学	女，Q 大学硕士研究生三年级
S09	博士生 柳同学	男，R 大学博士研究生三年级
S10	博士生 宋同学	女，U 大学博士研究生二年级
S11	博士生 水同学	男，V 大学博士研究生二年级
S12	博士生 金同学	女，W 大学博士研究生三年级

在选择大学管理者为访谈对象时，由于我国大学内部机构众多，覆盖党委相关机构、行政职能机构、教辅机构、研究机构、教学机构、产业机构、后勤机构等，由于每个机构分工不同，部分机构如产业机构等与学生参与的关联性不大，恐部分管理者对学生参与大学治理的内容没有过多关注。因此，为了保证研究的科学性和严肃性，本研究在教育直属大学中选取了与学生比较的密切职能部

门中的 9 名管理人员进行访谈,其中包括领导干部、行政职员、辅
导员等,通过 9 名管理者的访谈达到了信息饱和的要求。具体管理
者访谈对象见表 3-7。

表 3-7 **管理者访谈对象及其基本资料**

编号	具体单位及职务	背景资料
T1	A 大学党委宣传部部长张老师	先后担任专任教师、学院副书记、书记、党委宣传部部长、新闻中心主任等职,在大学工作三十余年
T2	B 大学某学院副书记卢老师	先后担任学生辅导员、团总支书记、学院党委副书记等职务,在大学工作二十余年
T3	C 大学学生处处长吕老师	先后担任学生辅导员、团委职员、团委书记、学生处处长等职,在大学工作二十余年
T4	D 大学发展规划处处长丁老师	先后任大学专职教师、教研室主任、发展规划处处长,在大学工作三十余年
T5	E 大学某学院副院长于老师	在两所大学先后任专职教师、研究所副所长、学院副院长等职,在大学工作二十余年
T6	F 大学高教所研究员李老师	先后在发展规划处、研究生院等部门任职,在大学工作三十余年
T7	G 大学教务处职员孔老师	现为教务处职员,在大学工作十余年
T8	H 大学招生就业处职员辛老师	现为招生就业处职员,在大学工作十余年
T9	I 大学某学院辅导员陈老师	现为辅导员,在大学工作十余年

(三)访谈过程

研究者在反复确认访谈对象愿意接受访谈并同意录音的情况下,
先行通过微信、电子邮件寄送访谈提纲至访谈对象提供意见,然后再
敲定访谈时间、地点及内容等,并准备录音笔进行访谈。在访谈正式
开始之前向访谈对象做简短介绍,包括访谈目的、背景、录音使用
等,并认真询问其对本研究及访谈是否还有疑问。在访谈过程中,按

照访谈提纲进行访谈，让访谈对象在没有顾虑的情况下充分表达，研究者全神贯注倾听并做好记录和录音。

第四节 访谈资料整理分析

对学生和管理者的访谈结束后，需要对访谈资料进行整理和分析。本研究访谈资料整理和分析的目的就是将原始资料条理化、系统化，初步抽离资料中隐藏的内在命题或概念，从而为科学地得到研究结论及设计调查问卷打好基础。

一 访谈资料整理分析原则

从原理上讲，任何资料的整理与分析都是两个独立的工作，因此二者也应该分开独立进行。但在现实中，资料的整理和分析无法截然分开，甚至也无法分开独立进行，因为对资料的整理必然会涉及分析的部分，分析过程也会涉及整理，二者是相辅相成、交叉重叠、浑然一体的过程，所以在本研究中对访谈资料的整理与分析采用同时并进的办法进行，换言之，在对访谈资料进行整理的过程中同时进行资料分析。

二 访谈资料整理分析思路

对于访谈资料的整理与分析目前有两种比较常见的模式，第一种是循环往返、关联互动的模式，第二种是自下而上对资料进行抽取的线性模式[1]。本研究根据研究内容的特点，采取第二种线性模式进行访谈资料的整理与分析。所谓线性模式，就是对原始访谈资料由表及里、层层抽离、阶梯式发掘资料内容的过程，简言之就是"一条线、不回头"的资料整理与分析思路。本研究在陈向明[2]资料整理与分析

---

[1] 陈向明：《质的研究方法与社会科学研究》，教育科学出版社2000年版，第273页。

[2] 陈向明：《质的研究方法与社会科学研究》，教育科学出版社2000年版，第274页。

阶梯图的基础上进行优化，从而形成适合本研究的访谈资料整理与分析做法，具体如图3-4所示。

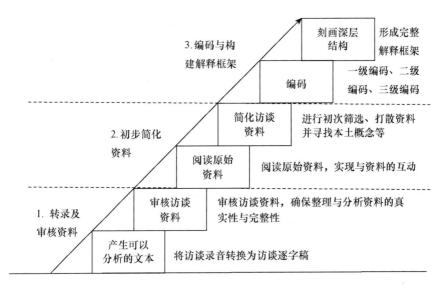

图3-4　资料整理分析步骤图

访谈资料的整理与分析分三个阶段进行：第一阶段，转录及审核资料。本阶段为准备阶段，主要任务是对收集的原始资料进行整理与转换，首先将原始访谈录音转换为逐字稿，产生一个可供分析的文本；其次对访谈逐字稿、访谈录音等进行审核，确保进一步整理与分析资料的真实性、完整性。第二阶段，简化访谈资料。本阶段为初步整理与分析阶段，主要任务是抽离有效部分。首先阅读原始资料，实现与资料的互动；其次简化访谈资料，具体包括进行初次筛选、打散资料并寻找本土概念等。第三阶段，编码并形成理论框架。用编码的形式对访谈资料进行浓缩，并将其整合为一个完整的解释框架和模型。

三　访谈资料整理分析步骤

（一）访谈资料整理与分析准备

虽然说资料整理与分析是一个不可分割的整体，但是有些基础工

作还是可以在整理分析之前独立完成，主要包括资料的转录、审核和
筛选等。

1. 访谈资料的转录

本研究在每个访谈结束后，立即将访谈录音手工转成逐字稿，在
转录过程中对内容不详、表述不清的内容及时跟访谈对象进行电话、
微信、邮件确认。为了保证转录的逐字稿内容不与访谈对象的真实意
思产生误差，在每个逐字稿转录完成后，再发给访谈对象进行修改确
认。最终转录了780多分钟访谈录音资料，形成了总计64200多字的
文字材料，其中学生访谈逐字稿34000多字，管理人员访谈逐字稿
30200多字。在管理人员访谈逐字稿中，字数最多的为7002字，字
数最少的为1200字，平均为3357个字。学生访谈逐字稿最多的为
6300多字，最少的为1032字，平均为2900多字。为了方便后续查
阅，研究者对每份访谈逐字稿设立了编号同时进行了备份。

2. 访谈资料的审核

对访谈资料的审核，简言之就是对访谈资料进行审查与核实，保
证资料的完整、真实与可靠，从而为资料的进一步整理与分析做好准
备。对定性资料的审核包括多个方面，其中真实性审核极为关键。所
谓真实性审核是指对收集到的定性资料进行真假辨别，去掉虚假部
分、保留真实部分，以达到去伪存真的目的①。在本研究中，研究者
对收集到的所有访谈录音以及转录的逐字稿逐一进行了真实性与可靠
性审查，首先对录音资料完整性的检查、对访谈逐字稿内容的检查，
以及录音资料和初期逐字稿、经访谈校对过的逐字稿之间的比对，确
保了所有访谈资料的真实性。只有访谈资料的真实性得到保障，研究
结论的科学性和权威性才会得到保障。

（二）访谈资料初步整理与分析

按照线性模式的资料整理与分析要求，访谈资料的初步整理与分
析包括阅读原始材料、简化访谈资料、寻找编码参考点等多个方面。

---

① 谭祖雪、周炎炎编著：《社会调查研究方法》，清华大学出版社2013年版，第180页。

1. 阅读原始资料

阅读原始访谈资料是整理与分析的基础性工作①。首先，在阅读学生和管理者的访谈逐字稿之前，研究者本人已经完全放空了原有的思维，在多遍认真阅读访谈逐字稿、熟悉访谈内容的基础上，仔细思考资料中间的意义关联，从而实现与访谈资料之间的思想互动与沟通，并深入体悟和感触访谈资料的内容和观点。最后，在阅读原始访谈逐字稿过程中，仔细寻找资料中明显或隐藏的意义关联，包括与研究问题、研究目的有关的概念、主题、命题以及各部分之间的结构和关系等。

2. 初步简化访谈资料

阅读原始访谈资料是寻找意义关联的基础，而简化访谈资料是探询意义关联的开始。由于在本研究中有 6 万多字的访谈逐字稿，其中含有一定的重复、无效等内容，因此初步简化访谈资料的主要目的就是"去芜取菁"，抽取有效的资料进行整理与分析。

首先，对访谈资料进行了初次筛选。筛选就是根据研究目的、研究问题以及研究设计，对经过真实性和可靠性审查的资料进行再次审查，保留有代表性、有价值的研究资料②。研究者对所有学生和管理者的访谈资料进行不断阅读，用以往经验、常识判断，对失真、违背常识、可靠性存疑、内部存在逻辑错误等的访谈资料及对研究没有价值、重复、冗杂以及相关性不大的干扰资料予以剔除，从而为后续的资料整理奠定基础。

其次，打散资料—寻找编码参考点。为了抽取其中的有效部分，研究者根据研究目的和研究问题高度相关为判断标准，抽取最有力的资料，剔除冗余资料。同时，为了"原汁原味"保持访谈资料的本

---

① 陈向明：《质的研究方法与社会科学研究》，教育科学出版社 2000 年版，第 277 - 278 页。

② 谭祖雪、周炎炎编著：《社会调查研究方法》，清华大学出版社 2013 年版，第 181 页。

真性，本研究在打散抽取资料时尽量使用访谈对象的语言作为编码参考点，这些编码参考点可能是一个词语、一个句子甚至是表达一个主题的语义群，因此在打散抽取的过程中予以完整保留。此外，为了方便后续的资料整理与分析，研究者为每个抽取的编码参考点设立序号，如"S10 – 01"，其中"S"表示学生，"S10"表示访谈的第 10 名同学，"S10 – 01"表示第 10 名学生的访谈资料在编码中被抽离出来的第 1 个"编码参考点"。同理，T 表示管理者，编码方式和学生访谈资料的处理相同，在此不再赘述。

3. 建立检索和归档系统

在完成初步的资料抽离后，就需要建立一个随时检索和调取资料的检索系统以及资料分类的档案袋①。在本研究中，用 Nvivo12 程序建立了检索系统，以方便研究过程中检索、查找和归类资料。同时，将所有抽离的资料集合起来放入编码本中，形成了拥有 443 条记录（其中管理者访谈资料 228 条、学生访谈资料 215 条）完整的编码参考点。在本研究中，建立完整抽取资料的档案袋主要有两个好处：一是可以了解现有抽取资料的数量、资料的内容及意义关联，从而可以审视资料的抽取是否合理、是否需要增减抽取的资料等；二是为了检索、查找抽取的资料提供方便，同时可以检验抽取的资源是否真实反映了原始资料全貌，从而为后续的分析提供帮助。

（三）访谈资料具体整理与分析

在做好准备、初步整理的基础上，研究者开始对抽取的资料进行深入整理与分析。资料分析的方式比较多，包括因果分析、比较分析、网络分析、归类分析、情境分析等。由于在本研究中对学生和管理者访谈资料的抽离和浓缩的主要目的寻找主题或概念间的关系，而归类是较为切适的方式，为此本采用归类的方式进行资料的进一步整

---

① Miles M. & Huberman A. , *Qualitative Data Analysis*: *An Expanded Sourcebook*, CA: Sage Publications, Newbury Park, 1994, p. 430.

理与分析。进行合理归类的过程在很多文献中也被称为"编码"①。编码代表资料所呈现的观点或主题，换言之，根据研究目的和研究问题，将搜集到的资料根据一定标准进行划分，将相同或相近的内容归入某个类属，从而使原始资料逐步条理化、系统化的过程。本研究借助 Nvivo12 程序按照科学的编码技术过程进行编码，从而形成最终的解释框架。

1. 访谈资料编码的思路

定性资料的编码不同于定量资料的编码，定性资料的编码是根据分类标准进行归纳总结，将研究资料逐步类别化和提炼。目前对定性资料的编码主要采用安塞尔姆·施特劳斯（Anselm Strauss）和朱丽叶·科宾（Juliet Corbin）② 关于编码的划分，也就是一级编码、二级编码、三级编码共三种③。（为此，本研究对所有访谈资料进行归纳取向的一级编码、二级编码、三级编码。）由于访谈资料的编码，可以按顺序，也可以交错反复进行，为了便于后续的分析，本研究利用 Nvivo12 程序对学生访谈资料和管理者访谈资料分别编码、交错进行。

编码作为归类分析的常见形式，在分析的时候主要有写日记总结、画图表等手段。写日记总结是在整理与分析资料的过程中，随时写下自己的感受、当时的活动等的一种形式；画图表是用线性的方式对资料进行立体浓缩，然后通过图表的方式展现各主题或概念间的关系④。由于本研究的特点，在编码提供了主题或概念间的主题关系后，立即利用 Nvivo12 程序进行结构式图像绘制，从而将编码所抽离出的主题或概念进行结构化展示。

---

① Dey I. , *Qualitative data analysis : A user-friendly guide for social scientists*, London : Routledge, 1993, p. 58.

② Strauss A. & Corbin J. , *Basics of qualitative research : grounded theory procedures and techniques*, Newbury Park, California : Sage Pubications, 1990, p. 58.

③ 一级编码、二级编码、三级编码，在很多文献中也被称为开放式编码、轴心式编码、选择式编码。

④ 陈向明：《质的研究方法与社会科学研究》，教育科学出版社 2000 年版，第 304—308。

2. 访谈资料编码的要求

第一，一级编码。一级编码是对定性资料进行的初步编码手段，它的主要目的是主题清单。在本研究中，其一级编码的具体操作方式为：在已经筛选和分类好的编码参考点的基础上，在关键字或句子下画线，重抄或抽象关键字或句子[1]；然后对资料中呈现的各种主题分配编码标签，完成概念化和形成类属。这样做的好处是访谈资料中主题比较容易浮现，方便发现相应主题，可以建立研究主题的框架。

第二，二级编码。一级编码是对资料本身的初步编码，研究者也只是简单地对资料按照一定的主题进行编码呈现，并不分析内部概念间的逻辑关系、意义关系等。而二级编码的任务则是发现和建立概念类属之间的各种联系，以表现资料各部分之间的关联[2]。本研究从已经被编码的初始节点入手，进一步理解和思考资料中呈现的不同主题间的内在关系，在这一过程中，研究者关心的不再是资料本身，而是资料呈现的主题及其相互间的联系[3]。

第三，三级编码。三级编码就是在一级编码和二级编码的基础上，研究者对先前编码中的主题或节点进行对比分析，系统处理主题或节点范畴之间的关系，确定核心主题与次要主题间的联系，寻找一个可以统领其他相关主题的核心主题或概念。判断一个主题或概念是否为核心的依据，就是该主题或概念是否与最大数量的相关主题或概念存在意义关联，其能够最大程度地集中这些主题或概念，就像"渔网"的拉线一样，能将其他相关主题或概念能够串成一个整体拎起来，从而起到"提纲挈领"的作用[4]。

---

[1]　Miles, M. & Huberman, A., *Qualitative Data Analysis: An Expanded Sourcebook*, CA: Sage Publications, Newbury Park, 1994.

[2]　陈向明：《质的研究方法与社会科学研究》，教育科学出版社2000年版，第333页。

[3]　谭祖雪、周炎炎：《社会调查研究方法》，清华大学出版社2013年版，第182—183页。

[4]　陈向明：《质的研究方法与社会科学研究》，教育科学出版社2000年版，第334页。

四　访谈资料具体编码过程

如前文所述，本研究对学生和管理者的访谈资料单独编码，一级编码、二级编码、三级编码交错进行。编码之后用绘网络结构图的方式，将编码所抽离出的主题或概念进行结构化展示。

（一）访谈资料编码范例展示

本研究以学生访谈逐字稿（S01）为例，展示对访谈资料的编码过程和步骤，其他访谈资料的编码过程依照本范例进行。

1. 编码准备及一级编码

在充分阅读学生访谈逐字稿的基础上，对访谈逐字稿进行初步筛选，对失真、可靠性存疑、违背常识等的内容予以剔除，同时利用Nvivo12程序将抽取的最有力的"意义单元"作为编码参考点，并对该编码参考点进行编列序号，如"S01－01"。最终在访谈逐字稿中抽取了19个编码参考点形成检索和归档系统。然后在关键字或句子下画线，分配编码标签及概念化。具体见表3－8。

表3－8　　　学生访谈逐字稿（S01）编码参考点及一级编码

编码参考点	一级编码		
	编码标签	概念化	形成类属
S01－01：学生参与大学内部治理算是一种磨炼吧，对个人而言还是蛮成长的……	参与能促进学生成长	促进学生成人成才	利于学生成人成才
S01－02：大学真的相当于一个小社会，还是能学到蛮多东西的……	参与能学东西	提高学生综合能力	
S01－03：而且每个人都有自己的想法，都可以贡献自己的智慧……	参与可贡献智慧	提高学校管理水平	促进学校发展
S01－04：我觉得任何学生都是可以参与的，这里应该是没有条件的……	学生参与不应设条件	任何学生个人参与	任何学生个人参与

编码参考点	一级编码		
	编码标签	概念化	形成类属
S01-05：但是我还是觉得，参与大学管理，其实还是有一些要求的，比如团结精神、与人相处，这就是能力问题啦……	参与应该有能力要求	优秀学生较合适	选择学生代表参与
S01-06：我是很希望参与的……	学生希望参与	希望参与	希望参与
S01-07：一些部门、机构也会支持你的……	部分部门会支持	管理部门支持	便捷性条件保障
S01-08：我知道我们学校投那个校长信箱，这个应该每个学校都有……	网络校长信箱参与途径	网上校长信箱	便捷性途径
S01-09：另外，每个学院都有学生会，然后学校有个总的学生会……	学生会是参与途径	学生会	
S01-10：我们给学校的意见，更多的是跟辅导员说，但是你知道，这个一层一层地上去……	辅导员是参与途径	管理人员	或然性途径
S01-11：有时候学校会向班里发文件下来说，你对学校有什么意见可以提，可是我觉得这并没有起到多大的作用。……	向学生征求意见	征求意见	
S01-12：参与内容上，教学的话，都有那个教学评价，每个学期对每个老师都可以做出评价、打分……	每个学生参与评教	教育教学	实际参与部分内容
S01-13：还有就是关于学生食堂，就会发一张表下来，也是匿名的，问学生有什么要求，我们也会提一些意见……	参与食堂管理	后勤管理	

续表

编码参考点	一级编码		
	编码标签	概念化	形成类属
S01-14：（对于学校一些重要的事情，有没有发表过意见，这类的有吗？）说真的，这类的没有……	学生对重大事件没有参与机会	重大决策	期望参与全部内容
S01-15：我觉得参与程度的话，可能是属于比较表面的层次……	参与层次属表面层次	参与层次初级	总体参与程度不高
S01-16：效果呢，肯定是有作用的，但有多大作用，这就不好说了……	参与效果有作用	总体参与效果不佳	总体参与效果不佳
S01-17：因为目前就是包括对于学生的一些内部管理规定，像我们琴房的规定，其实我们都没有什么发言权，学校怎么规定就得怎么接受……	制定制度学生没有参与权	参与制度制定难实现	
S01-18：就是我不能越级，直接找我们校长去说，只能是我先跟我们辅导员说……	学校行政体系影响学生参与	学校行政化倾向	学校方面的影响因素
S01-19：但是学校没有就这些问题，给我们明确地说会怎么怎么样，会解决这些问题，这个没有……	学校对学生参与没有反馈	管理者支持不够	

2. 二级编码

在一级编码的基础上，寻找各概念或类属之间的关系，从而呈现相互之间的关系。具体见表3-9。

表 3－9　　　　　学生访谈逐字稿（S01）一级、二级编码

一级编码			二级编码
编码标签	概念化	形成类属	
参与能促进学生成长	促进学生成人成才	利于学生成人成才	意义认知
参与能学东西	提高学生综合能力		
参与可贡献智慧	提高学校管理水平	促进学校发展	
学生参与不应设条件	任何学生个人参与	任何学生个人参与	主体认知
参与应该有能力要求	优秀学生较合适	选择学生代表参与	
学生希望参与	希望参与	希望参与	学生态度
部分部门会支持学生参与	管理部门支持	便捷性条件保障	参与保障
网络校长信箱参与途径	网上校长信箱	便捷性途径	参与途径
学生会是参与途径	学生会		
会向学生征求意见	征求意见		
辅导员是参与途径	管理人员	或然性途径	
每个学生参与评教	教育教学	实际参与部分内容	参与内容
参与食堂管理	后勤管理		
学生对重大事件没有参与机会	重大决策	期望参与全部内容	
参与效果有作用	总体参与效果不佳	总体参与效果不佳	参与程度与效果
制定制度学生没有参与权	参与制度制定难实现		
参与层次属表面层次	参与层次初级	总体参与程度不高	
学校行政体系影响学生参与	学校行政化倾向	学校方面的影响因素	影响因素
学校对学生参与没有反馈	管理者支持不够		

3. 三级编码

在一级编码和二级编码的基础上，对先前编码中的主题或节点进行对比，确定核心主题与次要主题间的联系，寻找一个可以统领其他相关主题的核心主题或概念，像"渔网"的拉线一样，能将其他相关主题或概念串成一个整体拎起来，从而起到"提纲挈领"的作用。具体见表 3－10。

表 3－10　　　　　学生访谈逐字稿（S01）二级、三级编码

一级编码	二级编码	三级编码
利于学生成人成才	意义认知	学生认知与态度
促进学校发展		
任何学生个人参与	主体认知	
选择学生代表参与		
希望参与	学生态度	
便捷性条件保障	参与保障	学生参与现况
便捷性途径	参与途径	
或然性途径		
实际参与部分内容	参与内容	
期望参与全部内容		
总体参与效果不佳	参与程度	
总体参与程度不高		
学校方面的影响因素	学校因素	影响因素

4. 结构展示

对学生访谈逐字稿（S01）的上述编码，呈现了主题或概念间的主题关系。下面利用 Nvivo12 程序进行结构式图像绘制，将编码结果进行结构化展示。具体见图 3－5。

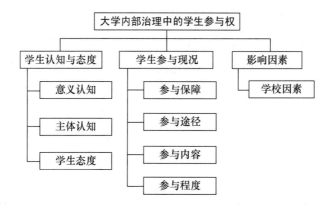

图 3-5　学生访谈逐字稿（S01）编码结果

（二）对学生访谈资料的编码

1. 整体编码结果

按照上述学生访谈逐字稿（S01）的编码过程和步骤，本研究对所有学生的访谈逐字稿用 Nvivo12 程序进行了编码，编码结果见表 3-11。

表 3-11　　　　　　　学生的访谈资料编码表

编码参考点数	一级编码		二级编码	三级编码
	编码标签、概念化	形成类属		
1	促进学校民主发展	促进学校发展	意义认知	学生认知与态度
3	利于学校问题解决			
12	提高学校管理水平			
8	提高学生综合能力	利于学生成人成才		
3	提高学生主人翁意识			
2	体现学生主体作用			
7	任何学生个人参与	任何学生个人参与	主体认知	
4	学生干部较合适	选择学生代表参与		
4	优秀学生较合适			
11	希望参与	希望参与	学生态度	

编码参考点数	一级编码		二级编码	三级编码
	编码标签、概念化	形成类属		
1	建设规章制度	建设参与机制	参与保障	学生参与现况
2	鼓励措施支持			
1	隐私保护支持			
1	开展征求意见	提供临时机会		
4	开通网络途径	便捷性条件保障		
1	管理部门支持			
8	网上校长信箱	便捷性参与途径	参与途径	
5	学生会			
2	学生社团			
3	校内意见箱			
1	留言本			
3	学生代表大会	建制化参与途径		
1	投诉机制			
4	管理人员	或然性参与途径		
2	接待日			
3	座谈会			
3	征求意见			
1	行政助管			
9	教育教学	实际参与部分内容	参与内容	
6	后勤管理			
3	学生管理			
1	图书管理			
1	校园建设			
1	学生生活			
2	重大决策	期望参与全部内容		
3	教育教学			
1	学生生活			
1	全方位参与			
3	总体参与程度不高	总体参与程度不高	参与程度	
3	参与层次初级			
1	参与内容不广			
3	参与人数不多			
5	参与途径不宽			
6	总体参与效果不佳	总体参与效果不佳		
2	参与决策难实现			
1	参与制度制定难实现			
1	学代会效果不理想			

续表

编码参考点数	一级编码		二级编码	三级编码
	编码标签、概念化	形成类属		
6	参与制度不全	学校因素	影响因素	影响因素
2	参与途径不畅			
4	学校行政化倾向			
2	信息公开不全			
1	管理者认知有限			
1	管理者民主欠缺			
18	管理者支持不够			
2	学生参与认知有限	学生因素		
4	学生参与意识不强			
5	学生参与能力不足			
3	社会文化因素影响	其他因素		

2. 编码结果展示

对全部学生访谈逐字稿的上述编码，呈现了主题或概念间的主题关系。然后利用 Nvivo12 程序进行结构式图像绘制，将学生访谈资料的全部编码结果进行结构化展示。具体见图 3 - 6。

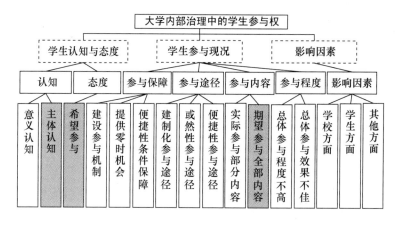

图 3 - 6　对学生访谈资料的编码结果

（三）对管理者访谈资料的编码

根据研究目的和研究问题，按照上述编码思路和要求，利用 Nvi-no12 程序对管理者访谈资料进行编码。

1. 整体编码结果

按照上述学生访谈逐字稿（S01）的编码过程和步骤，本研究对所有管理者的访谈逐字稿用 Nvivo12 程序进行了编码，编码结果见表 3 – 12。

表 3 – 12　　　　　　　　管理者访谈资料编码表

编码参考点数	一级编码		二级编码	三级编码
	编码标签、概念化	形成类属		
2	促进学校发展	促进学校发展	意义认知	管理者认知与态度
1	促进学校民主发展			
5	利于学校问题解决			
12	提高学校管理水平			
3	促进学生成人成才	促进学生成人成才		
3	提高学生综合能力			
1	培养学生参与意识			
3	体现学生主体作用			
3	保护学生基本权益			
2	学生基本权利	参与权性质	参与权认知	
3	主体性权利			
2	全方位内容	参与权内容		
1	决策参与权			
1	制定制度参与权			
1	发表意见权			
1	监督参与权			
3	参与行为	参与权客体		
1	有限度参与	参与权限制		
8	当前支持参与	管理者态度	管理者态度	
5	未来改进不明			

续表

编码参考点数	一级编码		二级编码	三级编码
	编码标签、概念化	形成类属		
5	建设规章制度	建设参与机制	参与保障	学生参与现况
3	鼓励措施支持			
5	办学理念侧重			
1	开展征求意见	提供临时机会		
1	召开座谈会			
1	设置学生行政助管			
3	开通网络途径	便捷性条件保障		
4	网上校长信箱	便捷性参与途径	参与途径	
3	学生会			
3	学生社团			
2	校内意见箱			
3	信息化平台			
2	座谈会	或然性参与途径		
3	行政助管			
1	校长办公会	建制化参与途径		
1	学生校长助理			
3	委员会学生席位			
3	学代会			
1	申诉机制			
5	教育教学	实际参与内容	参与内容	
4	后勤管理			
3	学生管理			
1	学生生活			
2	制度建设			
1	全方位参与	应该参与内容		
9	参与层次初级	总体参与程度不高	参与程度	
3	参与内容不广			
1	参与人数不多			
3	参与途径不宽			
9	总体参与效果不佳	总体参与效果不佳		
1	参与决策难实现			
1	参与制度制定难			

续表

编码参考点数	一级编码		二级编码	三级编码
	编码标签、概念化	形成类属		
4	学校办学的理念偏离	学校方面	影响因素	影响因素
4	学校的文化氛围影响			
5	参与制度建设不健全			
1	学校参与途径不通畅			
1	学校行政化倾向严重			
1	学校信息公开不完善			
1	学校的教育培养不足			
4	管理者认知能力有限			
11	管理者民主意识欠缺			
11	管理者支持态度不够			
1	学生参与认知有限	学生方面		
6	学生参与意识不强			
5	学生参与能力不足			
4	社会文化因素影响	其他方面		
1	法律法规不够健全			
1	其他外部因素影响			

（2）编码结果展示

对全部管理者访谈逐字稿的上述编码，呈现了主题或概念间的主题关系。下面利用 Nvivo12 程序进行结构式图像绘制，将学生访谈资料的全部编码结果进行结构化展示。具体见图 3 - 7。

通过对学生、管理者访谈资料的三级编码图比较，不难发现除了用灰色标注的认知、态度以及参与内容方面有所不同外，其余内容全部相同。这也在一定程度上显示，对于大学内部治理中的参与权实现的研究，来自主体之间资料的互相印证，说明本研究的结果具有较高的可信度和权威性。

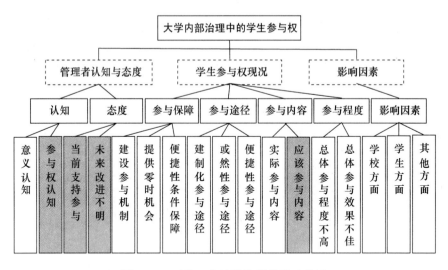

图3-7 对管理者访谈资料的编码结果

五 访谈资料具体编码结论

如上文所言，由于本研究在编码过程中是分主体、主题进行的编码，为使研究具有系统性，在此有必要对学生和管理者访谈资料的三级编码进行整合，从而形成完整的理论研究模型，如图3-8所示。

六 访谈调查中的信度效度

按照传统量化研究的思维定式，需要对研究结果可靠性、真实性以及重复性，也就是所谓的检测效度信度。但定性研究有所不同，只考虑研究的效度问题，不考虑信度问题。

（一）关于效度

效度是传统定量研究中较多使用的概念，其主要目的就是通过测量寻求普遍化的规律。在定性研究中的效度是一个具有很大争议的话题①，不过学者们认为定性研究中的效度含义与定量研究有所不同，

---

① Lincoln, Y. S. & Guba, E. G., "Paradigmatic controversies, contradictions, and emerging confluences", in Denzin, N. K. & Lincoln, Y. S. eds., *Handbook of qualitative research*, Thousand Oaks, CA: *Sage* publications, 2000, pp. 163 – 188.

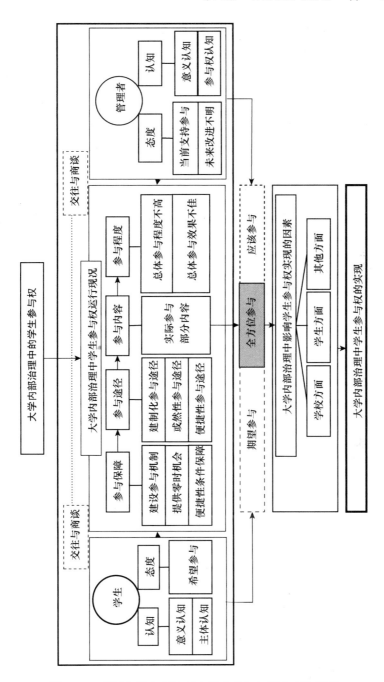

图 3 - 8 我国大学内部治理中学生参与权研究理论模型

它也不是信度的伴生，而是指研究结果是否可接受、可信赖或者可靠①，或者用研究者、参与者、读者等的立场看研究结果是否准确、真实②。在研究的过程中，会有若干因素不利于研究所要求的效度，第一是所收集的资料非常庞大、性质非常复杂；第二是收集的资料丰富，且不仅是表面的资料，常常有许多深层的资料；第三是在研究过程中，常不易排除其主见、成见甚至是偏见；第四是定性研究重视诠释，在诠释时会有主观判断的色彩③。朱迪思·戈茨（Judith P. Goetz）和玛格丽特·勒康普特（Margaret D. LeCompte）指出，定性研究要提高其效度，就必须注重研究过程中可能出现的问题，先加以解决，包括内在和外在的效度④。在本研究中，为了排除这些不利因素的干扰，研究者进行了以下工作：第一，进行反省。对自己存在的偏见、成见以及倾向性进行时刻批判，从而保证访谈调查按照资料的整理与分析及研究设计顺利进行。第二，对访谈对象严格把关。所有访谈对象都经过了严格的审核，完全符合访谈所要求的各种条件。第三，资料三角验证。本研究对学生和管理者分别进行访谈，收集来自不同主体的资料，让访谈对象对内容进行检查，核对内容的真实性；同时对各种访谈资料进行交叉验证和整体联系分析，建立了完整的证据链，保证了研究结果的真实性。

（二）关于信度

在传统的量化研究范式中，信度意指研究结果的可重复性。如雷斯特（Ray C. Rist）所言，定量研究有比较精确的方法与工具，因此比较注重信度、强调客观性，而定性研究比较注重效度、强调主观

① 王文科、王智弘编译：《质的教育研究：概念分析》（第五版），师大书苑 2002 年版，第 294 页。

② Creswell, J. W. & Miller, D. L., "Determining validity in qualitative inquiry", *Theory into Practice*, Vol. 39, No. 3, 2000.

③ 林生傅：《教育研究法：全方位的统整与分析》，心理出版社 2003 年版，第 432 页。

④ Goetz, J. P. &Lecompte, M. D., *Ethnography and Qualitative Design in Educational Research*, New York: Academic Press, 1984, pp. 222 - 232.

性，并注重全貌分析，所以信度是非常次要的①。陈向明也认同目前大部分定性研究者的观点，认为"信度"对于定性研究而言是没有意义的，由于自然科学研究结果的产生有着明确的步骤、方法、手段等严格限制，而定性研究不认为"一个人会踏进同一条河"，不认为事物会以同样的方式重复，所以定性研究者的共识就是：在定性研究中不讨论"信度"问题②。同样，克雷斯威尔（John W. Creswell）也认为"信度和可概括性在定性研究中是次要的"③。本研究也认为，在我国大学内部治理中的学生参与权之实现研究，每个访谈对象个体差异明显，即使采用相同的访谈方法，包括相同的时间、地点、人物，最终产生的访谈结果也会迥然不同，所以本研究在访谈调查中不考虑"信度"问题。

第五节 问卷设计及调查

根据混合研究范式探索性系列设计，在访谈调查的基础上进行问卷设计，以为后续的问卷调查做准备。在本研究中，问卷调查作为访谈调查的有效补充，是实现研究结果三角验证的重要方面。为此，研究者按照科学的问卷设计及调查方法进行了操作。

一 问卷设计

（一）问卷设计目的

在本研究中，问卷调查的目的是：第一了解学生对大学内部治理中参与权的认知、态度；第二调查目前我国大学内部治理中学生对参与权运行的现实状况，具体包括学生参与的途径、参与内容、参与程

---

① Rist, R. C., "On the Relations Among Educational Research Paradigms: From Disdain to Detente", *Anthropology and Education Quarterly*, Vol. 8, No. 2, 1977, pp. 44 – 47.

② 陈向明：《质的研究方法与社会科学研究》，教育科学出版社 2000 年版，第 100—101 页。

③ ［美］克雷斯威尔：《研究设计与写作指导：定性、定量与混合研究的路径》，崔延强译，重庆大学出版社 2007 年版，第 155 页。

度、参与保障等情况；第三调查影响学生参与权实现的因素与障碍。因此，问卷依研究目的、待答问题以及访谈结果为基础进行设计。该问卷主要以选择题方式呈现，每个题目选项不一，调查对象可以根据实际情况作答。

（二）问卷初稿内容

依据研究目的和访谈调查研究形成的理论框架，在参阅其他学者研究成果的基础上，拟定调查问卷初稿。问卷初稿主要分为基本资料、问卷内容两个部分。

（三）初稿问卷检视

为了考察初稿问卷的适用性，本研究邀请了6位专家和6名学生对该问卷进行检视，检视主要围绕以下几个方面开展：第一，问卷的题量是否合适？或多或少？第二，问卷内容是否有不能理解或者重复？第三，问卷是否用词准确？第四，您对本问卷有何改进建议？第五，问卷是否表达了对我国大学内部治理中学生参与及参与权现实状况调查的目的？专家、教师与学生名单见表3-13和表3-14。

表3-13 咨询问卷之专家学者名单

姓名	单位
刘教授	北京某大学
储教授	中国某研究院
李教授	湖南某大学
耿教授	北京某大学
张教授	天津某大学
翟教授	华北某大学

表3-14 咨询问卷之学生名单

姓名	学校
王同学	江苏某大学本科生

续表

姓名	学校
江同学	北京某大学本科生
崔同学	华北某大学硕士研究生
李同学	湖南某大学硕士研究生
薛同学	天津某大学博士研究生
杨同学	广东某大学博士研究生

参与检视问卷的专家和学生整体上认为问卷结构合理、内容全面，能够达到预想的调查目的。但也对问卷中的概念界定、个别题目表述提出了改进建议：

1. 由于许多学生对"大学内部治理"的内涵缺乏基本了解，若不对"大学内部治理"一词做出明确界定和说明，学生未必能准确理解问卷题目的具体含义，从而造成学生理解问卷题目的困难，因此建议增加对"大学内部治理"的概念解释。

2. 对"您是否希望参与到大学相应事务的治理中去?"一题的表述不精练、语义不严谨，应该修改为"您对参与到大学内部治理的态度是（ ）"。

3. 对"您认为学校的决策及各类改革发展动态的信息公开化程度如何"一题的提问方式有失偏颇，修改为"您认为学校支持与保障学生参与大学内部治理的信息公开化程度如何"。

（四）形成预试问卷

本研究根据专家和学生们提出的意见进行修改完善后，形成了最终的预试问卷。预试问卷包括问卷题头、概念解释、基本信息、问卷内容4个部分。问卷开题部分简要介绍了研究背景与目的、问卷填答要求；概念解释部分对"大学内部治理"进行了解释；基本信息部分包括性别、年级、学生身份等项目；问卷内容部分由20个选择题和一个开放题组成。问卷具体内容，参见附件。

二　问卷预测

为了确保发放问卷的信度和效度，本研究在正式发放之前先进行小规模预测试。由于本研究以教育部直属大学为例进行，所以预测问卷的发放对象同样为教育部直属大学学生。问卷采用纸质方式发放，发放并回收 100 份预测问卷，完成小规模预先测试，然后对回收的预测问卷进行信度、效度评价，以确保问卷的质量。

三　问卷信度

信度（Reliability）即可靠性，它是指采用同样的方法对同一物件重复测量时所得结果的一致性程度。信度指标多以相关系数表示，Cronbach α 信度系数是目前最常用的信度系数。本研究利用 SPSS 软件，对问卷内容进行内在一致性信度分析，使用 ∂ 系数值来衡量。具体如表 3 – 15 所示。

表 3 – 15　　　　　　　　　调查问卷信度分析表

Cronbach's Alpha	0. 68

从研究变量的信度检验表可以看出，问卷的 Cronbach's 值为 0. 68，大于 0. 6。由此可以认为，研究变量的测量指标具有较高的内在一致性信度，调查结果比较可靠。

四　问卷效度

效度即有效性，是衡量测量工具或手段所测量出来结果的有效性程度，测量结果与考察内容的吻合程度。一般来说，测量结果与考察内容符合程度越高，则效度越高。本研究采用 KMO 检验和 Bartlett 检验，结果如表 3 – 16 所示。

表 3 – 16　　　　　　　　　　**调查问卷效度分析表**

取样足够度的 Kaiser-Meyer-Olkin 度量		0.818
Bartlett 检验	近似卡方	1868.854
	df	10
	Sig.	0.000

本研究对问卷进行效度检验，得 KMO 值为 0.818，大于 0.6；巴特利特球体检验统计值的显著性为 0.000，小于 0.001，达显著性水平；问卷的效度比较好。

综上可得，本次调查问卷的设计比较科学，信度效度分析结果较好，说明收集的资料比较真实可靠，且与实际情况较为契合，实证分析具有较强的说服力。

五　正式调查

（一）样本抽样

本研究以教育部直属大学为研究母群体，采用分层、非随机抽样方法①。由于北京是教育直属大学的主要驻地（教育部直属大学共有 75 所，在北京市的有 24 所，占教育部直属大学总数的 32%），因此本研究以在京教育部直属大学为重点调查对象，兼顾其他地域的教育部直属大学为基本调查原则。将在京教育部直属大学分为原 985 工程、原 211 工程、一般普通大学 3 个层次，每个层次抽取两所大学，每所大学非随机发放问卷 100 份。为了兼顾其他地域，将其他地域分为北方、

---

① 抽样调查，根据抽样方式的不同可以分为非随机抽样和随机抽样。非随机抽样，又称为非概率抽样，是按照研究人员主观判断或其他条件来抽取样本的抽样方法。如偶遇抽样、判断抽样、"滚雪球"抽样等。随机抽样，又称概率抽样，是调查对象总体中每个部分都有同等被抽中的可能，是一种完全依照机会均等的原则进行的抽样调查。如等距随机抽样、分类随机抽样等。在本研究中，由于抽样对象的抽样框无法确定，而且也无法做到按照机会均等的原则抽取样本，因此本研究采用非随机抽样。关于非随机抽样和随机抽样的具体介绍，参见水延凯等编著《社会调查教程》（第五版），中国人民大学出版社 2010 年版，第 94—96 页。

南方、东部、西部 4 个地域，每个地域抽取一所大学，每所大学发放问卷 100 份。最终拟在 4 所原 985 工程大学、4 所原 211 工程大学、两所一般大学发放问卷，总计发放 1000 份问卷，具体见表 3 – 17。

（二）正式调查

按照前文的抽样计划开始发放问卷。为了提高调查的时间进度，本人在选取的大学内召集了几个志愿者，对志愿者进行了问卷调查方面的专业培训，然后由志愿者和本人一起分头调查，直至收集到特定数量的问卷。在问卷回收后，先行检视填答内容，将填答不清、漏答及草率填答之无效问卷予以剔除，最终发出问卷 1000 份整，回收问卷 994 份，无效问卷 7 份，有效问卷 987 份。

表 3 – 17　　　　　　　　**教育部直属大学问卷抽样一览表**

地域		学校名称	类型	抽样方法
北京		某师范大学	原 985 工程	非随机抽样 100 人
		某经济贸易大学	原 985 工程	非随机抽样 100 人
		某电力大学	原 211 工程	非随机抽样 100 人
		某政法大学	原 211 工程	非随机抽样 100 人
		某语言大学	一般大学	非随机抽样 100 人
		某美术学院	一般大学	非随机抽样 100 人
其他地域	北方	天津某大学	原 985 工程	非随机抽样 100 人
	南方	武汉某大学	原 211 工程	非随机抽样 100 人
	东部	江苏某大学	原 211 工程	非随机抽样 100 人
	西部	西北某大学	原 985 工程	非随机抽样 100 人

（三）问卷概述

本研究问卷基本情况描述如下：有效问卷 987 份，参与问卷填写的学生中有男生 499 人，占填写问卷总人数的 50.6%；有女生

488 人，占填写问卷总人数的 49.4%。其中有本科生 728 人，占 73.8%；硕士生 201 人，占 20.4%；博士生 36 人，占 3.7%；其他人员 22 人，占 2.2%。有一年级学生 305 人，占 30.9%；二年级学生 341 人，占 34.6%；三年级学生 214 人，占 21.7%；四年级学生 111 人，占 11.3%；其他年级学生 16 人，占 1.6%。另外，参与问卷填写的学生类别及其就读年级分布情况见表 3-18。

表 3-18　　　　　**参与问卷填写的学生基本情况**　　　（单位：人）

	一年级	二年级	三年级	四年级	其他
本科生	198	270	154	101	5
硕士生	97	46	48	5	5
博士生	8	18	6	4	0
其他	2	7	6	1	6

第六节　研究伦理

　　研究伦理是学术研究中一个无法回避的问题，它作为研究时必须遵守的价值和行为规范，存在于研究的各个方面和全过程之中。遵守研究伦理规范不仅可以使研究者本人"良心安稳"，而且考虑研究伦理可以使研究者更加严谨地从事研究工作，从而提高研究本身的质量①。下面就本研究所涉及的研究伦理问题做些说明。

一　选择研究对象阶段

　　由于本研究以大学管理者及学生为访谈对象，以在校大学生为问卷调查对象。当研究者在选择访谈对象时，首先通过电话等方式征求了访谈对象的同意，并提供访谈大纲、说明研究意图，希望让访谈对

---

　　① 陈向明：《质的研究方法与社会科学研究》，教育科学出版社2000年版，第425页。

象能够充分了解本研究的目的和内容后，决定是否接受访谈；在访谈之前，事先告诉了访谈对象会进行录音，在个别访谈对象对录音无法接受、拒绝接受访谈时，研究者寻找了其他访谈对象进行深入访谈。在选择问卷调查对象时，提前说明了问卷调查的目的和用途，征得了学生同意后才发放调查问卷。

二 研究资料收集阶段

在访谈开始时，首先签署了知情同意书，再次向访谈对象表示了研究资料的保密原则，保证不会泄露访谈对象的工作或学习单位、工作内容等个人资料，以使访谈对象在没有压力的情形下畅所欲言，说出自己真实的所思所想；在访谈过程中，研究者秉承了客观真实的研究态度，没有做先入为主或诱导性的引导，没有对访谈对象的言论进行评论，并如实记录了访谈内容；在整理逐字稿时，以尊重访谈对象隐私为原则，对访谈对象进行了匿名处理，在逐字稿完成后让访谈对象再次进行核对，保证了访谈资料的真实性。调查问卷在发放过程中，为调查对象做好了解释工作，说明了基本要求和填答规范等，保证了调查问卷的填答质量，从而提升了数据资料的信效度。

三 研究及完成论文阶段

在研究过程中，研究者按照严密、科学的设计推进研究工作。除了全身心地投入以外，还在研究中不断反思、尽量保持客观中立的研究态度，以避免产生研究偏见。同时还根据研究伦理的要求，保持了研究过程的真实有效、搜集资料的有据可查。为了增强研究的论证说服力，在借鉴和引用他人的研究成果时，严格按照学术规范标明了出处；客观公正表述相关文献，没有断章取义、没有过度推论别人资料。在呈现研究报告时，按照客观真实的原则呈现了相关研究情况，按照保密性原则对需要保密的资料进行了匿名化处理。在论文完成后，研究者将相关录音资料及逐字稿纪录予以销毁，以长久做到保护研究对象隐私。

第四章　研究发现

研究发现是经过数据的整理和分析等环节，看到或找到前人没有看到的事物或规律，这是研究中最为核心的部分之一。本研究在访谈调查、问卷调查基础上的研究发现，包括大学内各主体的认知与态度、学生参与权的现实情况、影响学生参与权的因素等三大方面。

第一节　对学生参与权的认知与态度

大学内部治理中学生参与权实现的前提是学生对其参与权有一定的认知，并且具有必要的参与态度。同时学校管理者对学生参与权也要有一定的认知，并且支持和帮助学生实现参与权。那么他们的认知和态度到底如何呢？具体见本节内容。

一　学生对参与权的认知、态度
（一）学生对参与权的意义认知

学生参与行为是参与权利的载体，研究发现，当前学生对参与大学内部治理的意义认知清晰，受访谈的所有学生都给予了肯定；问卷调查也显示，86.2%的学生认为学生参与大学内部治理有较为明显的意义，其中27%的学生认为"作用很大"，59.2%的学生认为"有一定作用"。正如他们所言：

　　　　我觉得这个事情还是蛮有意义的。（S01、S05、S06）

　　学生参与大学内部治理，我觉得还是挺有意义的。因为大学是一个开放的环境，大学生自己参与内部管理，可以让学校变好。(S03)

　　我觉得是有意义，学生参与大学治理是学校管理制度上的一个创新。(S04)

　　学生参与大学内部治理肯定是有价值和意义的，目前的问题是在多大程度上、实现了多少的问题。(S09)

　　我觉得有作用，不管是对学生个人能力发展还是对整个学校的建设都有很大的作用。(S10)

关于大学内部治理中学生参与的具体作用和意义，访谈和问卷调查都发现学生的认知较为全面，主要包括对促进大学发展和学生成人成才两个方面的作用和意义。首先就促进大学发展而言，学生作为大学的构成主体，对大学内部治理情况较为熟悉，通过参与可以为推进大学治理发展贡献个人智慧，同时也为提升大学内部治理水平起到推动作用。问卷调查显示60.8%的学生认为参与大学内部治理"促进学校民主，提高学校管理水平"，51.3%的学生认为参与大学内部治理可以"为治校献计献策，利于学校问题解决"。在访谈过程中，也有多名同学表达了类似观点：

　　让学生参与大学治理，学校（领导）在管理中能知道学生在想什么，听取学生的意见和意见，从而有针对性地改进学校管理工作。(S02)

　　学生作为学校的构成部分，他们每天生活在大学里，对大学的各项运作和现在存在的问题，以及在某些方面给他们的生活或者学习带来了不太理想的地方，有比较深刻的了解和体会。大学生参与到学校的管理中，有利于学校积极改善和提高各项管理水平，包括管理制度的完善。(S06)

　　我觉得学生参与有利于学校管理更加人性化，更加贴近学生的需要。……学校在制定关于学生着装、日常行为规范等管理制度的时候，如果让学生参与进来，管理层认真听听学生的意见，这样的规定就容易被学生接受。（S09）

有的时候可以看到学生们的 idea 非常的创新，而且更能够从学生自己学习、活动的角度提供最一手的、接地气的、最符合实际的观点，从而能够帮助学校更好地开展工作，让学校更好。（S11）

从学生个人成长与发展方面而言，通过参与大学内部治理有利于保障学生切身权益，同时可以锻炼学生多方面的能力，对培养学生的主人翁意识和提高公民素质有积极作用。问卷调查发现 58.8% 的学生看重通过参与大学内部治理保护合法权益，另有 62.5% 的学生认为参与大学内部治理最大的作用和意义是锻炼自身能力。在访谈过程中，不少学生认为参与大学内部治理，能够为学生走向社会、参与社会治理打下基础。

能够通过参与大学内部治理，锻炼自己各方面能力，包括语言表达、为人处世、维护自身权益、（掌握）内部治理的程序性规范等等，这些对于学生走向社会是很有帮助作用的。（S02）

参与大学内部治理，完全是可以提高学生的主人翁意识的，这为他以后有机会更好的参与治理这个国家打基础。我认为参与治理学校只是一个试验田，以后更大的是治理一个区、一个县、一个市、一个国家，由于大学生在社会上还属于一个精英人才嘛，所以每个人是有责任和义务参与这个治理环节的，学校只是第一步，我认为这个第一步非常关键。……我认为参与大学内部治理的话还可以锻炼学生的语言表达能力等等各方面的能力，就是提高学生的综合素质。（S07）

学生本身就是学校的主体，是很重要的一部分，大学生参与这个内部治理的话，我觉得无论是对学生的学业还是他以后进入社会阶段，就是踏入社会，都有一定的帮助作用。而且也能知道一些流程，能学习到很多东西。我觉得给学生锻炼的机会，更多的是积极意义。（S08）

（二）学生对参与权的基本认知

关于大学内部治理中的学生参与权，研究发现学生们的认知并不清晰和统一。当问到大学内部治理中学生有无参与权的问题时，所有访谈学生都认为大学内部治理中学生应该有参与权；调查问卷根据实际情况也设置了 3 个选项，分别是"有参与权""没有参与权"和"不清楚有没有"。调查发现：有 72% 的学生认为"有参与权"，有 11.9% 的学生认为"没有参与权"，还有还有 16.1% 的学生表示"不清楚有没有"参与权。

上文的研究发现并不能反映学生对参与权认知的全貌。一般而言，权利的构成还包括权利主体、权利主体行使权利的能力等。权利主体是行使权利的当事人，毋庸置疑，学生是大学内部治理参与权的重要主体，访谈过程中，受访学生也大多认为学生是大学存在的前提和基础，同时也是大学内部治理参与权的重要主体。如"学生本身就是学校的主体，是很重要的一部分"（S08），"学生是学校有机组成的重要部分"（S11），"学生是构成大学的要素，是大学的组成部分，学校的各项活动都是服务学生的"（S12）等。通过问卷调查却发现了不一样的结果，当问到"您认为可以参与大学内部治理的主体有哪些"时，83.7% 的学生认为有"校领导"，84% 的学生认为有"管理干部"，69.4% 的学生认为有"教师"，65.5% 的学生认为有"学生"。但进一步分析，便会发现更为有趣的现象。学生给出的答案主要有 3 种：第一种认为"校领导""管理干部""教师"和"学生"都是大学内部的治理主体，有这种认识的学生有 486 人，达到调查学生人数的 49.2%。第二种认为只有"校领导""管理干部"是大学内部治理的主体，有这种认知的学生达到 139 人，达到调查学生人数的 14.1%。第三种认为只有"教师"和"学生"才是大学内部治理的真正主体，有这种认知的学生较少，只有34人，占到调查学生人数的3.4%。此外，还有部分学生认为大学内部治理的主体只有"校领导"，有这种认知的学生有71人，达到调查学生人数的7.2%。从中可以看出学生对于参与权主体的认知情况还不理想。

为了进一步确认学生对参与权主体的认知，研究者用"若学生拥有参与权利，您认为什么样的学生可以参与大学内部治理"这个问题来进一步审视学生对参与权主体的认知。访谈发现，在学生中主要存在两种观点：第一种是任何普通学生都可以参与大学内部治理；第二种是只有学生干部等优秀学生代表才可以。这两种观点也得到问卷调查的印证，有64.9%的学生认为"任何普通学生都可以"参与大学内部治理，另有43.4%的学生认为"只有学生干部等优秀学生代表才可以"，5.6%的学生认为只有"其他"才可以参与，比如"优秀且有兴趣参与的学生"（W）①、"愿意参与的学生"（W）等。

在坚持第一种"任何普通学生都可以"之观点的学生看来，学生人人平等，大学内部治理中的学生参与权不应该设任何条件的限制，只要具有一定参与能力的学生都可以参与。

> 我觉得任何学生都是可以参与的，这里应该是没有条件的。包括那些"三观"有些不对的学生也是可以的，我觉得通过参与能改变一下也不错，对不对，而且每个人都有自己的想法，都可以贡献自己的智慧。但是我还是觉得，参与大学管理，其实还是有一些要求的，比如团结精神、与人相处，这就是能力问题啦。（S01）

> 我觉得参与大学内部治理，同学之间都是平等的，A同学是这个大学的学生，B同学也是这个大学的同学，他们都是组成学校的一分子，你不能让A同学参与、不让B同学参与啊，大家都一样是学生啊，所以学生参与大学治理不应设条件限制，所有的

---

① "W"表示问卷回收的开放性作答数据，全书其他地方亦同。

同学都有资格参与大学的管理活动，只有他们有兴趣、愿意参与，我觉得都应该给予参与的机会。当然有的同学不愿意也没兴趣参与，你非让他参与，那种就没必要了。(S02)

我觉得只要是在校学生都应该参与到里面，这涉及到教育公平的问题。你不能说是带着歧视的眼光说什么学生可以参与什么学生不能参与，我觉得这不太对。(S05、S11)

我觉得学校主要是培养学生的嘛，所以怎么样讲学生都应该有个话语权的，都应该可以所有参与的，这个应该是不分学生类型的。现在的大学生都会有这个自主性的，他自己具有参与的意愿，他希望能够参与到大学内部治理当中去……我最后还是想说，作为一个学生，我认为所有学生都有权利参与到大学治理。(S12)

在坚持第二种"只有学生干部等优秀学生代表才可以"之观点的学生看来，大学内部治理涉及面广、内容复杂，不适合让一般普通学生参与，而学生干部政治素质可靠、参与能力和水平较高，参与效果也好于一般学生，因此学生干部等优秀学生才可以行使大学内部治理中的参与权。

我觉得还是学生干部好一点吧，因为学生干部一半是学生、一半是干部，他们对学生学习生活和学校工作都有一定程度的了解，他们参与治理对学校工作来说的话，可能更有针对性，这样参与的效果也会好一点。一般普通同学的话，对学校工作可能不那么熟悉也不了解情况，可能参与的效果就没那么好了。(S03)

从参与的效果说，学生干部平时组织各种校园文化活动，接触的学校各方面的事务也多，相对而言，也比较有经验一点，所以我觉得学生干部参与大学内部治理比较合适。(S02)

学生参与大学内部治理，我认为只需要坚持两个原则：第一个原则是精英性，第二个原则是普遍性。……精英是毕竟是少数的，所以少数人你要代表大多数同学，我们无法做到直接的民主，但可以做到间接的民主，就是让少数的精英的同学代表大多数同学去参与学校的内部治理，我觉得这是非常重要的。（S07）

我觉得肯定不可能是所有学生都能参与校内的治理，我觉得如果是学校层面那种的话，肯定就是班里的班干部或者是班长才可以。（S08）

权利的实现以特定主体行使权利的能力为基础，这就是一般意义上所指的行为能力①。那么学生对行使参与权能力的认知如何呢？问卷调查显示，59.7%的学生认为自己具有参与大学内部治理的能力和水平，而12.6%的学生则直接表示自己没有这方面的能力，27.8%的学生则表示不清楚自己有无这方面的能力。认为有参与大学内部治理能力和水平的从高到低依次是博士生（72.2%）、硕士生（64.7%）、其他学生（63.6%）和本科生（57.6%）。从年级来看，其他年级学生最为自信，81.3%的学生认为自己具有参与大学内部治理的能力和水平；接下来是一年级、二年级、四年级学生，分别有67.9%、58.4%、57.7%的学生表示具有参与大学内部治理的能力和水平；而三年级学生认为自己具有参与大学内部治理的能力和水平的只有49.5%。

（三）学生对参与权的主要态度

研究发现当前大学内部治理中学生对参与权实现的愿望极为强烈。接受访谈的所有同学都表示希望参与到大学治理中，虽然每个学生希望参与大学内部治理的目的各不相同，但参与的愿望和态度却高度一致。有的学生从保障个人权益出发而参与，有的基于学生个人或大学发展而期望参与。

---

① 一般而言，权利的实现与权利能力及行为能力相关联。权利能力是指主体享有权利、承担义务的资格；行为能力则是指主体能够通过自己的行为实现权利、承担义务的能力。

我是很希望参与的。因为目前就是包括对于学生的一些内部管理规定，像我们琴房的规定，其实我们都没有什么发言权，学校怎么规定就得怎么接受，很多规定虽然我们不喜欢，但是我们还是会向老师反映一下"能不能更加人性化一点"，这时候学校抱着一种心态就是"习惯了就好了"，所以包括很多制度方面，开始的时候很多人不喜欢、不习惯，我们不说这个制度是好还是坏，但学校就是不会给学生征求意见的机会，这个我们还能说什么。（S01）

我个人是比较有兴趣的，因为除了在课堂跟老师接触这一部分，我觉得参与相应的一些事务的治理，可以在教学之外，能学到更多的东西，所以我个人而言的话，我挺愿意做这些事的。而且无论是说行政上面，还是说其他方面，我觉得都能有这些机会锻炼，还是挺好的。（S08）

具体到我来说的话，内心深处是很希望参与的，但是我会考虑学校会不会、会在多大程度上让我去参加大学治理，还有就是我有没有这样的能力。这是双方契合的问题，并不是说光我想参与就可以的，有强烈愿望就能参与的，并不是单方面的。（S10）

我当然是希望的，因为我觉得这个也是我义不容辞的一部分责任吧，如果是学校治理需要我们学生去参与的话，我觉得还是挺好的，我会很珍惜这个机会的。（S02、S03、S04、S06、S12）

问卷调查也进一步印证了访谈的结果。调查发现有72.8%的学生有比较强烈的参与大学内部治理的意愿，其中有33.1%的学生"非常希望"参与大学内部治理，有39.7%的学生"比较希望"参与大学内部治理。有22.5%的学生参与大学内部治理的愿望"一般"。只有4.6%的学生对参与大学内部治理没有兴趣，其中有3.7%的学生对参与大学内部治理"不感兴趣"，另有0.9%的学生对参与大学内部治理则"非常不感兴趣"。

以学生就读年级和学生参与意愿进行交叉分析后发现，学生就读年级与学生参与大学内部治理的意愿呈现反比例关系。一年级学生"非常希望"参与大学内部治理的比例占 37.1%，"比较希望"参与大学内部治理的比例占 39%，总计 76.1%；二年级学生"非常希望"参与大学内部治理的比例占 34.9%，"比较希望"参与大学内部治理的比例占 37.83%，总计 72.7%；三年级学生"非常希望"参与大学内部治理的比例占 25.2%，"比较希望"参与大学内部治理的比例占 43.9%，总计 69.2%；四年级学生"非常希望"参与大学内部治理的比例占 29.7%，"比较希望"参与大学内部治理的比例占 38.7%，总计 68.5%。可见，不管是本科生、硕士生还是博士生，在进入大学开始新阶段校园生活之初，学生们参与大学内部治理的意愿最为强烈，但随着在校时间的增多，学生参与大学内部治理的意愿一路走低。

二 管理者对参与权的认知、态度

（一）管理者对学生参与意义认知

管理者的认知决定着对学生参与大学内部治理的态度及其行动。研究发现，大学管理者对学生参与内部治理的意义认知包括两个方面：一方面是促进学校发展；另一方面是促进学生成人成才。

首先，促进学校发展。在管理者看来，学生参与大学内部治理对学校而言，有三个方面的作用和意义：第一是促进学校民主发展；第二是有利于学校问题解决，第三是提高学校管理水平。如他们所言：

> 治理最主要的含义呢，过去讲自治，我们现在讲民主。民主就包括方方面面的参与，其中学生的参与是很重要的一个方面。（T1）

> 学生参与大学内部治理的作用和意义是非常明显的，因为学生毕竟是学生，他思考问题的角度和管理层就不同，学生提出来的一些问题、建议，我觉得有时候很有价值。（T3）

> 学生参与大学内部治理对于学校而言，提高了整个或者某个

方面的管理水平，对学生个人也是一种综合素质的提高。（T3）

学生为了学校发展好，也会对学校给予积极的建议，有些问题提出来以后，也促进了学校领导的反思、一些职能部门的反思，这样对于学校的管理，确实起到了很大的推动作用。（T4）

其次，促进学生成人成才。在管理者看来，学生参与大学内部治理对学生而言，有四个方面的作用和意义：第一是提高学生综合能力；第二是体现学生主体作用；第三是培养学生参与意识；第四是保护学生基本权益。如他们所言：

学生参与大学治理有这么几个作用，一是培养学生的参与能力，这是学生走向社会的一个重要能力；二是学生参与治理，学生的权益才能得到有效的维护和保障；三是从学生的角度给学校提供一些建议，这样对学校的管理水平的提高也是有好处的；当然除了这几点外，最重要的就是培养学生的参与意识，如果没有参与意识，前面的几项无异于空谈。（T6）

治理是一个多方主体的、共同管理的一个过程，所以治理强调的是多元的利益主体，因此我觉得学生在大学中是一个利益主体、利益相关方，是非常重要的一个利益相关方。（T7）

"E信通"反映了学生对自身利益的关注、对学校发展的关注，这样的方式能够很快实时地反映学生意见，这样学生就实现了对学校治理的一个参与。（T4）

适当适时地安排学生参与管理，可以提高学生的实习实践能力，提升学生的人际交往和沟通能力。（T9）

（二）管理者对学生参与权的认知

管理者对大学内部治理中学生参与权的认知同样决定着其对学生参与的态度及其行动。研究发现大学管理者对学生参与权的认知比较模糊，只能简单勾勒出学生参与权的性质、内容、限制等。如他们所言：

> 我觉得大学内部治理中学生参与的权利，主要体现在他对涉及大学的教育教学以及整个的办学理念、发展方向方面，这些方面要有他们的声音，能够充分体现出学生的意愿。（T1）

> 在大学内部治理的方方面面，都应该渗透进学生的参与权。包括学校的决策、事业收入与支出、人才引进、经费使用、修缮基建、职称评定、教学管理、学生管理、干部评聘等关乎大学发展的重大事项时，应该兑现学生的参与权利。所以学生参与权，并不是一个嘴上说说就能实现的权利，这是一个体现在行动上的权利。（T3）

> 学生就是主体之一，学生就有相应的权利，特别是这样几个权利，一个是学习内容，他有自主决定权，再一个就是学校生活规则的制定，这里面应该有参与权。（T5）

> 学生就应该拥有对大学治理的参与权，一些学校治理中的大事小事都应该有学生的声音，有的时候还应该让学生参与决策，这都是学生参与权的一部分。（T6）

（三）管理者对学生参与权的态度

研究发现，我国大学管理者对于学生参与权的态度分为两个层面，即当前的态度、未来的态度。就当前而言所有管理者在访谈中都表示支持学生参与。如他们所言：

> 当然我是支持的，原因我在前面也都谈过了。如果没有学生的参与，我们很可能在管理上就会走入歧途，甚至会产生这样或那样的问题。（T1）

> 我们的学生口这边，我们一直以来都是支持学生参与的。（T2）

　　我是全力支持学生参与治理的。因为我们都是从学生过来的，现在我也喜欢与学生交流，而且我们家孩子也是大学生。（T3）

　　当然是支持学生参与大学内部治理。理由实际上上面已经说了，真正办好大学，就要对学生的权利给予充分保障，如果大学对学生权利都不能充分地保障的话，那就不能进行健全的治理，这样本身就有问题的，对吧！（T5）

　　针对目前学生参与的现况，研究发现管理者对未来学生参与大学内部治理改进的态度却极为消极，认为改进学生参与是大学校长等的职责，而非自己工作范畴，如他们所言：

　　至于我们学校未来有没有这方面的改进考虑，我还真是不清楚。（T2）

　　对于学校未来的考虑这个问题，更应该由我们校长来回答。他老人家怎么想，我就不知道了。（T3）

　　未来我们是有考虑的，因为现在学校是以学生发展为根本目的的。但是这个考虑和我们学校领导层的决定有很大的关系，还要看领导层的意见。（T8）

　　学校有没有考虑，我这个层面上不太了解。（T9）

　　从管理者对学生参与在当前和未来改进的态度变化上看，管理者对学生参与的综合态度并不理想，这一点从学生的调查问卷中也得到了印证，大部分学生认为管理者对待学生参与的态度较为消极。有27.1%的学生认为管理者对待学生参与的态度属于"一般：可能认识到了学生的重要性，由于嫌麻烦一般不让参与"；17.2%的学生认为"不支持：学校以行政管理部门和人员为中心工作，不愿意让学生参与"，11.9%的学生认为"很不支持：学校办学治理的方方面面，从来没想过让学生参与"。

第二节　学生参与权运行的现实状况

公民享有某种权利的广度及其实现程度如何，往往是衡量一个国家民主化程度的标志。同理，大学内部治理中的学生参与权运行状况，是大学民主管理水平的重要体现。那么我国大学内部治理中学生参与权实现的情况，包括参与保障、参与途径、参与内容、参与程度等如何呢，具体见本节内容。

一　参与保障

学校的支持与保障情况在一定程度上影响着学生参与权的实践。研究发现目前我国大学为学生参与内部治理提供的支持与保障，可以分为便捷性条件保障、提供临时性参与机会、构建参与机制等几个方面，但是有些支持与保障的形式意义大于实际意义，部分保障的实际效用如何还有待考证。

（一）便捷性条件保障

如前文所言，大学为学生参与内部治理提供的便捷性条件保障一般包括开通网络与移动通信服务、设立校内意见箱等。问卷调查显示，有60.5%的学生认为学校为学生参与大学内部治理提供的保障是"开通意见箱、网络平台（论坛、领导信箱）、移动通信参与途径"，还有15.6%的学生认为"学校相关职能部门提供支持服务"。正如访谈所言：

> 我感觉校长信箱那个东西很好使，别的没怎么听说。（S03）
> 有学生代表参与一些学校的管理吧，学生代表会向学生征集意见，然后学校有邮箱，平时有事情在邮箱里说就可以，我原来上的两个学校也可以在邮箱里提意见，但是他们反馈的效率非常低，也许是由于信息化水平有限，现在读博士这个学校的反馈速度还蛮快，一般当天就有反馈，这个我觉得做得不错。（S09）

学生可以在一个开放的平台上或者论坛上，随意地提出问题，关于学习、课堂建设等等，所有的问题都会去提，学校的教务处，也很不错，会派专人针对学生的问题一一回复。(S11)

我们学校每个学期都有学生评教，就是学生对任课教师做出评价，用微信扫二维码，然后就可以进入评分系统，这种方式挺方便的。(S12)

（二）提供临时参与机会

从学生访谈发现，大学为学生参与内部治理提供的临时性参与机会包括召开座谈会、公开征求意见、邀请学生参与管理服务工作等多种方式。问卷调查也发现，39.5%的学生认为学校有"开展座谈会、咨询会、征求意见等"的情况，还有22.9%的学生认为学校会"邀请学生参与学校相关的日常管理"。在学生们看来，这种临时性机会的支持与保障具有不稳定、随机性强等特点，它的程序意义远大于实际意义，有些参与属于"走走过场"而已，就像他们所谈及的那样：

可能最多就是投个票，这个楼这样建好不好啊，就是十几个方案。比如说一个图书馆有一、二、三个方案让我们投票，哪个方案最喜欢让我们选，类似这种吧。(S05)

学校图书馆征求过意见，就是哪类的书籍太少了，希望同学们对学校采购一些哪方面的书籍提出意见，有过这样的。(S06)

有时候重要的节假日学校领导会到食堂会陪同学们吃一下饭、聊一下天。我觉得这种还是相对较少，特别是与领导面对面、与直接领导核心领导面对面的机会太少。我们本科的时候有"校长下午茶"，校长每一周会选几个学生，和他们一起喝茶，和他们聊学校发展。现在我念研究生，我没注意到过有没有这个，应该是相对少一点。节假日吃饭这种，有点作秀的嫌疑，我觉得作用不大。(S07)

我本科的时候是学校的团委副书记，团委，就是负责学生管理、学生活动这方面的。那个时候，团委副书记负责的范围比较广泛，从校园文娱活动的组织，到平常的学生生活，像我们的话，学校一般有什么样的政策，老师会有什么样的想法，都提前会给我们说，我们也会把我们的想法反馈给老师，然后，大部分的情况下以老师的意见为主，但是他们也会参考学生的意见，这也算是一种参与管理吧，就像其他单位的管理一样，老师指导学生参与提意见，老师觉得合理就采用，不合理就不采用，就这些吧。（S09）

有一次学院领导们要商量一件事情，完全就是拉我们去听一听，去凑个数，去开了会，也没人理我们，也没人让我们说话，也没人让我们表态，就是让我们去学习的，让我们去鼓掌的。（S11）

（三）建设参与机制

研究发现，为学生参与大学内部治理，学校通常会建设相应的保障机制，比如制定专门制度、出台鼓励政策、设立申诉机制等。问卷调查显示，8.2%的学生认为"学校践行以学生为本的办学理念"，有18.2%的学生认为"学校有举行学代会或鼓励学生参与的措施"，有15.8%的学生认为学校"制定了保障学生参与治理的规章制度"。在访谈中，学生普遍认为这些保障机制实际效果并不理想，正如他们所言：

制度上一些反馈的机制，制度上实际是有的，但是实际操作上比较差，没有这个条件执行操作，就像有理论那一套，没有实践那一套，就是规定的跟实际做的脱节很严重。（S05）

也许程序上有，文件里面都会说让学生参与、保障学生的主体性，但是在具体实施的过程中我认为就不是这么回事了，只能说我不太了解或者我的经历比较少。（S11）

就是学生代表大会、研究生代表会、校长信这些东西。别的

不清楚。我觉得可能学校也想做吧，但是不知道什么原因，好像一直都没有做起来。（S07）

由于信息公开是学生参与大学内部治理的前提和基础，问卷调查发现，在学生看来，学校支持与保障学生参与大学内部治理的信息公开化程度不高。绝大部分学生认为大学的信息公开化程度处在"一般"水平，持有这种观点的学生达到所调查学生总数的62.7%。还有部分学生觉得大学的信息公开化程度处在低水平，12.9%的学生认为大学信息公开化程度"较低"，4.2%的学生认为大学信息公开化程度"很低"。

二　参与途径

研究发现，目前我国大学为学生参与治理提供了三类途径：便捷性参与途径、或然性参与途径、建制化参与途径。

（一）便捷性参与途径

这类途径由于参与便捷、简单，成为很多学生自行参与的首选途径。在问卷调查中，有46.2%的学生表示"利用网上校长信箱等各类信息化平台"途径进行过参与；有40.2%的学生表示"通过学生会、学生社团等"途径参与过大学内部治理；还有31.6%的学生表示"利用校内意见箱、留言本等"途径进行过参与。正如学生访谈所言：

每个学院都有学生会，然后学校有个总的学生会，但是好像没有给你很多发表意见的机会，反而就是按部就班。（S01）

有很多的学生社团，比如记者团、新媒体这些学生组织，也能起到这个作用。（S02、S06）

我就知道，学校有个校长信箱，可以到那里提意见，也会有一些反馈。（S03、S01、S02、S10）

我还能想到的渠道可能就是学生会吧，不管是本科的学生会

还是研究生会都算是学生参与治理的一个平台吧，还有的话就是校长信箱。还有什么来着，微信留言这样也算吧。（S07）

学校在门户网站上面有一个页面，是校长信箱，学生可以自由地上去留言。学院的网页上还有院长信箱，也可以留言。还有教学楼里面有意见箱，有意见可以投到意见箱里面。（S12、S04）

比如说学校的网站、论坛、校长信箱，或者通过辅导员、宿舍管理员，学生可以通过他们，跟学校进行沟通，这样子的渠道很多。（S09）

提意见的话，一般都是通过学生干部，或者向院系的老师，或者是通过学生会同学，向他们发发牢骚、提提意见，一般都是这种情况。他们会不会把学生的意见转给相关的领导或者老师，我就不知道了。（S12）

（二）或然性参与途径

这类参与途径的特点是具有很大的随机性，由于该类途径没有特别的条件限制，因此也成为不少学生参与大学内部治理的重要途径。比如问卷调查显示有24.3%的学生是通过"找学校各相关领导和管理人员，或者以行政助管途径"实现参与的，还有20.9%的学生是"利用校内座谈会、领导接待日、征求意见等途径"实现参与的。访谈过程中，学生们也反复提及直接找相关领导、座谈会、征求意见等途径，正如他们所言：

我们学校校长叫×××，大家都爱说的一句话就是"打电话给×××校长呗"，（还可以打电话？）没有没有，我们就那么一说，有时候同学之间面对面就会开玩笑说"×××校长就在那里，你去跟他说呗"。（S01）

我们给学校的意见，更多的是跟辅导员说，但是你知道，这个一层一层地上去，其实辅导员也起不了多大作用。（S01）

有时候学校会向班里发文件下来说，你对学校有什么意见可以提，可是我觉得这并没有起到多大的作用。（S01）

我们还有校长接待日，好像一年里面有那么几次，这个不是很了解。（S02、S07）

学生毕竟很多，每个人想法也不一样，要通过选择学生代表的方式，选出部分学生，然后让学生代表去参与，比如学校召开的座谈会。（S09、S10）

（三）建制化参与途径

这类参与途径根据大学制度的要求而设立，是比较固定的、成熟的学生参与途径，就像校内各类决策机制中的学生席位等。问卷调查显示，一些大学已经开始探索学生参与决策的途径。比如有 11.9% 的学生是"以当选学生校长助理等形式参加领导办公会"的形式实现的参与，有 11.4% 的学生也是通过"参加学代会或出任各类委员会中设立的学生席位"的途径参与到大学内部治理中的，还有 9.6% 的学生是"通过投诉、申诉机制参与"实现参与的。在访谈过程中学生提及较多的是申诉投诉、学生代表大会等途径。

我们学校更多可能只能通过投诉机制实现参与，在其他方面好像没什么参与渠道。通过我的意见投诉，然后学校可能通过内部管理的调整，更多的是侧面的参与吧。（S05）

我的感觉就是这种参与治理的渠道和机会都非常少，而且形式比较单一，就像学生代表大会，有机会发言的学生特别少，有的时候还轮不到你发言，你只是一个列席、你只是坐在那儿听就行。我上研究生的这个学校也有研究生代表大会，和本科生的那种类似。（S07）

两年一次的学生代表大会，但是并不是每个人都能参加的，而是选拔出一些代表进行参与。（S10、S02）

三　参与内容

我国大学内部治理中学生参与的内容包括学生实际已经参与的内容和期望参与的内容两个方面。

（一）学生实际参与的内容

问卷调查和访谈得出的结论高度接近，发现学生参与较广的方面：第一是学生评教等教学方面。这是各大学目前比较普遍的做法，也是学生参与比例最高的方面，有 66.9% 的学生表示参与过"教师评价、课程选择等教学方面"。第二是学生成长与发展方面。这主要是学生日常学习生活相关的方面，包括吃饭、住宿、日常管理等，有 33.4% 的学生表示参与过"学生管理、学生发展等方面"，有 36.3% 的学生表示参与过"食堂、公寓等后勤管理方面"，还有 24.8% 的学生表示参与过"图书、网络、设备、仪器等方面"。第三是少部分学生参与过大学内部改革与发展相关的内容。12.2% 的学生表示参与过"校园建设、校园美化等方面"，有 11.8% 的学生表示参与过"学校重要规章制度的制定"，有 9.3% 的学生表示参与过"学校改革与发展的重大决策"，还有 11.3% 的学生表示"能够全方位参与学校治理"相关内容。正如学生访谈所言：

都有那个教学评价，每个学期对每个老师都可以做出评价、打分，这个是每个学生都有的权利。我们有学生敢大胆地说，我觉得哪个老师不好，不过整体上能反映现实情况，这会起到一定的作用。对一些我们大家确实不喜欢的老师，那个排名是可以看得出来的。（S01）

你对食堂有意见，可以在食堂留言本上留言；宿舍有地方坏了，也可以留言，然后会有人来修理；在教学上，每个学期结束，会对老师进行评教，会给老师打分。（S02）

除了食堂、图书馆，可能最多的就是关系到学生课程和学生生活的问题，我觉得这三个方面是最重要的。然后学校高层管理

的那种，我觉得学生还达不到那个思想高度，可能参与得比较少，是这样的。(S06)

我觉得比较多的还是学校的教改，如何提高教学水平、提高教学质量，怎么样更好地以学生为中心等，会听一下学生的意见。还有一些学生工作方面的，包括学生活动，会发个问卷什么的，抽几个学生小范围地座谈一下，了解大学生真实的心声。学校的大事儿方面，很少有征求学生意见的吧。(S10)

我觉得可以参与好多内容，包括后勤、食堂管理，包括对外承包的这些餐厅，还包括宿舍、住宿条件，还有很多涉及学生生活、学习，各个方面的，学生都可以参与，都有权利去参与，可以提出自己的意见。(S12)

(二) 学生期望参与的内容

研究发现学生关注度较高的是与其切身利益高度相关的内容，包括教育教学、学生管理与基本生活方面。同时学生对于大学改革与发展、完善内部治理、政策与制度制定等表现出了浓厚的参与兴趣。

首先，学生对继续乃至扩大教育教学参与权的期望比较高。有48.7%学生期望参与"教师评价、课程选择等教学方面"，有42.9%的学生期望参与"图书、网络、设备、仪器等的相关事务"等。正如他们所言：

我不认为哪样东西重要，哪样东西不重要，在学校里都很重要。在教学、课程这块，学校再用心一点、教师再用心一点，学生参与的主动权再大一点。(S07)

学生参与的内容，我觉得最主要的还是教学吧，还是那句话，学生是来学习的，就像生产厂家生产产品，就要听取一下消费者的意见和想法。比如学生的选课，学校课程的安排、学习活动等，应该让学生参与一下，我们和其他学校不一样，好像其他学校必修课课程还有任课老师，学生都是自己可以选的，学生可以选自己喜欢的老师去听，然后完成作业、完成考试，这很好，我觉得我们学校应该听听学生的意见，让学生也有这方面的选择权。(S09)

我觉得最主要的还是与学习方面、学习方式、课程建设、专业建设相关的一些事务，因为这些与学生学习相关，而且更能够反映他们在现实的学习和教学过程中遇到的一些困惑，比如说为什么现在上课老师用PPT，在学生看来就是老师骗学生的，然后教室里面有睡倒一片的现象，大家对教学质量实际上是有很多吐槽的，但是没有一个很有效的途径反映，所以这对于学校提高整体教学质量，不见得是个好事，我认为当务之急，对学生而言，最主要的是跟自己学习相关的参与。(S11)

其次，学生依然希望保持和扩大日常校园学习生活方面的参与权。有56.2%的学生期望参与"学生管理、学生发展等方面"，有50.6%的学生期望参与"食堂、公寓等后勤管理方面"，有32.5%的学生期望参与"校园建设、校园美化等方面"。正如他们所言：

每个人都有自己的多种身份。我是少数民族，由于民族习俗不同，我吃饭就是一个问题，学校得给解决吧。在食堂吃饭吃出毛病了，我是该报警呢，还是学校有相应的渠道让我表达意见，保障我的权利。然后我是来自西部贫困地区的，学费不够、生活费不够，我经济比较困难，我向哪里去倾诉啊。而且由于西部发展条件的制约，我的基础比较差，那么如何来保障我们这些基础较差的学生学习的权利，不能所有的事情都搞一刀切，对吧，类似等等的事情。如果是女生的话，不是有那种遭受到性侵的嘛，假如我是女生，谁来保障这些女生的权利。像类似于我这样的案例还特别多。(S07)

学生要吃饭啊，不能总把菜做的很难吃，或者不符合学生的口味，学生可以参与一些监督，比如食堂的卫生。然后学生宿舍的管理，我看到新闻说有些学校的学生可以把自己的宿舍布置成自己想要的风格，可以改成自己独立的小空间，男同学可以弄得科幻一点，女同学可以弄得可爱一点，我觉得在不影响他人的情况下，应该允许学生改造，这是给学生放权的过程，不要啥都管得死死的。（S09）

再次，学生对参与大学决策乃至全方位参与治理期望较高。研究发现学生对大学内部各种事务决策、制度制定或发展规划方面的参与权期望也同样较高。有36.4%的学生期望参与"学校改革与发展的重大决策"，有41.1%的学生期望参与"学校重要规章制度的制定"，还有29.8%的学生期望"能够全方位参与学校治理"。正如他们所言：

我个人感觉学生可以参与方方面面的事情，大学里面的任何事情都可以参与，因为我觉得都可以参与，当然涉及高度机密的事情，比如考试试卷之类的，那种不能参与，其他的一般性的事务，我觉得都可以参与。（S05）

学校的重大决定也是可以参与的，这个里面有一个度的把握，每个学校情况不同，资历不同，还有政策各不相同，尤其是技术含量比较高的地方，里面有一些保密的事项，所以，学生参与要根据各个学校自己的情况吧。（S09）

我觉得可以借鉴国内外一些好的做法。学生会啊，都有相应的机制，重大议题的讨论；有党委会啊，扩大会议啊，还应该有学生会，其他学生社团组织的相关代表一同进行。（S11）

四 参与程度

大学内部治理中的学生参与权实现程度包括多个方面，包括学生参与的层次深浅、参与途径宽窄、参与内容多少、参与人数多寡、整体程度高低、参与效果如何等。

（一）参与层次尚浅

研究发现，目前学生参与大学内部治理的层次还很初级，随着参与层次的加深，参与大学内部治理的学生人数越来越少，具体如图 4 - 1 所示。

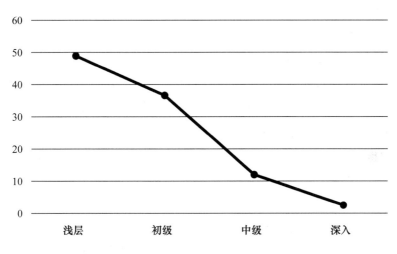

图 4 - 1　学生参与大学内部治理的层次

问卷调查的资料显示，有48.9%的学生认为自己参与大学内部治理的程度属于"浅层：关心一下，了解情况，不会做别的"；有36.6%的学生认为自己参与大学内部治理的程度属于"初级：根据不同事项，会通过各种途径主动提供改进建议和意见"；还有12%的学生认为自己参与大学内部治理的程度属于"中级：会对学校的有些事情，主动跟进，行使作为学生的权利"；此外还有2.5%的学生认为自己参与大学内部治理的程度属于"深入：会积极主动，争取参与决策，维护相应的利益"。正如他们所言：

我觉得参与程度的话，可能是属于比较表面的层次，一些大的事情轮不到我们。（S01）

从我们学校来说，或者我接触到的一些同学，都有这种感觉，参与的层次是很浅的。尤其是参与决策的那种，很难参与进去。

执行的那种，参与得还可以。大学生参加社团组织也属于广义上的参与治理，决策的话，其实是很少能参与的。（S05）

我觉得参与得都比较浅，这也是从我亲身经历的几所学校来说的，别的大学我不是很清楚。我觉得可能我们国内的大学模式都差不多，所以可能具有一定的共性。（S11）

（二）参与途径较窄

研究发现目前大学内部治理中学生参与的途径不多。问卷调查显示，目前有68.8%的学生认为参与大学内部治理的途径过少，其中有34%的学生认为"很少"，有34.8%的学生认为"较少"；有24.3%的学生认为"一般"；只有极少学生认为参与途径多，有4%的学生认为"较多"，有2.9%的学生认为"很多"。

具体参与的渠道，我觉得还是不怎么宽的。（S05）

我的感觉就是这种参与治理的渠道和机会都非常少，而且形式比较单一。（S07）

我觉得学校提供的渠道不多，所以学校提供的机会就有局限性。（S08）

（三）参与内容有限

研究发现目前学生参与大学内部治理的内容有限。如前文所述，目前参与最广的是学生评教以及与学生切身权益高度相关的部分，如学生管理、学生校园日常生活等方面，而在制定决策、制度制定等方面参与并不多见。总体上如学生访谈所言"学生参与的程度很一般，因为学生参与的面儿比较窄"（S10），对此问卷调查也显示，在学生们看来，目前参与的内容和范围"一般"，其中有48.5%的学生坚持这种观点。还有39.4%的学生认为参与的内容和范围偏小，其中30%的学生认为目前参与的内容和范围"较小"，有9.4%的学生认为目前参与的内容和范围"很小"。

（四）参与人数不多

研究发现整体上目前参与大学内部治理的人数不多。如前文所述，除在学生评教等个别领域学生参与人数较广外，其余范围和领域参与的学生人数都较为有限。有53.8%的学生认为能够参与大学内部治理的人数偏少，其中40.7%的学生认为参与人数"少"，有13.1%的学生认为参与人数"很少"。此外，37.1%的学生认为目前参与大学内部治理的学生人数"一般"。正如他们访谈所言：

> 整体感觉参与的人不是很多，参与的效果我不知道。（S03）
> 目前的情况我看，参与的情况都不理想，人也少，效果也不明显。（S07）
> 我感觉参与的人数没有那么多。（S08）
> 我觉得在我们学校，综合来讲做的效果和程度都不是很好。你看像我这么优秀的学生，都没有机会参与！（S12）

（五）整体程度偏低

研究发现学生对目前参与大学内部治理的整体程度表示不乐观。有44.6%学生认为目前参与大学内部整体程度"一般"；有47.4%的学生认为整体参与程度偏低，其中有35%的学生认为整体参与程度"低"，12.4%的学生认为整体参与程度"很低"。学生只能通过有限的途径和参与有限的内容，随着涉入大学内部治理程度的加深，学生参与就越发困难。正如学生所言：

> 我们之前的本科、硕士都是在×市读的，那个时候学生参与程度非常低。基本上是学校通知、学生照办，没有什么我们可以选择的。现在到了博士阶段，管理可能更为人性化一点。（S09）
> 我觉得我们学校学生参与的程度很一般，因为学生参与的面儿比较窄，那些参与的学生也多少有点儿被动……所以，我觉得整体程度并不高。（S10）

我觉得在我们学校，综合来讲做的效果和程度都不是很好。
（S12）

（六）参与效果不佳

研究发现，目前学生参与大学内部治理的整体效果不佳，在个别参与内容如教育教学、后勤管理等方面会有一定效果，但在其他方面效果并不明显。虽然现实中学生参与大学内部治理虽有初步成效，但与学生期望还有不小差距。问卷调查显示有91.7%的学生对目前的参与效果不满，其中有37.8%的学生认为参与效果"很不好"，有30.6%的学生认为参与效果"不好"，有23.3%的学生认为参与效果"一般"。正如他们所言：

效果呢，肯定是有作用的，但有多大作用，这就不好说了。（S01）

参与程度很一般。效果的话，可能有一点。（S02）

目前的情况，参与的情况都不理想，人也少，效果也不明显。（S07）

最终学校有没有把学生的这些宝贵的建议积极采纳，并且放到学校的整改或者改革里，那就不得而知了。所以，我认为学生参与的效果还要进一步加强。（S11）

第三节 影响学生参与权的主要因素

一般情况下影响权利实现的因素比较复杂，而在本研究中，影响学生参与权实现的因素涉及学校、学生以及其他方面。具体见本节内容。

一 学校方面的影响因素

就学校方面而言，研究发现影响我国大学内部治理中学生参与权实现的因素涉及 4 个方面，包括办学理念中学生主体地位不明显，学生参与的体制机制不健全，行政化倾向严重，管理者认知与支持态度有限等。

（一）办学理念中学生主体地位不明显

办学理念与文化作为大学的灵魂，是办什么样的大学和怎样办大学的一种集体共识，也是大学进行治理、谋划发展的指导思想。研究发现，现实中我国大学在办学理念与文化中对学生主体的关注严重不足，在现实中出现了不将学生当"主人"的情况，问卷调查显示 42.8% 的学生认为"在学校的办学理念与文化中不把学生'当回事'"，这样就造成了大学管理层对学生参与不够积极的局面。正如学生所言：

> 就是看学校的领导们愿不愿意做这个事情，让学生参与的话，其实是有一定的挑战的，对于管理来说的话，这个挑战是可以预见到的。（S05）
>
> 目前的渠道不怎么畅通，说到底主要的制约因素还是在领导层，就是他们不愿意让学生参与。（S09）
>
> 就是领导们觉得有没有必要让学生参与，学生参与治理的作用到底能有多大，到底是真正会起作用，还是一个噱头而已。（S12）

（二）学生参与的体制机制不健全

在学生访谈过程中，普遍认为支持学生参与大学内部治理的制度建设不足、学生参与的途径有限、信息公开程度不够等因素直接或间接影响着学生参与。问卷调查的结论也印证了访谈的内容，有高达 56.1% 的学生认为"学校保障学生参与的制度、途径、信息公开等不足"是一个重要的影响因素。正如学生所言：

> 参与的具体制度建设没有跟上，因为学生不清楚怎么参与，

参与很难的，你有个制度的话，会不会好一点呢。（S09）

我觉得最重要的障碍因素是信息的不公开，学校有学校的考虑，学校的行政命令也好，规定也好，有些的公开并不怎么理想。（S09）

我觉得制度方面，鼓励学生参与的规章制度不完善或者是缺失的，或者说制度不是那么显现、少见。（S10）

有机制上的因素，我们国内的大学并没有一个畅通的渠道，最近很多大学都制定了大学章程，在章程中，都会提到学生参与内部治理的情况，但是机制的建立需要一个过程，应该是在慢慢地建立中吧。（S11）

（三）学校行政化倾向严重

近些年来，人们对大学行政化的批判和声讨不绝于耳。研究发现，我国大学内部治理中的行政化倾向，特别是办学行政思维浓厚、管理本位主义、民主管理意识不足等现象在现实中对学生参与有诸多制约。对此，在问卷中有45.1%的学生表示"学校行政化倾向严重，民主管理意识欠缺"是影响其参与大学内部治理的重要因素。正如他们所言：

从学校方面，每一层都有不同的老师，辅导员、副书记、书记、各种专业老师等，就是不能越级，直接找我们校长去说，只能是刚开始跟我们辅导员说，首先我要说服的是辅导员，要说明这个东西真的很重要、会影响到学校的发展，他才能去跟上面的领导说。这还要看这个领导是个什么样的领导。（S01）

学生参与的困难我觉得也很明显，就像学生在食堂吃饭，饭菜质量有问题，然后一级一级往上找到学校的相关部门，这个比较难啊。再说了，即使你找到相关部门了，在他们看来你的这个问题是小问题，根本就不值得一提，所以他们可能不怎么搭理你。（S02）

（四）管理者认知与支持态度有限

一般而言学生对其就读的大学有较强的认同感和归属感，所以其对参与大学内部治理的结果都抱有较大期望，这需要大学管理者认真对待学生参与权。但是，本研究发现目前管理者对大学内部治理中学生参与权的认知有限，而且对其的支持态度也明显不足。对此学生的感受比较强烈，有42.9%的学生认为"管理者认知能力有限、支持态度不够"，从而影响了学生参与大学内部治理。正如他们所言：

还有就是提出的意见，学校并未采纳、没有反馈，这很伤心。（S06）

而在一些大学领导看来，与其是从下到上那种费时费力、那种特别麻烦地做，还不如从上到下，我让怎么做就怎么做，分分钟见效这种。而且在他相对的任期内，想做出一些成绩，就需要用更少的时间做更多的事儿。那么对于这种更加民主的学生参与，他就可能不太喜欢、不太待见了。（S07）

我觉得首先是观念意识上的因素，学校的决策层到底愿不愿意真正倾听学生的声音，这是一个主要的因素。（S11）

感觉有去无回，意见提了就提了，相关部门做了没有就不知道了。（S12）

二　学生方面的影响因素

就学生方面而言，研究发现影响我国大学内部治理中学生参与权实现的因素主要可分为主观和客观两个部分。主观方面是学生对参与大学内部治理的认知和意愿，客观方面是学生参与大学内部治理的能力和水平。

（一）主观方面

如前文研究发现，尽管大部分学生对自己在大学内部治理中的参与权有着较为明确的认知，也有较为强烈的参与意愿，但仍有部分学生对此认知不清晰、参与意愿不强烈，对此在问卷调查中有32%的学生表示认同。研究还进一步发现,部分学生对大学内部治理中的学生参与权的认知不清楚,甚至还存在偏差,这些都是影响其参与的一个内在原因。比如问卷调查显示,有11.9%的学生认为自己在大学内部治理中"没有参与权",还有16.1%的学生表示"不清楚有没有"参与权;在大学内部治理的参与主体上,有14.1%的学生认为参与内部治理的主体只有"校领导"和"管理干部",有7.2%的学生认为大学内部治理的主体只有"校领导"。还有他们在访谈中所认为的学生的本职是学习等,正如他们言:

> 学生很忙,要忙学习、忙社团、忙兼职等,很多事儿,一些学生不太想也不太感兴趣。(S07)
>
> 我觉得学生还是以学习、个人发展为重,所以参与大学内部治理的话,就好像是附带的,这并不是他的基本职责。(S10)
>
> 学生他自己可能就自主性不强,就没有很重视自己这方面的权利,他没有这个权利意识。(S12)

(二)客观方面

研究发现,如上文所述,在参与能力的认知上,尽管大部分学生认为自己具备参与大学内部治理的能力和水平,问卷调查显示仍然有40.2%的学生深感能力不足,认为"学生自身缺乏参与治理的经验、能力和水平"是影响参与大学内部治理的重要因素。正如他们所言:

> 学生由于年龄、阅历的原因,年龄尚浅,对于学校内部治理的复杂性可能判断和认知是不足的。(S11)
>
> (学生)他可能觉得能力不足,你说每个学生都有这个能力去提意见吗?我看也未必。(S12)
>
> 学生想去做,但他不一定有能力做得成……还是都靠自己的性格,所以学生能不能做好,要看个人的综合素质。(S08)
>
> 学生的客观原因是什么呢?他不懂啊,也没这个能力,有些

在表达能力等各方面不那么好，有些不善于表达。（S07）

三　其他方面的影响因素

除了学校、学生方面的影响因素外，研究发现还存在其他方面的影响因素，包括国家法律法规不明确、其他方面的保障不足、文化因素、信息安全等。问卷调查显示，有14.1%的学生认为"国家法律法规规章等不够细致、明确"是影响参与大学内部治理不能回避的因素，有39.5%学生认为"社会文化等其他外部因素"也是不可忽视的影响因素，正如他们所言：

> 我觉得首先从文化角度来看吧，东方文化是比较内敛的，比如集体主义、服从等等，这里面有一定的文化因素，学生不太习惯主动参与，这是一个很大障碍因素，即使有些这样的参与机制，但是学生并没有这种意识，没有这种参与的文化去熏陶他，可能就不怎么会去参与的……说到底，我觉得主要还是一个文化的问题。（S05）

> 往大处着眼，还有一点是非常重要的，就是国家目前的社会氛围也影响到大学内部的治理。我认为学校和外部社会是密切结合的，它们不是分开的，而是有着相当大关系的。某些时候的很多建议啊，你说可以，但是有些建议还可能或导致政治上或思想上的上纲上线，导致有些人敢想不敢说，一些校领导敢想不敢做，这里面的原因大家都清楚，所以这有时候会导致不管是教师也好、学生也好，还是校领导也好，思想会受到一定的禁锢，对学生参与大学内部治理有这样或那样的看法。（S07）

> 如果说整个学校氛围都是非常的民主，大家可以畅所欲言，会有更多的同学更愿意去参与，但是我们感觉这个程度并不是特别高。还有就是参与一些活动之前，我们看到有时候在有些事情之前，比方说吧，老师会有一些叮嘱，什么样的话比较合适，老师这边也比较谨慎和稳妥，在这样的一个环境和氛围当中，学生

的积极主动性就不是很高了。(S10)

学生对信息安全、个人利益安全等的顾虑是影响其参与大学内部治理不可忽视的因素。正如他们所言:

> 还有就是你知道学生最害怕和担心什么吗？就是怕学生的信息泄露,有的时候不敢说实话。(S06)
>
> 同学们还有一些顾虑,就是他在说这些事情的时候,尤其涉及相关利益的时候,他怎么样合适地、合理地、合情地表达,还能够很好地得到解决或得到改善,这块儿的话,他还有些顾虑,所以学生在参与的时候应该是比较谨慎的,多数学生持有保守或谨慎的态度,是这样的。(S10)

小　结

综上所述,研究发现我国大学内部治理中学生参与权实现情况并不理想。当前学生对参与大学内部治理的愿望较为强烈,并对参与有一定认知,但并不全面。相比较而言,大学管理者对学生参与意义、价值的认知尚可,但对学生参与权却一知半解,很多管理者只能简单勾勒出学生参与权的性质、内容、限制等。就眼前而言,所有管理者都表示支持学生参与,但对未来如何具体落实学生参与权很多管理者却态度极为消极。因此基于这种前提,学校为学生参与权实现虽然提供了一些形式上的保障,但是在完善学生参与大学内部治理机制等方面的保障并不多见,同时也缺少一些建制化的途径。最终,学生实际参与的内容和期望参与的内容还有明显距离,学生参与的整体程度偏低、参与层次尚浅、参与效果不佳。影响学生参与权实现的因素比较复杂,从学校方面看,包括办学理念、行政化倾向严重等;从学生方面看,包括学生的认知、能力等;从其他方面看,包括国家法律法规、社会文化环境等因素。

第五章　研究讨论

　　讨论是对获得的研究发现进行分析、比较、解释、评价、综合判断的过程，它的目的是解释现象、阐述观点，说明调查、研究发现的含义。它以研究发现为依据，把研究发现放在更广阔的背景中去讨论，尤其是与别人的研究发现进行关联，引用相关文献进行深度分析与讨论。本研究针对研究发现，从对学生参与权的认知与态度、学生参与权运行现况、影响学生参与权的因素三方面进行讨论。

第一节　对学生参与权认知与态度讨论

　　针对研究发现，本节主要讨论学生对其参与权的认知，包括对参与意义的认知、对参与权本身的认知，以及学生对待参与权的态度；管理者对学生参与权的认知及态度方面进行深入解析。

一　学生对参与权认知、态度的讨论

（一）学生对参与意义认知的讨论

　　参与权的实现是以参与行为为基础的，研究发现当前我国学生对参与大学内部治理意义的认知清晰，86.2%的学生认为参与大学内部治理的积极意义较为明显。哈贝马斯认为参与交往与商谈的核心是合理性，认知意义上的合理性对所描述知识的运用，是"具有语言和行

为能力的主体将'知道如何'到转化为'知道为何'的"行动①。在他看来，参与行为就是交往行为，它结合了目的行为、规范行为、戏剧行为的特点，能将行为者与主观世界、客观世界以及社会世界关联中隐藏的合理性力量动员起来，从而体现出参与的作用和意义②。

我国大学内部治理中的学生参与，首先体现的是一种目的行为。由于目的行为在处理行为者与客观世界的关系时，对于客观世界，行为者并不是面对面地加以认识，而是有目的地进行干预③。所以，学生通过实际参与将自己的意志传达给学校，从而达到一定的目的，这种目的可以从两个角度来看：第一从学生发展的角度而言，学生们都比较关注切身利益，并希望通过参与大学内部治理实现自身的目的，有58.8%的学生认识到参与治理可以保护自身合法权益，这说明学生对参与治理的个人意义认知比较清晰；第二从学校发展的角度而言，当前学生的主体性意识已经觉醒，不少学生已经认识到学生是大学存在的基础、学生是大学的主人，因此他们也"希望学校越来越好"（S06），"使学校管理更加人性化、更加民主、更加贴近学生的需要"（S12），有60.8%的学生认为参与能够"促进学校民主，提高学校管理水平"，还有51.3%的学生认为参与大学内部治理可以"为治校献计献策，利于学校问题解决"，这就说明学生对参与大学内部治理的意义认知比较全面，不但关注了自身权益，而且更为关注学校的长远发展，更进一步讲，学生通过参与对于学校长远发展的期望高于对个人权益的关切。

其次，学生参与体现的是一种规范行为。学生通过参与大学内部治理，可以学习诸多在课堂中无法获得的知识和内容，如他们所言"可以锻炼学生的语言表达等各方面的能力，提高学生的综合素质"

---

① ［德］哈贝马斯：《交往行为理论：行为合理性与社会合理化》，曹卫东译，上海人民出版社2004年版，第8页。

② ［德］哈贝马斯：《交往行为理论：行为合理性与社会合理化》，曹卫东译，上海人民出版社2004年版，第85—94页。

③ ［德］哈贝马斯：《交往行为理论：行为合理性与社会合理化》，曹卫东译，上海人民出版社2004年版，第89页。

（S07），"能知道一些流程，能学习到很多东西。我觉得给学生锻炼的机会，更多是积极意义"（S08），这种学习可以提高学生参与大学内部治理的能力，所以有 52.6％ 的学生认为参与大学内部治理可以锻炼和提高自身综合能力，显然这是一种"动机情结"的体现。在学习的过程中，学生就会形成自己的参与立场，哈贝马斯认为在此前提下，参与者与社会世界之间就会建立起联系，他们可以用客观的适应路径来判断这个社会世界，沿着这条路径就会产生两个问题：第一是参与者的动机、行为和现有规范之间是存在偏离还是保持一致？第二是现有规范是否把参与者关心的一些价值体现了出来，从而获得了参与者的认可？[①]

学生通过参与大学内部治理，不但可以建立自己的参与立场，而且会逐步养成基本的公民品格，所以学生在从大学走向社会的过程中，必然会遇到哈贝马斯提出的两个问题：第一，以主体性视角的正当性语境来判断社会。若参与行为、动机与社会世界有所偏离，参与者就会寻找归因从而产生相应的行为，包括推进社会世界的改进、进行自身参与动机与行为的调整等；第二，参与者关心的价值是否得到了体现。所以学生参与大学内部治理，用他们的话说"这可以为他以后有机会更好地参与治理这个国家打基础。参与治理学校只是一个试验田，以后更大地是治理一个区、一个县、一个市、一个国家……学校只是第一步"（S07），可见学生通过参与大学治理，认知已经关联到参与社会治理、国家治理，而大学正是他们形成参与立场、参与标准等的重要场域，所以，在这里，学生的认知已经较为全面。另外，学生参与大学内部治理，希望所关心的价值有所体现，包括权益保障、公平、正义、自由、个性等。如"能不能更加人性化一点"（S01），"学校领导应该是时刻把学生的利益放在第一位"（S07），"学校管理得更加人性化，更加贴近学生的需要"（S09），"学校要正

---

① ［德］哈贝马斯：《交往行为理论：行为合理性与社会合理化》，曹卫东译，上海人民出版社 2004 年版，第 88—89 页。

视存在的问题"（S10）等都是学生较为关注的价值需求，如前文所述，学生参与治理是希望将这些价值诉求转达给学校，从而对学校各类问题的解决有所帮助。可以说，学生已经认知到通过参与可以形成自己的立场和价值判断，然后利用参与进行改进，包括对学生个人的改进、大学的改进以及走向社会的其他改进。反过来讲，这些认知都是他们做好参与治理的重要基础。

再次，学生参与体现的是一种戏剧行为。如前文所言，参与犹如戏剧行为，参与者构成了透明的公众，并且相互展示，而展示的目的"行为者把他的主体性部分地表现了出来"，与此同时，行为者可以建立主观世界的联系，同时形成联结经验主体性和主体间性的桥梁①。如前文所述，学生参与大学内部治理，构成了学生与学校的交往行为，有 51.3% 的学生希望通过参与治理可以"为治校献计献策，利于学校问题解决"。还有，如他们所言，"每个人都有自己的想法，都可以贡献自己的智慧"（S01），"能够从学生自己学习、活动的角度提供第一手的、接地气的、最符合实际的观点"（S11）。目前 62.2% 的学生有比较强烈的参与大学内部治理的愿望。这些数据说明学生把参与当成了戏剧行为，他们希望参与可以充分展示其主体性，包括他们的思想、观点以及积极的身体力行的参与等。当然，学生参与大学内部治理并不是单向度的参与，正如前文所述，治理并不是某个主体的"独角戏"，而是各主体为了实现共同目的的参与与协同，从过程上看治理是一个上下互动的过程，这就是它与管理的最大区别。传统的管理只是将学生作为"被管理者"，而治理视学生为大学的主人，在此过程中形成的学生就会对大学产生外在的触摸与感觉。如果大学对学生的参与给予积极的回应，并按照学生的意见和要求积极改进大学内部治理，大学内部治理无疑就会得到学生的支持与认可。因此，这也会成为哈贝马

---

① ［德］哈贝马斯：《交往行为理论：行为合理性与社会合理化》，曹卫东译，上海人民出版社 2004 年版，第 90—94 页。

斯所说的学生对大学的"主体经验的总体性"和学生主观世界以及客观世界的大学形象，这样日积月累就会产生学生对大学的情感反应或情感构建，如学生对大学正向的归属感、认同感。在一点上，虽然学生在访谈或问卷调查中，都没有提及过类似的内容，学生还没有意识到这一点，但不得不承认，这种情感会使学生对大学未来的发展产生深远影响。

（二）学生对参与权基本认知的讨论

哈贝马斯认为权利源于主体间的商谈，在他看来权利不是一台独角戏，不是一把枪，而是一种关系，一种关于两者的关联性的公共性主张①。"根据商谈原则，只有那些可能得到一切潜在的相关者——只要他们参加合理商谈——同意的规范，才是可以主张有效性的"②。换言之，权利作为一种资格主张，要求他人为或者不为特定之行为的行动拘束，是以交往与商谈为核心、以权利个人意思自由活动或意思任意支配为基础的，也就是所说的"无意思即无权利"。这种意思表示，首先需要认知到自己的权利主体地位，同时还要具备实现权利的行为能力。

如前文所言，学生是构成大学的重要主体，因此是适格的大学内部治理参与权的主体，本研究发现学生对此有所认知但还不清晰。就参与权的主体而言，大学作为独特的社会组织，从它诞生到发展演变，无论其承担的社会职能如何变化，但它的使命从未变化，就像奥尔特加·加塞特认为的那样"大学是为了把普通学生教育成为有文化修养、具备优秀专业技能的人"③，既要培养学生的基本技能，还要注重学生的公民养成，所以人才培养在大学中的基础地位始终牢固不变，在此过程中教师和学生作为大学存续与发展的维持力量，是毫无

---

① ［德］哈贝马斯：《在事实与规范之间：关于法律和民主法治国的商谈理论》，童世骏译，生活·读书·新知三联书店 2003 年版，第 110—111 页。

② ［德］哈贝马斯：《在事实与规范之间：关于法律和民主法治国的商谈理论》，童世骏译，生活·读书·新知三联书店 2003 年版，第 155 页。

③ ［西班牙］奥尔特加·加塞特：《大学的使命》，徐小洲、陈军译，浙江教育出版社 2001 年版。

争议的大学内部治理主体。因此有 3.4% 的学生认为教师和学生是大学内部治理参与权的主体，但这种认知的缺陷就在于看到了"树木"而没有看到"森林"，大学并不仅仅是教师和学生，还有其他主体，所以这种认知是有失偏颇的，不过持有这种观点的学生占比很小，并不能代表学生的整体认知。

当然，大学并不只是一个传授知识的简单机构，而像是克拉克·科尔所描述的"多元化巨型大学"。现今的大学一般规模较大，更像是一个有着共同名字的管理委员会以及相应目标维系在一起的群体和机构，或者说更像"是一座充满无穷变化的城市"①。它由若干个社群组成，有学生社群、人文主义社群、自然科学家社群、非学术人员社群、管理者社群等。如果延展开来，大学还涉及到校友、议员、实业家等。所以，一所大学会与过去、现在以及未来产生关联。每个社群的目的各不相同，甚至互相会产生矛盾，所以必须对它进行有效管理。它已经不再是那种传统的行会了，而是权力（利）分得很细的复杂实体②。所以科尔认为，学生、教授、管理者、校长都应该具有参与权利，尤其是校长及其他管理者在治理大学中要做好"勇敢的拓荒者""麻烦制造者""事情调解者""创新者……"。所以，包括学生、教师以及校长在内的管理者参与大学内部治理，拥有大学内部治理的参与权有着历史和现实依据。本研究调查发现，49.2% 的学生持有的"校领导""管理者""教师"和"学生"都是大学内部治理参与权主体的认知是科学的。换言之，有近一半的学生持有这种认知，这说明学生对大学内部治理及其运行有着清晰的了解和判断。但是，另有 14.1% 的学生认为只有"校领导""管理干部"才能参与大学治理。本研究认为学生存在这种认知并不奇怪，它是对当下我国大学内部治理中行政化治校的客观描述，是对大学行政权独大的现实

① ［美］克拉克·科尔：《大学的功用》，陈学飞等译，江西教育出版社 1993 年版，第 1、26 页。

② ［美］克拉克·科尔：《大学的功用》，陈学飞等译，江西教育出版社 1993 年版，第 12—13 页。

反映。大学在各种场合传播行政治校的文化，再加上普通教师和学生在大学内部治理中的地位和作用并不明显，所以才会让学生有如此认知。

以上研究表明，只有一半学生对大学内部治理中参与权的学生主体有所认知，但对学生主体的认知程度如何，还需要进一步分析。本研究根据学生的访谈情况，在问卷中设计了"假设学生拥有大学内部治理的参与权"的提问，以探究学生对参与权主体的真实了解情况。调查结果发现，学生对自己是否真地拥有参与权并不能肯定，只有64.9%的学生认为"任何普通学生"都拥有大学内部治理的参与权，还有43.4%的学生认为"只有学生干部等优秀学生代表"才可以拥有。前文所述，大学内部治理中学生参与权的主体是面向全体学生的，在参与权的拥有上不存在"普通学生"和"学生干部"之分，所以任何学生都可以参与内部治理，而调查发现只有64.9%的学生持有此观点，这个数据也得到了其他资料的印证，有28%的学生对自己是否拥有大学内部治理中的参与权表示疑惑或否定，其中有11.9%的学生认为"没有参与权"，还有16.1%的学生"不清楚有没有"参与权，这就说明学生对大学内部治理参与权中的学生主体认知不够全面或不够清楚，造成这种现象的原因应该是多方面的，包括长期忽视学生的主体性教育，对学生公民参与意识的培养不够，学生在大学内部治理方面的参与机会有限等。

由于行为能力是实现参与权的前提，而对行为能力的认知又是进行有效参与的必要条件。哈贝马斯认为，"只有有能力者才能合理行事。如果用他们有目的的干预结果对其合理性加以衡量，那么，他们就完全在认知——工具理性与交往理性之间进行选择"[1]，所以对自身能力的基本判断和衡量是进行参与交往商谈的关键。在本研究中，调查发现有59.7%的学生认为自己具有参与大学内部治理的能力和

---

① ［德］哈贝马斯：《交往行为理论：行为合理性与社会合理化》，曹卫东译，上海人民出版社2004年版，第15页。

水平,这说明一半以上的学生对自己的参与能力给予了肯定评价,这种肯定的能力评价是学生行使参与权的必要基础,虽然这个比例并不算太高,但还是能够说明学生对行使和用好参与权信心较高。此外,还有40%多的学生对自己的参与能力表示怀疑,其中12.6%的学生直接表示自己没有这方面的能力。27.8%的学生则表示不清楚自己有无这方面的能力,这就说明这些学生在内心对行使参与权的信心不是很足,所以对自身行使参与权的能力给予了否定或怀疑的评价。当然,学生对行使参与权的能力有肯定、否定或怀疑的评价,只能表明这是一种学生对此的认知现状,不能与学生实际的参与能力之间画等号,但是这种认知评价的确是学生开始行使参与权的必要条件,因此它对学生参与权的实现还是有重要意义。

(三)学生对参与权态度的讨论

哈贝马斯认为权利产生于主体间的商谈,而在其中参与主体的自主性与商谈的合法性是互相作为参照的。"个人应享有相对于法律可能性和事实可能性的最高程度的自由来做他愿意做的事情",而这是最大程度体现主观行动自由的权利①。可见,愿意参与的态度是交往与商谈的基础,所以参与商谈的开始是以"交往行动的主体愿意使他们的行动计划建立在一种共识的基础之上"②。诚然,在大学内部治理中学生的参与态度是行使参与权的重要内容。已有的研究文献认为,我国学生不大愿意参与大学内部治理,如董伟伟认为学生的民主意识还处在萌芽状态,所以学生没有主动参与大学内部治理的意愿③;李玲玲和李家新认为,长期以来学生的主体地位被忽视,这无形中消磨了学生参与大学内部治理的意识,学生作为大学消费者的权利意识

---

① [德]哈贝马斯:《在事实与规范之间:关于法律和民主法治国的商谈理论》,童世骏译,生活·读书·新知三联书店2003年版,第497、507。

② [德]哈贝马斯:《在事实与规范之间:关于法律和民主法治国的商谈理论》,童世骏译,生活·读书·新知三联书店2003年版,第146页。

③ 董伟伟:《论参与高校管理中的学生权力》,《理论观察》2014年第2期。

尚未觉醒①；华坚和丁远认为学生参与意识淡薄，已经习惯于服从被管理②。而本研究的发现与上述学者的研究结论有所不同，本研究发现学生不但参与意识清晰，而且参与愿望也较为积极。问卷调查显示，72.8%的学生参与意愿比较强烈，其中有33.1%的学生"非常希望"参与大学内部治理，有39.7%的学生"比较希望"参与大学内部治理，在访谈中也发现学生的参与热情高涨、参与意愿强烈。为什么会出现截然不同的研究结论？本研究认为这源于教育"实证研究"和"非实证研究"的区别，实证研究是基于事实和证据得出结论，属于"有几分证据说几分话"③，可见实证研究对教育研究的科学性有重要意义。这正是"非实证研究"所缺乏的，当然学者们也主张实证研究不能过分夸大或泛化，否则就有"去价值""去思想"等教育研究之风险④。显然，就学生参与大学内部治理而言，在一手调研资料基础上得出的实证研究结论更为客观，所以上述学者提出的学生参与观念淡薄、参与意识不强的结论值得商榷。

本研究还发现，不管是本科生、硕士生，还是博士生，学生就读年级与参与大学内部治理的愿望成反比关系。换言之，一年级学生的参与意愿最为强烈，随着就读年级的增高学生的参与意愿逐渐下降。那么为什么会出现此类情况呢？在本研究看来，学生在入校之初的参与意愿比较强烈，而随着就读时间的增加，发现大学为学生参与提供的保障和支持极为有限，比如能够让学生参与的途径狭窄，可参与的内容较少、信息公开水平一般等，这些都是客观存在的现实情况。主观方面，在学生看来是学校对学生的主体性关注不足，有42.8%的学生认为"在学校的办学理念与文化中不把学生'当回事'"，另外，学校管理者在日常工作中对学生的支持态度比较欠缺，这样随着学生

---

① 李玲玲、李家新：《"学生权利"与"学生权力"：论高校管理中的学生参与》，《重庆高教研究》2014年第5期。

② 华坚、丁远：《高校学生参与管理的创新研究》，《教育与职业》2015年第36期。

③ 华东师范大学学报（教育科学版）：《加强教育实证研究，提高教育科研水平》，《华东师范大学学报（教育科学版）》2017年第3期。

④ 李均：《论实证主义范式及其对教育学的意义》，《教育研究》2018年第7期。

在大学中就读的时间日益增加，学生参与大学内部治理的机会和可能性并不会产生变化。与此形成对比的是，虽然学生参与的客观环境没有发生变化，但是学生本身却发生了改变，一般学生入校之初对大学的期望比较高，对参与大学内部治理抱有较多期望，随着学生就读时间的增加，学生对大学的了解和认知进一步加深，同时学生本身的心智也进一步成熟，当他们发现参与大学内部治理的可能性以及预期可能性都与内心的设想有较大差距时，便对参与大学内部治理的期望逐渐降低。这也进一步印证了哈贝马斯的交往与商谈理论，主体间的交往是彼此互动的结果，它强调的是主体间性，交往行为建立在互相理解、交流沟通的基础之上。而在本研究中，学生参与意愿比较强烈，但是学校或者学校管理者对学生参与的回应和互动并不积极，在很多时候管理者和学生之间似乎还停留在主客体关系、管理与被管理关系上，而不是一种和谐的主体间关系，所以当学生的高参与意愿没有得到实现，而且在日后的大学生活中学生参与的可能性、便捷性并没有增加时，大学或大学管理者与学生之间的交往与商谈便无法有效实现，所以学生的参与意愿必然会产生消退。

二 管理者对参与权认知、态度的讨论

大学是一个由教师、学生和管理者等组成的集人才培养、科学研究和社会服务职能于一体的学术性机构，管理者作为其中的重要成员，在大学的办学治校中发挥着引航和服务作用，他们的认知与态度在一定程度上影响着学生参与权的实现。在本研究中有 42.9% 的学生认为"管理者认知能力有限、支持态度不够"，从而影响了其参与大学内部治理的行动。

（一）管理者对参与权认知的讨论

大学管理者的认知是其立场、观念和素质的基本体现，是管理者开展工作、推进改革与发展的基础。本研究发现，大部分管理者对学生参与大学内部治理的意义和价值认知比较全面，认为学生参与大学内部治理有利于促进学校发展，包括促进学校民主发展，有利于学校

问题的解决，提高学校管理水平等；同时也有利于学生的成人成才，包括提高学生综合能力，体现学生主体作用，培养学生参与意识，保护学生基本权益等。当然，也有部分管理者并不清楚学生参与大学内部治理的意义何在，出人意料的是还有个别管理者甚至不清楚学生参与大学内部治理的含义，认为学生参与治理就是"学生参与帮忙"。"有的部门忙不开了，可以找相关专业的学生来我们这里做助管，找他们帮忙"（T8）等。虽然这种情况并不多见，但也反映出部分管理者对学生参与治理没有正确认知。此外，对学生参与权内涵的认知上，大部分管理者的认知都比较片面，有些管理者对学生参与权则没有任何认知。从中可以看出，我国大学管理者的民主法治素质严重不足，这与依法治校、民主治校的时代潮流明显不符。认知不足的后果也显而易见，如现实中对学生参与权的保障不足，甚至出现诸如2018 年 11 月桂林电子科技大学发布"全面清查在校师生手机、计算机、移动硬盘"内容的通知等类似侵犯学生权利的事件也就不足为奇了。

按理来说，管理者作为大学运行的掌舵者，伴随着法治社会建设的日益推进，面对大学内外部形势的变化应该适应时代变革，更新思想观念和思维方式，提高自己的民主素质，对大学内部治理中的学生参与及其权利有较为充分的认知。现实中为什么会出现管理者认知有限甚至有错误认知的情况呢？本研究认为，管理者对其认知不足反映的不仅是管理者个人的水平问题，更反映了大学改革与发展中存在的深层次实践问题。不能否认大学的行政化倾向是其中一个比较关键的因素，如前文所述，大学行政化比较突出的特点就是管理者的晋升任职都由级别更高的管理者或领导说了算，这样就造成了无论什么样级别的管理者，都是"向上看齐"的思维模式，从而长期形成了管理者"对上不对下"的思维定式，就像在本研究中有管理者所说的那样"学校在出台一些政策也好，定一些制度也好，都是按照领导的意志来，领导说怎么弄就怎么弄，至于学生只有接受的份儿了"（T3），"我们管理层还是对学生关注不够，大学的管理做不到从学生角度出发，设身处地为学生考虑得不多"（T5），而大学内部治理中的学生参与正如哈贝马斯的交往与商谈理论所言，是一个从下到上、上下互动的交往与商谈过程。显然，在大学行政化的背景下，管理者囿于传统行政文化的影响，对行政权力的认知比较清晰，而对学生参与及其参与权的认知则薄弱很多。所以，在访谈中管理者只能简单勾勒学生参与权的主体、性质、内容等，缺乏对学生权利的深刻理解，也就顺理成章了。

（二）管理者对学生参与权态度的讨论

如哈贝马斯所言，参与商谈的开始是以"交往行动的主体愿意使他们的行动计划建立在一种共识的基础之上"①。从心理学的视角而言，态度是一种由过去经验形成的心理和神经系统的准备状态，它引导着或动态地影响着个体对于这些经验有关的事件、情景的反应。而态度与行为则高度相关，在其中存在态度与态度的稳定性问题。换言之，态度的强度越强，态度的稳定性就越高，态度也就会与行为保持高度一致②。研究发现，我国大学内部治理中，管理者对于学生参与及其权利的态度分为两个层面。

一方面，管理者对学生参与及其权利的当前态度。在访谈过程中所有的管理者都无一例外地对学生参与大学内部治理表示支持。在他们眼里，支持学生参与的理由各不相同，多数管理者看重的是学生参与可以为学校提供基于学生视角的建议、意见和工作思路，比如"学生参与的同时也让我们的工作有了更多的思路"（T2），"多听一点他们的意见对学校的管理是没啥坏处的"（T3），"听取学生的意见和建议，然后完善培养方案，这样才是合理的"（T6）。还有个别管理者认为学生参与可以减轻其工作负担，比如"在帮助我们一个老师做管理工作……这样第一个可以稍微减轻一些公职人员的压力，我们这里

---

① ［德］哈贝马斯：《在事实与规范之间：关于法律和民主法治国的商谈理论》，童世骏译，生活·读书·新知三联书店 2003 年版，第 146 页。
② ［美］泰勒、佩普劳、希尔斯：《社会心理学》，谢晓非译，北京大学出版社 2004 年版，第 138、171 页。

人手比较缺，尤其是在一些行政事务上"（T8）。应该说大学管理者虽然都表现出了积极的支持态度，但是由于认知水平所限，其对大学内部治理中学生参与权的用意各不相同。总体来说，虽然管理者大多都在口头上表示了对学生参与大学内部治理的支持态度，但是关键是管理者会不会按照他们所表态的那样去做？本研究发现，管理者们在具体办学中的实践中远不如他们的态度那么积极，他们对学生参与的支持行动颇令学生失望。尤其是针对学生的积极参与，如对于学生提出的意见和建议等，部分管理者没有给予反馈、采纳等，严重挫伤了学生的积极性。对此，学生的意见比较大，如有学生谈到，"就是提出的意见，学校并未采纳、没有反馈，这很伤心"（S06），"感觉有去无回，意见提了就提了，相关部门做没做就不知道了"（S12），还有学生感受到了管理者们"对于这种更加民主的学生参与，他就可能不太喜欢、不太待见"（S07）。调查问卷也进一步印证了这个说法，大多数学生认为学校管理者对待学生参与的态度很勉强，有28.4%的学生认为"支持：由于各方面的要求，有时候不得不让学生参与一下"，27.1%的学生认为"一般：可能认识到了学生的重要性，由于嫌麻烦一般不让参与"。有11.9%的学生认为学校管理者"很不支持：学校办学治理的方方面面，从来没想过让学生参与"，17.2%的学生认为"不支持：学校以行政管理部门和人员为中心工作，不愿意让学生参与"。可见，大学管理者对眼前学生参与权的态度和行动呈现了"两张皮"分离的态势，虽然他们对学生参与的价值与意义等有所认知，也明确表示支持学生参与，但是针对学生的参与行动，他们的反应却并不如人意。

另一方面，管理者对学生参与及其权利的未来改进态度。针对目前学生参与大学内部治理的现实情况，研究者试图了解管理者未来对学生参与大学内部治理的改进设想，但管理者的态度却出人意料。不少管理者认为改进学生参与治理现况是校长等领导考虑的事情，与自己无关，如有管理者认为"至于我们学校未来有没有这方面的改进考虑，我还真是不清楚"（T2），"学校未来的考虑这个问题，更应该由我们校长来回答"（T3），"学校有没有考虑，我这个层面上的不太了解"（T9），"这个考虑和我们学校领导层的决定有很大的关系，还要看领导层的意见"（T8）等。在本研究看来，将落实和改进学生参与大学内部治理的责任归咎于校长等领导的态度，既反映出管理者们对学生参与的认知还有误区，也说明管理者没有认识到自己在推进学生参与行动及学生参与权实现当中的主体责任。大学内部治理中的学生参与权实现，涉及面比较广、内容复杂，大学内各个部门、各个层面的工作都与学生有着千丝万缕的联系。管理者们将自己责任推卸给学校领导等的态度就说明，面向未来学生参与大学内部治理及其权利的实现尚没有获得管理者们较为一致和肯定的支持，因此，这是一个极为关键的影响学生参与的重要因素。

那么是什么原因造成了管理者对学生参与及参与权态度的这种差异呢？在哈贝马斯看来，权利不是基于个人属性，也非源于实定法之规定，而是源于主体间的商谈，"根据商谈原则，一切潜在的相关者只有参加合理的商谈——同意的规范，才是可以主张有效性的"①。因此包括学生参与权在内的权利是根据主体间的商谈而来，只有在这种交往与商谈关系中方可理解权利的真谛。所以，管理者的态度就导致了学生与学校交往与商谈的中断和失效，学生参与权的实现遭遇搁浅。

第二节　对学生参与权运行现况的讨论

针对研究发现，本节主要讨论学生参与权运行的现实状况。对学生参与权保障方面，包括提供便捷性条件保障、提供临时参与机会、建设参与机制；参与途径方面，包括便捷性参与途径、或然性参与途径、建制化参与途径；对参与权实现内容，包括参与学校宏观改革与

---

① ［德］哈贝马斯：《在事实与规范之间：关于法律和民主法治国的商谈理论》，童世骏译，生活·读书·新知三联书店2003年版，第155页。

发展、参与学校具体运行与治理以及参与权实现程度等方面，进行深入解析。

一 对学生参与权保障的讨论

（一）对提供便捷性条件保障的讨论

参与交往与商谈的初始条件是机会平等、内容开放。在大学内部治理中，学生参与权利的实现应具备普遍化、便捷性的参与条件，因为便捷性、普遍化使得参与机会平等、内容开放变为了可能。所以，大学应该为学生参与其内部治理提供较为健全且便利的条件保障，包括网络技术条件保障、职能部门的服务等。

第一，网络技术条件保障。在信息化时代，互联网为人们表达意愿、实现社会参与提供了重要保障。特别是由于互联网的开放性、交互性、共享性等特点，伴随着互联网成长起来的新时代大学生，他们的生活与互联网已经高度融合，对于通过网络参与社会治理、表达个人思想、实现社会交往等有着先天的适应性，进而他们对于通过网络参与大学内部治理有着浓厚的兴趣。为此，大学应该通过搭建较为便利的网络平台，为学生参与治理提供保障。研究发现，目前我国大学为学生参与提供的网络支持比较普遍，有60.48%的学生认为学校"开通意见箱、网络平台（论坛、领导信箱）、移动通信参与途径"，其中大学开通校长信箱、书记信箱等的较为多见，对此学生的接纳和认可度也比较高，认为校长信箱能够在实践中发挥作用。如他们所言，"感觉校长信箱那个东西很好使"（S03），"（网上信箱）现在读博士这个学校的反馈速度还蛮快，一般当天就有反馈，这个我觉得做得不错"（S09），"我带的研究生说，在校长信箱提意见比较好使"（T6）等。此外还有部分大学开通了专门的学生意见收集平台，如某大学开通的"E信通"，"每个学生有什么事情、有什么诉求，通过这个'E信通'的账号，在信息平台进行反映，他反映的这个事情、这个信息就直接到相关的管理部门"（T4）等。从目前的现实来看，大学为学生参与提供的互联网支持尚可。面对移动互联技术的发展，还有部分大学已经建立或正在建立相关的参与平台，包括微信、微博等，如"学生对任课教师做出评价，用微信扫二维码，然后就可以进入到评分系统，这种方式挺方便的"（S12）。当然，大学提供的这些网络支持并不代表着学生通过网络实现了有效参与，网络支持与学生参与之间的现实差距到底几何，还需要后续进一步研究。

第二，行政职能部门支持保障。哈贝马斯倡导的交往与商谈是双方互动、彼此理解与支持的结果。所以学生参与大学内部治理，离不开大学相关部门的服务支持。在伯顿·R.克拉克看来，大学在本质上作为学术单位，是围绕学科和行政单位组织的矩阵①。虽然大学在历史发展中的职能逐渐多样，但是培养人、教育人的初衷没有变化，所以大学内部的行政部门也应该以满足学生和教师的需求服务为重心，这是大学有序运行、科学发展的根本。学生作为重要的利益相关者参与大学内部治理，大学行政部门就应该提供较为全面、完善的支持服务。现实中我国大学的行政部门及其管理者对于学生参与给予相应支持的情况并不乐观。研究发现，有15.6%的学生认为"学校相关职能部门提供支持服务"，换言之，大学行政部门为学生参与提供的支持和服务极为有限，或者说大部分学生较少感受到学校行政部门为其参与提供的支持和服务。为什么会出现这种情况？本研究认为有两方面的原因，一是长期以来我国大学将学生看作管理对象，视其为可以用一定途径和手段驯服的对象，所以大学行政管理的职能更多地体现为管制，这种行政部门思维就决定了其不太会为学生参与提供支持。二是到目前为止很多大学的行政部门及管理者，还没有认识到学生参与大学内部治理的价值和意义，就如访谈中有管理者所言，"就是认识不到位，不是说认识到了不做，而是根本就没有认识到这是个问题"（T1），研究者与访谈对象进行交流时发现，还有不少管理者将学生参与当成了学生助管，可见行政部门的管理者对学生参与的认

---

① ［美］伯顿·R.克拉克：《高等教育系统：学术组织的跨国研究》，王承绪等译，杭州大学出版社1994年版，第41—57页。

知水平，让他们在日常工作为学生参与提供较为理想的支持和服务也不太可能。

第三，信息公开保障。作为公共性问题，哈贝马斯认为应该坚持公共性原则，换言之，信息公开是进行交往与商谈的基础。在大学内部治理中，信息公开是实现学生知情权、监督权的必要前提，也是学生参与大学内部治理的必要条件。大学信息不公开或公开度不高就会影响到学生对大学情况的了解和掌握，进而限制其参与大学内部治理的机会与可能。换言之，没有信息公开和透明，学生就不可能实现有效参与。在本研究中，调查发现我国大学的信息公开程度并不理想，有62.7%的学生认为大学的信息公开化程度"一般"，12.9的学生认为"较低"，还有4.2%的学生认为"很低"。这个结果并不意外，其他学者的研究也有相同的发现。学者喻恺和谌思宇针对1219所本科大学的调查发现，大学实际公开与教育部要求应当公开的信息之间有较大差距，所有样本大学平均的公开比例为58.3%，87%的大学主动公开的信息比例在80%以下，而仅有极个别大学公开了教育部要求的所有信息；从办学层次角度而言，原"985工程""211工程"大学的信息公开比例明显高于一般大学，信息公开程度与大学办学水平呈正相关关系。为进一步验证大学的信息公开水平，研究组向397所大学发去了关于捐赠资产的信息公开申请，最终有101所大学给予回复，同意公开的大学仅有96所，而部分大学则直接拒绝公开①。与大学公开信息不积极形成鲜明对比的是，学生对信息公开的需求颇为强烈，学者刘磊等的调查发现，83.3%的学生认为大学应该信息公开；对于获取大学信息的目的，有55.9%的学生认为是为了解学校情况，40.2%的学生是为了参与学校治理，还有3.9%的学生是基于好奇②。严格来讲，我国大学从1999年提出"校务公开"，后来在

---

① 喻恺、谌思宇：《我国大学信息公开的现状及对策分析——基于1219所本科高校的调查》，《复旦教育论坛》2017年第6期

② 刘磊、魏丹、王浩：《大学生对高校信息公开的反应》，《大学图书馆学报》2010年第1期。

2008 年实施《政府信息公开条例》，2010 年教育部制定了《高等学校信息公开办法》，2013 年教育部要求大学主动公开信息，细化公开内容、扩大公开范围，2016 年、2017 年国务院及教育部相关部门连续发文强调落实政务公开。经 20 多年的发展，我国大学的信息公开程度按规划应达到较高水平，而现实情况却非常不理想。在本研究看来，这是由于大学信息公开的内在动力不足，一方面反映了大学管理者对信息公开的认识不到位，尚未认识到信息公开可以促进大学长远发展乃至现代大学制度建设的重要性，另一方面也反映了当前大学内部治理的成熟度不高，信息公开作为大学内部治理的重要内容没有得到相应重视。在这种情况下，学生参与大学内部治理的信息基础缺乏，进而实现学生参与权的障碍就增多了许多。

（二）关于提供临时参与机会的讨论

哈贝马斯认为民主并不是人们直接行使权力，在复杂多元的社会，这不现实也无必要。同时，民主也不仅仅是"代表"行使权力，没有参与的代议民主是对民主本身的违背①。在大学内部治理中，如果说建制化确认了全体人参与权利之可能的话，如前文所述，目前的大学都是多元化巨型大学，全体学生参与已无可能，所以选择代表参与便成为现实之必要。然而，学生代表参与的形式存在可变性大、随机性强、偶然性突出等特点，要确保学生代表参与能够产生实际效用，大学就需要对此类参与提供保障。在本研究中，调查发现大学对学生代表参与的支持和保障并不理想，22.9% 的学生认为"学校举行学代会或邀请学生参与管理"，还有 39.5% 的学生认为学校有"开展座谈会、咨询会、征求意见等"的情况。

首先，召开学代会、邀请学生参与管理等具有较强建制性，然而此类参与又是较长时间内的独立参与，这样就导致部分大学对召开学代会的态度并不积极。如前文所述，学代会是学生民主参与、民主监督的基本形式，1919 年 6 月 16 日在上海召开了第一次全国学生代表

---

① 任岳鹏：《哈贝马斯：协商对话的法律》，黑龙江大学出版社 2009 年版，第 135 页。

大会，开创了我国大学召开学代会、成立学生会的先河①。然而历近百年的发展，在大学内部治理中学代会的地位和作用并不明显，虽然团中央、全国学联颁布的《高校学生代表处大会工作规则》明确要求大学召开学代会的周期不得超过两年，"坚决避免长期不召开或不定期召开"，本研究通过查阅新闻资料发现，现实中不少大学多年不召开学代会的现象突出，说明它们对学代会的态度不积极。在本研究看来，造成这种现象的根源，一方面是目前学代会并没有有效整合到大学内部治理体系中，另一方面大学管理层对于学代会的认知和期望并不高，从而导致学代会在现实运行中形式意义大于实质意义。另外，邀请学生参与管理也是支持其参与大学内部治理、健全大学内部治理结构的重要形式，如选取学生代表作为大学某些事项管理或评审委员会的委员，选取学生代表出任学生校长助理等，这些参与机制是基于政策要求或其他方面的原因而创设的，在现实中由于其学生代表人数过少、作用也不突出，所以很多大学对此的支持和保障并不明显，进而学生对此的感知度不高也就比较容易理解了。

其次，领导座谈会、咨询会、征求意见等由于具有较强随机性特点，在实际的大学内部治理中，此类座谈会等受学校领导个人因素影响较大，所以大学对此类参与机会的保障差异明显。如有管理者在访谈时所言，"每个学期领导会召开一次在校学生座谈会，在五四青年节或者是在学期末的时候"（T8），"还有一些座谈会啥的，都很随机，想开就开，这要看领导们的时间安排，还有看领导们有没有时间，不是说学生想参加就能参加"（T3），这些大学管理者的叙述说明了决定召开座谈会、咨询会、征求意见活动的重要因素在于学校领导。只要领导重视此类学生参与，学校行政职能部门就会按照领导的要求进行部署并做好支持与保障。反之，如果大学领导不重视与学生的交流与沟通，那么这些学校就不会或没有太多意愿参与学生座谈、沟通、交流。在这种情况下普通行政部门或工作人员就不能强人所

---

① 徐青：《第一次学生代表大会的召开》，《中国人民大学》2018 年第 1664 期第 4 版。

难，要求领导进行这些活动。另外，在哈贝马斯看来，有效的交往与商谈有四个有效性要求，包括可理解性、真实性、正确性和真诚性要求①。这就要求大学领导召开座谈会、征求意见等是真诚的、真实的，然而实际情况并不如此。如有学生所言"有一次学院里面领导们要商量一件事情，完全就是拉我们去听一听，去凑个数，去开个会，也没人理我们，也没人让我们说话，也没人让我们表态，哈哈，就是让我们去学习去的，哈哈哈，让我们去鼓掌的"（S11）。这类情况在大学的内部治理实践中较为常见，说明大学为学生参与提供了座谈会、咨询会等支持，但并没有对此有太多的期待，而仅仅表现为程序性的形式。所以，本研究中学生对座谈会等支持的认知，或许属于程序性、形式性支持的情况占大多数。

（三）关于建设参与机制的讨论

哈贝马斯认为制定合理、民主、公正、公平的交往与商谈制度或政策是从"理想商谈情景"变成"现实商谈情景"的必要条件。因为权利的实质在于商谈过程得以在建制化的形式条件之中，这样每个人交往与商谈的权利就会得到制度规范的保障②。所以，在大学内部治理中建设完备的参与机制是实现学生参与权的重要条件，包括办学理念、规章制度、鼓励的政策措施等。

第一，办学理念。理念是人们经过长期实践与思考而形成的对某种事物的一种看法、思想、观念、法则等的抽象概括，因此它具有概括性、客观性、间接性、灵活性等特点。而办学理念是在办大学过程中形成的教育理想，是大学管理者对办学、治校、育人等根本问题的理性认识和主观追求。可以说，办学理念是对"办什么样的大学"和"怎样办大学"的凝练与总结，它是大学长期办学经验、办学指导思想的积累、提炼和升华。它作为大学的价值追求和办学指南针，起着引领大学发展，指导办学实践的作用。因此，大学坚守办学理

---

① 任岳鹏：《哈贝马斯：协商对话的法律》，黑龙江大学出版社2009年版，第74页。
② ［德］哈贝马斯：《在事实与规范之间：关于法律和民主法治国的商谈理论》，童世骏译，生活·读书·新知三联书店2003年版，第128、155页。

念，以学生为本、培养学生为办学宗旨。就如雅斯贝尔斯（Karl Jaspers）所言，大学是一个学校、一个特殊的学校，应该以培养"全人"为目标①。纽曼在他的《大学的理念》一书中也提出大学的办学目标要考虑学生心智的培养，学生心智的扩展并不仅仅是知识，还包括与所处时代与环境的交往②。他认为大学教育的目的是开阔眼界、扭转思想、培养思维并使人具备社会互动和人际交往能力③。

应该说，雅斯贝尔斯、纽曼的大学办学理念观点与哈贝马斯的交往与商谈理论有着惊人的相似性。在雅斯贝尔斯看来，交往是大学探索真理的一种行动，所以按照大学的理想，大学各利益相关者应该毫无限制地相互发生关系，从而形成内部的完整统一④。"如果大学人都小心翼翼地把自己封闭起来而不与他人交流，如果交流变成了仅仅是社会交际，如果实质性的关系因习俗而变得朦胧不清，那么大学的智力生活就会衰落"⑤，所以雅斯贝尔斯坚持认为大学任务的完成还要依靠交往的工作，包括学者之间、师生之间的交往与参与等⑥。如前文所述，学生参与大学内部治理不但是培养学生心智，培养"全人"的过程，也是参与办学、发扬民主、进行交往与商谈的过程，所以在大学的产生与发展过程中应该始终重视学生的主体地位及学生参与。但是本研究却发现，我国大学在办学过程中以认真对待学生及学生参与并以之为理念的情况并不多见，调查发现只有8.2%的学生认为"学校以学生为本、重视学生参与为办学理念"。换言之，我国大学在办学过程中普遍存在不重视学生及学生参与的情况。

那么，是什么原因导致了我国大学在办学过程中不太重视学生

---

① ［德］雅斯贝尔斯：《什么是教育》，邹进译，生活·读书·新知三联书店1991年版，第139页。

② ［英］纽曼：《大学的理念》，高师宁等译，贵州教育出版社2003年版，第127页。

③ ［英］纽曼：《大学的理念》，高师宁等译，贵州教育出版社2003年版，第2页。

④ ［德］雅斯贝尔斯：《什么是教育》，邹进译，生活·读书·新知三联书店1991年版，第169页。

⑤ Jaspers K., *The idea of the university*, London：Peter Owen Ltd, 1965, p. 7.

⑥ ［德］雅斯贝尔斯：《什么是教育》，邹进译，生活·读书·新知三联书店1991年版，第149—150页。

及其参与呢？在布鲁贝克（John S. Brubacher）看来，高等教育哲学可以分为认识论和政治论两种主要类型，他认为美国高等教育是这两种类型在大学发展中交替呈现的结果。认识论强调大学按照自身教育教学规律办学，而政治论则强调按照社会逻辑、外部推动及政治合法需求办学①。同理，我国大学办学理念的变革也基本呈现出类似的特征。新中国成立之后到改革开放之前，我国大学遵循"苏联模式"或"延安模式"运行，大学的办学行为具有很强的政治论教育哲学特点。改革开放之后，西方大学办学理念进入我国，对大学内在逻辑的尊重和运用成为现实，于是对于学术自由、办学自主权等的追求也成为可能，因此这是认识论高等教育哲学的体现。改革开放几十年来，我国大学办学理念的变革应该是这两种高等教育哲学的交替与结合，用布鲁贝克的话说就是典型的"实用主义"，认识论与政治论之间达到了有效的和谐②。一方面大学办学理念的变革受到外部社会的引导，另一方面受到大学内部教育教学学术逻辑的推动。在此过程中，大学的办学行为及其走向会受到这两种逻辑的左右，正如本研究访谈中管理者所言，"办学理念用通俗的话解释就是学校看重的是什么"（T6）。本研究认为我国大学，尤其是教育部直属大学，在办学过程中对科研的重视程度远高于其他工作。特别是在国家为了提升高等教育综合实力而推出的"211工程""985工程"以及近几年的"双一流"等重点建设计划时，大学的办学行为跟着政府的指挥棒转，在具体操作中无疑把重点建设计划的着力点放在科研上。因此，如管理者访谈所言，"我们最看重的是科研、科研绩效，给老师们记工分、数论文、数科研项目这些……现在搞'双一流'，不也是搞这些嘛，在这里面我们看到学生了吗，貌似也没怎么看到。现在就是指的方向在这里，那么大家

---

① ［美］布鲁贝克：《高等教育哲学》，王承绪等译，浙江教育出版社2001年版，第15—18页。

② ［美］布鲁贝克：《高等教育哲学》，王承绪等译，浙江教育出版社2001年版，第24页。

都往这个方向上跑，其他的都已经无暇顾及了"（T6）。严格来讲，这种认识是有失偏颇的，国家"双一流"建设的任务并不仅仅着眼于科研，还包括学生培养，要求"将学生成长成才作为出发点和落脚点"，因此不管时代如何变革，在大学办学理念中都不应该忽视学生的主体地位以及学生对大学内部治理的参与。

第二，规章制度。大学内部治理中学生参与权的实现，须有必要的制度或政策规范做保障。其中的制度规范必须是专门用于保障学生参与的规章制度，而不是零星分散在各规章之中的类似条款。

本研究发现，我国大学保障学生参与权的制度或政策规范非常欠缺。到目前为止，本研究还没有搜集到关于学生参与大学内部治理的单项制度，但是发现，一些大学在各类制度中有涉及学生参与的类似条款，这主要分为两种：第一种是在奖学金评定、优秀学生评选等制度中加入学生参与的程序性条款。如《中山大学本科生奖学金管理办法》规定，各院系成立学生奖学金评审小组负责奖学金评定，评审小组成员由院系党委副书记、主管教学的副院长、班主任和辅导员代表、学生代表等组成；《湖南大学研究生学业奖学金管理办法》规定，各学院成立研究生学业奖学金评审委员会负责奖学金评定，评审委员会由院长、研究生导师、管理人员、学生代表等组成。第二种是在学生管理规定中有学生参与的相关表述。如《武汉大学学生管理规定》第十一条规定"学校建立和完善学生参与管理的组织形式，支持和保障学生依法、依章程参与学校管理"；《东北师范大学学生管理规定》第六条规定，学生拥有"以适当方式参与学校管理，对学校与学生权益相关事务享有知情权、参与权、表达权和监督权"等。本研究问卷调查也显示，有15.8%的学生认为学校"制定了保障学生参与治理的规章制度"，在此学生所认为的规章制度就是指这两类零星的条款，而不是专门的规定。对此，学生认为这类制度规定与现实需求有较大差距，如学生所言"没有条件执行操作，就像有理论那一套，没有实践那一套，就是规定的和实际做的脱节很严重"（S05）。可见没有专门保障学生参与权的规章制度，仅凭这种零星或宽泛的规定，对于学生参与权的实际行使并没有太多帮助。严格来讲，这些条款并不是保障学生参与的完善规章制度。理由有以下几个方面：第一，没有起到固化学生参与权、为学生参与行为提供指引的作用。规章制度要通过参与权利的规定为学生提供参与机会，同时调整学生的参与行为，所谓调整就是为学生参与提供指引，这种指引是为学生参与行为复现的指导，具有更持续、更稳定的影响力，显然目前的这些条款在这方面体现得较为薄弱；第二，对学生参与行为的评价和衡量作用薄弱。规章制度对学生参与的评价和衡量贵在客观性、普遍有效性，而不以人的意志为转移也不因人而异。应该说，目前这些零星的条款规定过于笼统，内容延展度较大，可以因人而异，所以其内容的稳定性不强，对于学生参与行为的保障无法持久。第三，规定内容的明确性不够，学生对其参与行为无法预测。预测是根据制度的规定，学生可以预先知晓如何参与，从而根据这种预知来做出参与的行为安排。但是由于当前这些条款不成体系，而且内容也极不完整。总体来说，我国大学对学生参与权利的制度保障较为欠缺，这对学生形成交往与商谈的影响较为深远。

第三，政策措施。政策是组织为了解决某个问题，达成特定目的，以实现某种公共利益，以权威形式制定或出台的一系列行动方案或行动举措，其作用就是为了推动、规范、指导有关个人、机构、团体等的行动。政策措施包括政策的制定和执行等多个方面，而措施是组织为了应对某种情况而采取的处理办法。针对我国大学内部治理，学校为实现学生参与权需要制定有效的政策保障、出台应对措施。换言之，学校要提出促进学生参与大学内部治理的方案与举措，包括学生参与治理的途径设计、内容设定、鼓励参与举措等。但是本研究发现，大学促进学生参与治理的政策措施并不完善，而且制定或出台促进学生参与内部治理政策措施的大学并不多见，有18.2%的学生认为"学校有专门鼓励学生参与的政策和措施"，但发现学生所谈及的这些鼓励措施，如"像有的人参与了学校组织的对内部管理和提意

见，会加素拓分（素质拓展分），或者还有其他一些小奖品"（S04），
"学校食堂在收集学生意见的时候，会给你一点优惠券"（S06）等，
这些加素质拓展分、提供优惠券等做法，缺乏政策措施所应具有的完
整性、可延续性、可预测性等特点，所以严格来讲，这些并不能算是
学校为了促进学生参与而制定或出台的政策措施，而是为了获取学生
意见而设立的零星奖励。

在这里需要追问的是为什么大学没有或不愿意出台推动实现大学
内部治理中学生参与权的政策措施？在本研究看来，其中的原因是多
方面的。一方面，管理者的认知与态度是一个重要因素。如前文所
述，在传统的大学内部管理中，管理过程是自上而下的，而治理则要
求从上到下、从下到上、上下结合，治理就是一个协商民主的过程，
而大学的部分管理者内心一方面不愿意学生参与，同时对学生参与带
来的社会影响没有科学的判断，所以对于鼓励学生参与并没有太多动
力。另一方面，学生对参与内部治理的主观推动不足。制定推动学生
参与大学内部治理的政策措施，并不仅仅是大学管理者的事情，这与
学生主体高度相关。按照哈贝马斯主张的交往与商谈理性，大学内部
治理不是主客体关系，管理者不能把对方当成管理的工具，他们之间
是主体间关系，应该彼此承认，互相表达意见，从而形成普遍性共
识。由于传统政策措施的制定与出台过程具有高度组织化、以内部输
入为主的特点，在这种传统的政策措施模式中，一方缺失或失灵时就
应该由另一方进行有效推动。如前文所述，当管理者缺乏制定或出台
鼓励学生参与政策措施的动力时，就需要来自学生的积极推动。但
是，由于现实条件的限制，学生参与推动的困难显而易见。当然，这
也不应该成为影响学生推动该政策措施制定或出台的原因，也并不是
说学生就没有了推进参与大学内部治理政策措施出台的机会与可能。
因此，学生应该与学校管理者进行积极的交往与商谈，学校要接受学
生具有说服力的论证，并回应学生对政策措施制定与出台的意见和
建议。

二 对参与权实现途径的讨论

（一）便捷性参与途径的讨论

便捷性参与途径由于具有便捷性，成为学生较为常用的参与途径。包括学生会、学生社团等学生组织，还有实体化或电子化的意见箱、留言本等学生与学校商谈的平台。

1. 学生组织

学生组织是以学生为主要成员的群众性组织的简称，是学生自我教育、管理、服务的主体组织。学生组织作为学生利益的代言人，是学生群体与校方进行联系的纽带，是交往与商谈、利益协调的桥梁。所以通过学生组织途径参与大学治理是大学民主进程的客观化实现，也是完善大学内部治理结构的重要组成部分。在办学实践中，学生会、学生社团等是较为典型的具有参与治理功能的学生组织。具有反映学生建议和意见，维护学生正当权益，协助解决学生遇到的实际问题，促进学生群体和学校党政部门之间的沟通和联系等职能。有学者对某省12所大学的问卷调查显示，学生对学生组织的依赖程度高达67.3%[①]。这说明学生对通过学生组织参与治理的途径抱有较大期望。普通学生可以将对学校的意见和建议、遇到的问题和困惑等反映给学生组织，学生组织代表学生群体与学校行政部门及管理者进行沟通与商谈，本研究也发现有40.2%的学生有过"通过学生会、学生社团等途径参与"的经历，换言之，这些学生有过向学生会、学生社团反映问题、提出建议等的情况。在接受学生群体的委托后，这些学生组织是否真的代表学生群体有效参与了大学内部治理，并促进了相应问题的解决呢？这是一个值得探讨的问题。

本研究发现，普通学生和学生组织之间交往与商谈的途径是畅通的，但是学生组织和学校行政部门及管理者之间交往与商谈的途径却

① 周巍、孙思栋、谈申申：《学生组织参与大学治理的驱动因素研究——基于结构方程模型》，《中国高教研究》2016年第6期。

并不明朗。因为我国大学的学生社团管理及其活动与境外大学有所不同。由于我国大学特殊的体制机制安排，采用"党委—学生处/团委—学生组织"的运行模式，学生社团受校团委管理，包括社团注册、规章制度建设、社团的活动开展等皆受校团委的指导和审批，学生会也不例外。2015 年修订的《中华全国学生联合会章程》规定，学生会（包括研究生会）是在学校党委领导和团委指导下的代表学生的群众组织，凡是在校学生无论性别、年龄、专业等均为学生会会员。换言之，我国大学学生组织接受学校行政部门的全面管理，学生组织的自主性、独立性受到约束。在这种情况下，即使学生组织了解或掌握学生群体的需求、建议及意见，拥有通过参与治理维护学生正当利益等的意愿，也较难在现实中与学校行政部门及管理者形成对等的沟通与交流。两者的交往与商谈，大多也是从上到下单向度产生影响，学生组织在参与过程中基本处于被动状态。在此背景下，学生组织异化也就在所难免了，近些年来频繁见诸报端的学生会乱象就说明了这一点，比如 2018 年 7 月中山大学学生会干部任免中出现的"正部长级""副部长级"等事件都折射出学生组织建设本身存在问题。所以，学生组织接受学生委托参与大学内部治理的实效太理想。

当然，我国大学学生组织建设存在的先天缺陷和机制障碍并不必然决定学生参与治理途径失效。在研究中也发现，我国个别大学已经建立了以促进学生民主参与为主要活动内容的学生组织，如前文所述的中南财经政法大学学生专门委员会等。该专门委员会以新媒体平台、座谈会、实地走访等方式收集学生意见，并向学校行政部门反映学生意见和建议，从而在推进校园民主、实现上下交流等方面进行了有益尝试。对此，对学生和管理者进行的调查资料显示，66% 的被调查者认为"有一定作用"，25% 被调查者认为"作用较大"，9% 被调查者认为"发挥了作用"[①]。可见，在当前历史条件下，我国大学学

---

① 谈申申、孙思栋、杜秦智：《学生组织参与高校民主化管理状况的调查评估》，《中南财经政法大学研究生学报》2014 年第 3 期。

生组织还是可以实现有效参与大学内部治理的。目前存在的主要问题就是像中南财经政法大学学生专门委员会以促进校园民主为宗旨的这类学生组织并不常见。如何进一步完善管理机制以及学生组织建设，使包括学生会等在内的大部分学生组织实现有效参与，是学生普遍利用此类学生组织进行参与的重点。

2. 学生互动平台

互动平台是学生参与交往及与商谈的载体，而意见箱、留言本是大学中比较传统的交流平台和工具，是体现大学以人为本，平等开放理念，完善内部治理，提高学生认同度的关键因素，同时也是建立平等协商、双向交流的对话途径。由于其方便、快捷、简易、实用而被广泛使用，出现较早的有纸质留言本、实体意见箱。随着通信与网络技术的进步，出现了电子化或语音的意见箱、留言本。无论意见箱、留言本的外部形式如何变化，但其作为学校与师生沟通之桥梁的作用未发生根本变化。各大学设置意见箱、留言本的出发点是相同的，就是解决学生提出的问题、听取学生的意见和建议，从而改进学校内部治理、提高办学质量。当前我国大学内部治理中，实体化的意见箱、留言本与电子化途径同时并用。在具体实践中，各大学对于各类意见箱、留言本的重视程度不同，所以最终产生的效果也差异较大。

实体的意见箱、留言本等大多设置在教学楼大厅、走廊等地方，但是其效果并不理想，存在如管理者访谈所言之情况，"平时好像教学楼还有一些办公楼的墙上也有意见箱，那些意见箱都落满了灰尘，总感觉很多年没人动过的样子，感觉摆设的嫌疑更大"（T6）。这种现象能说明两个问题：第一，从学生角度而言，他们对传统的意见箱、留言本等的使用频率变少；第二，从管理者的角度而言，他们或许是由于学生使用变少而对此类意见箱疏于维护。那么到底是由于学生使用减少导致了管理者疏于维护，还是由于管理者没有维护导致学生使用减少，这是个值得进一步探究的课题，这里就不再展开。

与传统的意见箱、留言本等有时空限制不同，电子化留言平台不受时间、空间限制，而且也不是面对面的交流与商谈，所以学生在留言时没有心理压力，可选择的时间地点也都较为自由，所以比较受当下学生的青睐。本研究也印证了这一点，46.2%的学生表示有"利用网上校长信箱等各类信息化平台参与"的经历，31.6%的学生表示有"利用校内意见箱、留言本等途径参与"的经历。按照哈贝马斯的交往与商谈理论，双方主体应该平等对话、共同协商，在网上意见箱等电子化参与途径中，学生积极参与就要求管理者积极回应，这是对学生主体参与治理的尊重，也是对学生参与热情的保护。研究者通过查阅所有教育部直属大学的校长信箱回复情况发现，部分大学对学生留言的回复较为及时，如有管理者提及，"每个学生有什么事情、有什么诉求，通过这个'E信通'的账号，在信息平台进行反映。……对应的部门必须在一天内对学生有所反馈"（T4）。但部分大学并不重视此参与途径，对学生留言根本不做回复，或者隔很长时间才做出回复，致使意见箱呈僵尸状。这说明部分管理者对意见箱等在学生参与治理方面的作用认识不到位，在实际工作中较少使用意见箱或关注学生意见，其产生的实际不利影响定会随着办学发展逐渐显现，此处不再过多赘述。

（二）或然性参与途径的讨论

如前文所言，除了便捷性参与途径之外，学生参与还包括或然性的参与途径，诸如通过学校管理人员、行政助管、参加座谈会等途径参与。这些途径由于条件成本低，学生通过此类途径进行参与的情况稍好。研究发现24.3%的学生有"找学校各相关领导和管理人员，或者以行政助管途径参与"经历，还有20.9%的学生有"利用校内座谈会、领导接待日、征求意见等途径参与"之经历。

第一，通过管理者参与的途径。在现代大学内部权力结构中，形成了学术与行政两个体系、两支队伍，学术人员负责教学科研等，管理者负责行政管理、为学校运行提供各种服务，两者分工明确、缺一不可。所以作为行政权力的分享者，在大学内部治理中不管是教学、科研还是社会服务，都会与管理者及行政权力产生联结。与传统的行政管理不同，治理是一个从上到下、从下到上双向影响的过程，学生可以通过相关领导、管理者等途径实现参与。同时，在大学日常的运行中，由于日常行政管理覆盖办学的所有内容，加之我国大学又是具鲜明科层特点的组织，所以我国大学的管理者人员分工精细、类别众多，本研究发现近四分之一的学生有"找学校各相关领导和管理人员"表达意见和建议的经历，这一方面说明学生通过管理者参与具有较多便利性，比如辅导员与学生日常相处时间较长，所以学生可以向辅导员随时表达对学校的意见和建议，正如学生访谈所言"我们跟辅导员接触得比较多，我觉得学生有什么事情还是可以通过学院辅导员进行反映，这个渠道我认为是比较重要的，也是比较常见的"（S10），"我们经常会有找学生向辅导员或者指导老师反映同学们的意见和想法"（S12）；另一方面说明学生对通过管理者参与的途径还是较为信任的，他们相信行政权力在大学内部治理中的影响力，所以期望通过管理者进行参与，如学生所言"×××校长就在那里，你去跟他说呗"（S01），"我也曾经给校长发过邮件，他说收到了我的邮件"（S07），从学生访谈的言语中不难看出，学生对于通过管理者途径实现参与的期待与信任，同时这也反映了长期以来我国大学内部行政化造成的单中心管理的现实，证明学生参与的多中心大学治理模式尚未形成。

第二，通过学生助管参与的途径。学生助管是从 20 世纪 80 年代起我国为改进管理服务、实现协同育人、提高人才培养质量推行的由在校研究生担任助研、助教、助管和学生辅导员的措施。史少杰和周海涛针对全国 12 所大学的调查发现，参与助研、助教、助管和学生辅导员的研究生达到了 70% 以上，其中参与助管和兼职辅导员的学生比例分别为 15.2%、2.6%[①]。霍莉和李兰对某大学学生助管情况进行调查后发现，学生助管的工作任务大多为行政辅助，接电话、复印材料、送文件等占到 69%，接待来访、办理各类手续等占到 43%，整

---

① 史少杰、周海涛：《研究生"三助一辅"工作：问题及对策》，《国家教育行政学院学报》2016 年第 3 期。

理资料等占到 77%，撰写报告、文本等占到 21%[①]。这与本研究发现的学生助管的工作任务基本相同，如管理者访谈所言"我们学校有学生助管……更多的是帮助老师处理日常事务"（T9），"就是有的部门忙不开了，找相关专业的学生来我们这里做助管"（T8）等。显然，我国大学的行政部门有将学生助管作为"免费劳动力"之嫌。在这种背景下，学生助管参与大学内部治理，特别是参与大学内部重大事项决策等的可能性较小，学生助管参与的作用也仅限于利用与管理者交流方便之优势，提出学生对学校的一些简单看法和建议，为学校制定政策、完善服务提供参考。总体来说，通过管理者或学生助管途径进行参与，作为一种或然性参与途径有其便利的一面，但同时由于这些途径本身功能的缺陷，学生利用这些途径参与的作用和效果极为有限。

第三，通过座谈会、接待日等参与之途径。学校领导接待日、座谈会等是在大学内部治理中普遍开展的一种广泛联系师生的活动，就是在特定的时间和地点，由专门的学校领导与师生进行座谈，或接待来访师生，以听取师生对于学校改革与发展中存在的问题以及建议等。对此各大学的做法有所差异，名称也不尽相同，比如座谈会、征求意见会、校长接待日、校长下午茶、校长面对面等，其实质都是听取师生建议和意见，密切师生关系，转变工作作风，解决办学中实际问题的有效沟通机制。本研究调查发现，五分之一的学生有过参加各类座谈会等的经历，这说明学生对此途径比较认同。但在现实中，一些大学没有形成长效机制，座谈会、接待日等的召开会因领导而已。此类参与途径的稳定性较差，召开座谈会、接待日等的随机性很强，一方面学生对此参与途径没有常规性时间预见，另一方面学生对参与内容也没有预期。

（三）建制化参与途径的讨论

哈贝马斯认为，对交往与商谈意见或意志的形成过程建制化是一

---

① 霍莉、李兰：《从"助学"到"培养"——研究生"三助"岗位制度创新的思考》，《研究生教育研究》2016 年第 6 期。

种民主合意产生的程序。他所说的程序不是与"实体法"相对的"程序法",而是交往与商谈层面上的"程序",它涉及生活世界中的交往,实际上是把生活世界民主化①。在大学内部运行中,学生参与治理就是生活世界的民主化过程,而建制化的参与途径如哈贝马斯所言的"程序",它为学生参与治理建造了畅通的轨道,参与者可以在此轨道上完成参与角色、追求参与结果。本研究发现,我国大学为学生参与设立的建制化参与途径较为有限,一般是为完善大学内部治理结构和过程而设立的参与途径。

首先,以学生校长助理等身份参与校长办公会的途径。校长助理是我国大学内部治理中较为常见的具有一定行政级别的工作职位,现实中不少大学校长助理被归为学校领导班子成员。学生校长助理是我国大学近些年来探索学生参与大学内部治理、落实学生主体理念的一种形式。从本研究查阅到的资料来看,2005年教育部《普通高等学校学生管理规定》提出大学应该建立和完善学生参与治理的组织形式,随后在2006年我国大学中开始出现学生校长助理,到目前已经有天津大学、华东师范大学、中国石油大学等几十所教育部直属或地方所属大学设立了学生校长助理。严格来讲,学生校长助理并不是具有行政职位的"校长助理"或校领导。从我国大学的实践情况来看,多数大学的学生校长助理是具有学生身份、实现学生与学校领导之间意见交换的传递者,比如某大学学生校长助理的职责为"受校长委托收集学生对于学校发展、教学科研及服务的意见和建议,并对学生反映的问题进行调研,根据调研结果向学校领导或相关部门提出意见和建议等;参与相关制度的调研;宣讲学校政策等"。另外,部分大学的学生校长助理可以"代表学生列席或参加学校党代会、教代会、校长办公会等,并主张学生利益",如在访谈中有管理者所提及的,学生校长助理"就是代表学生,把学生作为大学内部治理的一个主体,全面参与学校治理活动,体现为学生参与校长会、校长办公会,因为

---

① 任岳鹏:《哈贝马斯:协商对话的法律》,黑龙江大学出版社2009年版,第135页。

学校的各项行政决策，都是通过学校的校长办公会来决策的，那么这些学生校长助理就直接参与校长办公会"（T4）。由于校长学生助理等的名额过少，只有个别的学生才有可能参与，因此本研究调查发现多数学生没有参与之可能。尽管学生参与人数极少，但学生校长助理制度作为学生参与大学内部治理的一种途径，有其设立的必要性。在此有必要讨论两个问题：第一，关于学生校长助理的制度保障。如前文所述，多数大学还没有建立学生校长助理，已经设立学生校长助理的大学还在摸索过程中，因而在目前的办学实践中比较鲜见关于学生校长助理的规章制度，"学生校长助理这样的做法，很多是出于我们校长的理念去推进这项工作，怎么样把这项工作进行制度化、常态化……这方面我们还处在探索的过程"（T4）。如果学生校长助理建制化工作不到位，学生校长助理的设置就会较为随意，进而影响到以学生校长助理身份参与大学内部治理的途径。第二，学生校长助理参与校长办公会问题。校长办公会（或"校务会"）是大学领导班子进行校务管理与决策的组织形式，是大学内部治理结构的组成部分，由校领导、校办主任、有关职能部门负责人等参加，一般每周举行一次会议，主要讨论学校发展中的重大事项并在充分听取各方面意见后，按照民主集中制做出决定性意见。如前文所述，我国大学学生校长助理的主要职责是收集学生意见，上情下达，宣传学校政策等，能够参与校长办公会决策的极为少见。在此情况下，学生的意见和建议并没有直接传达到决策过程中，也没有学生在现场专门基于学生立场主张利益，校长办公会决策的民主性就会欠缺许多。所以在访谈中发现的学生校长助理参与校长办公会决策之举有其合理性，比较可惜的是目前在我国大学内部治理中，以学生校长助理参与校长办公会还存在诸多现实障碍。

其次，学代会与各类委员会中设立学生席位之途径。学代会是全校学生参与大学内部治理，行使民主权利的基本途径。根据团中央、全国学联制定的《高校学生代表大会工作规则》（2017），学代会代表经班级、院系学生会选举产生，代表来源覆盖各院系、学生社团等，其中非学生组织骨干的学生代表要到 60% 以上。如前文所述，当前一所大学学生人数动辄几万人，相比较而言，学代会学生代表名额较少，所以本研究调查呈现的数据也证明了这一点，只有少数学生具有通过学代会途径参与治理的经历。在学代会召开期间，他们拥有发表意见、以个人或联名提出提案等权利。针对某大学学代会提案的研究结果显示，学生对涉及吃住等校园生活保障方面提案达到 52.2%，对于教学科研、学生管理等方面的提案达到 43.5%①。可见学代会中的学生代表名额虽然有限，但是学生代表可以在征集广大学生意见、充分调研的基础上就学生关心的问题提出意见和建议，而且提案的内容还关注到学校改革与发展等方面，这说明学生通过学代会渠道参与治理是行之有效的。目前存在的问题还在于，部分大学对学代会的支持与保障不足，多年不召开学代会，从而在一定程度上阻碍了学生参与治理途径的运行，所以未来大学要在此方面加以改善。除了通过学代会途径参与，大学还根据不同的治理内容建立了各种委员会，如学生自我管理委员会、学生权益保障委员会、奖学金评定委员会等。目前在不同的大学所设立的该类委员会差异较大，但总体上看，该类委员会中的学生名额有限，一般情况下只有一到两个学生名额，而且该类委员会所处理的事项较为单一，所以学生关注较少，能够参与其中的更少。所以，在访谈过程中，没有学生提及此类委员会，而只有个别管理者提及。本研究认为，此类委员会作为学生参与大学内部治理的重要建制化途径，应该通过多种渠道宣传以让学生知晓，其他学生可以如学代会中学生代表一样建言献策，从而最大程度实现广大学生的有效参与。

最后，投诉、申诉机制中的参与途径。投诉、申诉机制是世界范围内为保障学生权益而设立的参与机制，这些机制对于保障学生受教育权、完善大学内部治理发挥着重要作用。近年来，随着学生权利观

---

① 赵海丰、骆兴山：《关于完善高校学生代表大会提案工作的思考》，《高校辅导员学刊》2012 年第 2 期。

念的增强，我国大学也相继建立或完善了各类投诉、申诉途径。投诉主要是针对大学提供的某种服务或质量不满意而提出的口头或书面异议及寻求解决问题的行为。在具体办学过程中，学生对涉及其基本权益治理内容的投诉较为常见，比如学校行政服务、后勤管理、教师教学、学生管理等方面，目前大学设立的投诉途径主要包括电话投诉、网络投诉等，这些都说明学生已经开始通过投诉机制被纳入到大学内部治理中了。一般而言，为了保障投诉的效果，投诉可以为实名投诉，也可以是匿名投诉。但很多大学为了方便行政管理在设立投诉途径时，往往要求实名投诉，正如有些管理者所言"'E信通'实名制是没问题的，学生都是实名反映的，然后老师也是实名回答的"（T4），"就像网站上的校长信箱，学生提意见还实名制"（T3）。其实学生对于这种实名投诉的机制颇有意见，"你知道学生最害怕和担心什么吗？就是怕信息泄露，有的时候不敢说实话"（S06）。在实名投诉机制中，学生在访谈中所谈及的担心不无道理，所以，实名制在很大程度上抑制了投诉途径本身的功能，这样就不难理解本研究调查发现只有9.6%的学生有"通过投诉、申诉机制参与"的经历。而申诉是学生对学校做出的涉及其权益的处理决定或行政处分有异议，向学校提出复查请求的行为。《普通高等学校学生管理规定》指出，明确对于学生提出申诉的，应该成立学生申诉委员会，委员会成员包括学校负责人、部门负责人、教师代表、学生代表等，负责处理学生申诉事宜。由于学生申诉主要涉及到具体的学生个人，而且该规定也没有明确申诉委员中学生代表的具体人数，所以，在实践中各大学的操作有所不同。有实证研究发现，在学生申诉委员会成员中，学校相关职能部门领导占三分之二，而教师和学生比例明显偏小，在申诉委员会中起着点缀作用①。大部分学生无法接触到学生申诉工作，如本研究发现，只有极少的学生才有参与申诉的经历。这就说明学生申诉机制本身存在缺陷，同时各大学对学生申诉委员会的设置也不科学，这

---

① 张金辉：《学生申诉制度的实证分析与对策研究》，《中国青年研究》2012年第5期。

样就影响到了学生参与的机会。

三　对参与权实现内容的讨论

大学内部治理的内容复杂、涉及面广泛，在具体的办学实践中，世界各地学生能够参与大学内部治理的内容各不相同。我国大学近些年来也积极推动学生参与，学生参与内容的广度、深度都有所增加，但学生实际参与的内容还是较为有限，这与在新形势下学生的全方位参与需求还有较大差距。本研究调查发现，有29.8%的学生期望"能够全方位参与学校治理"，但只有11.3%的学生有参与全方位治理之感受。由于学生理解误差的因素，这个数据并不能直接证明学生全方位参与治理的实况，但足以说明学生期望参与和实际参与之间有着明显差距。为探究这种"理想很丰满，现实很骨感"状况的原因及其学生参与内容的表现各不相同，为便于整体理解，本研究将学生实际参与的内容与期望参与的内容放在一起进行讨论。

（一）参与学校宏观改革与发展方面

改革与发展是大学内部治理中较为宏观的方面，包括大学决策、制定规章制度等内容，涉及到大学的发展方向、大学办学中遇到的具体问题，同时也关系到学生的切实利益和成人成才，所以学生作为大学的利益相关者，对参与学校改革与发展的期望较高，但参与现实却极不乐观。本研究调查发现，有36.4%的学生期望参与"学校改革与发展重大决策的制定"，而实际能够参与的只有9.3%，两者之间有27.1%的差距；有41.1%的学生期望参与"学校重要规章制度的制定"，而实际能够参与的只有11.8%，两者之间有29.3%的差距。可以明显看出学生在参与大学重大决策、制定规章制度制定方面较为困难。

1. 参与重大决策

重大决策是大学内部治理的重要内容，它对于大学推进改革、谋划发展具有战略性意义。在国外，学生参与大学重大决策有着悠久的历史传统，从中世纪博洛尼亚大学开始，学生参与大学重大决策的权利持续发展。当前，尽管在世界上学生参与大学重大决策的权利没有往日的辉煌，但参与重大决策依然是学生的基本权利，学生在学校改革与发展中具有实质性决策权，比如教师聘任、校长任免等。近些年来，随着大学章程制定、高等教育综合改革等工作的开展，我国学生参与重大决策的诉求也受到越来越多的关注，一些大学开始探索和实践学生参与重大决策。

首先，建章立制，固化学生参与决策的权利。学生参与重大决策既是事实行为，也是法律行为。长期以来，由于我国学生参与大学重大决策缺乏较为明确的制度支持。借制定大学章程之机，我国部分大学在其章程中明确了学生的决策参与权，如 2017 年修订的《北京大学章程》第二十九条规定，校务委员会是学校的议事、咨询和监督机构，负责学校制定章程、规划改革与发展、学科与专业建设、年度预算、审议办学质量等重大事项的决策。校务委员会人员由学校管理者、教师和学生代表等组成。2019 年修订的《复旦大学章程》第四十六条第五项规定，学生享有"参与学校民主管理和决策，对学校教育、管理和服务提出意见和建议"的权利。《天津大学章程》第五十二条规定，学校坚持民主协商制度，支持师生员工参与大学决策、依靠师生员工推动学校发展，涉及到人才培养方案、学位授予制度等与学生利益高度相关的重大事项，必须听取学代会的意见。校长要每年向学代会汇报学校工作。校长办公会或校务会是常规性决策机构，一些大学在其议事规则中也进一步明确了学生的决策参与权，比如 2020 年出台的《重庆大学校长办公会议议事规则》第八条规定，校长办公会是学校行政议事决策机构，校长办公会议成员一般为学校行政领导班子，在必要时校长可指定学生代表、教师代表等人员列席会议。2017 年修订的《江南大学校务会议事规则》第二、十条规定，校务会为学校行政议事决策机构，校级领导、校长助理、党办校办主任等参加会议，有关部门负责人、教师代表、学生代表等根据需要列席会议。尽管这些大学章程或议事规则，使得学生参与大学决策有了初步的制度依据，但是若要付诸实施的话这些条文还略显粗糙，尚未形成较为健全的制度体系。相较而言，国外一流大学对学生参与重大决策的权利规定得更加详细，比如评议会学生代表名额为一到两人、在重大决策中一人一票。我国西湖大学借鉴了西方大学的通行做法，《西湖大学章程》第十四、十五、二十一、二十二条规定，大学实行"董事会领导下的校长负责制"，董事会为学校最高决策机构，董事会成员包括当然董事和推荐董事，校长、地方政府代表等是当然董事；学生代表、社会知名人士等为推荐董事。董事会成员按照一人一票享有平等表决权，决议校长任免、审议预决算、决定办学业务等重大事项。可以说，西湖大学为我国其他大学学生参与决策提供了可供参考的样本。由于在决策过程中学生投票权、决定权是参与决策的核心，所以我国大学还需要在这方面进行完善。

最后，学生参与重大决策的实践探索。重大决策是一个过程，包括提出问题、收集信息、拟定方案、选择与决定、执行与反馈等环节，其中选择与决定是关键环节。可以按照重大决策过程的先后顺序，将这些环节划分为决策前、决策中和决策后三部分内容。如前文所述，学生在教育教学、学生成长与发展、后勤服务治理等方面参与较为广泛，但是这些参与基本也停留在信息收集、意见反馈等阶段，本研究发现9.3%的学生有参与"学校改革与发展重大决策的制定"的情况也处于此类情形，这一方面说明我国大学内部治理中能够参与决策的学生比例偏小。在本研究看来，参与决策的学生人数偏少是由代议参与的本质决定的，现代大学无法做到所有学生直接参与决策，较为理想和可行的方式还是代议参与方式，也就是选举有限的学生代表代替学生群体参与决策，这样能够参与实质性决策过程的学生人数就会偏少。另一方面说明学生参与还处在决策前阶段，还没有深入到决策中或决策后阶段。个别大学已经开始向决策中阶段过度，如学生校长助理参与校长办公会，"在办公会过程中，在每一个议题的决策过程中，都要征询这些学生的意见，学生校长助理就从他们代表的学生的角度，对这些议题提出一些肯定的、修改的，甚至一些反对的意见"（T4）。应该说，在我国大学重大决策中学生能够列席校长办公会、校务会的情形并不多见，更不用说直接参与实质性决策。本研究发现有个别大学已经在探索学生校长助理参与校长办公会，这向学生参与实质性决策前进了一步，但不得不承认，这与理论预期的学生实质性参与决策还有较大距离。

那么，在我国大学内部治理中，是什么因素造成了学生参与重大决策如此之难呢？在本研究看来，有以下几个方面的原因：第一，现行大学内部治理结构中学生参与重大决策的身份还不够明确。也就是学生以什么样的身份参与到校务会、校长办公会等决策机构当中等问题目前还不明了。虽然个别大学在大学章程中规定了学生参与决策权，但由于缺乏细化的操作规则，在具体操作中还存在诸多问题。第二，学生参与大学重大决策的程序不够完善。程序不仅是对决策质量的保障，更是对民主、公平的保障。学生参与重大决策，必须要有完善的正当程序保障。从目前查阅的大学议事规则来看，多数大学没有学生参与重大决策的任何规定，这样在实践中出现学生参与决策随机化、形式化等问题也就在所难免了。第三，管理者思想意识的影响。由于受传统体制的影响，我国大学长期以来将学生作为被管理者，没有关注到学生在重大决策中的主体地位，所以在有意无意间忽略了学生参与决策的权利。正如学生在访谈中所言"每个学校情况不同，资历不同，还有政策各不相同，尤其是技术含量比较高的地方，里面有一些保密的事项"（S09），所以在一些重大决策中管理者会根据多方考量而拒绝学生参与。

2. 参与制定规章制度

大学规章制度是按照一定的程序制定的面向全校实施的，对校内各利益相关者产生约束力的章程、规定、条例、实施细则等规范性文件的总称。它是针对全校师生做出的规范性要求，虽然不具有法的全部属性，也不属于国家法律体系的组成部分，但是它作为大学内部治理的一种自治规则，在一定程度上是国家法律体系的延展，是大学内部治理的主要依据，是办学科学化、民主化、法治化的重要保障。所以，大学制定规章制度要体现正当程序的要求，这是确保规章制度制定过程合理合法、制定结果有效并被接受和执行的关键。大学是以育人为根本的组织，制定规章制度事关学校发展和师生利益，按照正当程序的标准，学生作为重要利益相关者在大学规章制度制定过程中拥有参与权，是最低的程序要求。同时参与也是保障规章制度质量、提高学生可接受度的重要内容①。正如哈贝马斯所言，"合法的决定并不代表所有人的意愿，而是所有人讨论的结果，赋予结果以合法性的，是意愿的形成过程，而不是依据形成的意愿的总和"②。可见学生参与对制定规章制度有着极为重要的价值和意义。本研究调查发现，11.8%的学生表示有过参与"学校重要规章制度制定"的经历，虽然这与正当程序要求的参与人数及学生的高期望值还有较大差距，但也说明我国大学已经开始关注学生在制定规章制度中的参与作用。

按照一般的法治原理，制定大学规章制度要经过启动、起草、表决这些程序阶段。

首先，启动阶段。规章制度会对相应的利益相关者产生影响，因此启动规章制度制定程序是一个较为关键的环节。一般而言，组织内的各主体都具有制定规章制度之请求权，比如由某个主体的代表提出制定某方面的规章制度，如果该组织在论证后认为有必要制定相关规章制度，就会启动规章制度制定程序，这是组织成员的一项基本权利。那么，在大学内部治理中，谁有权启动大学规章制度的制定程序呢？由于我国大学实行党委领导下的校长负责制，《高等教育法》第四十一条第一项规定，校长拥有制定具体制度、拟定发展规划并组织实施的权力。换言之，以校长为代表的学校行政职能部门及管理者，根据大学治理和发展之需有权启动制定规章制度之程序。在具体的办学实践中也是如此，一般由学校行政职能部门根据领导指示或工作需要直接制定规章制度，其他组织或人员则无权提出制定规章制度之请

---

① Mckinney M. J. , "Negotiated Rulemaking: Involving Citizens in Public Decisions", *Montana law Review*, Vol. 60, No. 2, 1999.

② ［德］哈贝马斯：《公共领域的结构转型》，曹卫东等译，学林出版社1999年版，第23页。

求，哪怕是专门针对学生的规章制度，学生也无权提出，这与现代法治社会的要求还有一定距离。在本研究看来，学生作为大学的主体，拥有向学校提出某方面规章制度制定的请求权，这是其参与大学内部治理权利的有效组成部分。大学行政职能部门及管理者不应该漠视学生的此类请求权。由于修改、废止规章制度也属于制定的内容，因此当学生对学校某些规章制度提出制定、修改等建议时，学校应该给予积极回应，而不是漠视学生的请求。

其次，起草阶段。起草是制定规章制度的基础性环节，标志着规章制度的制定从设想向实质化迈进。一般而言，起草规章制度是对学校某方面工作的全面规划和重新设计，所以应该由各利益相关者共同参与协商，达成一致意见后形成规章制度。在我国大学的具体实践中，此工作主要由行政职能部门一手包办，这样做的优势是职能部门和管理者较为熟悉学校的相关情况，起草效率较高。但其存在的最大问题就是体现领导意志有余、关注其他主体需求不足。这种由行政部门主导的规章制度始终存在着民主忧患，也就是制定程序中各方合意的根本缺失[①]。缺少交往与商谈的程序过程，难免会制定出部分被人诟病的规章制度，如有管理者访谈所言的"学生在什么时间不能够带手机、不能够说话，还有很奇葩的就是男生女生之间不能接触"（T5）等。按照正当程序要求，规章制度在草案交付审议之前，相应的机构、利益相关者等应集合起来就制度的内容进行共同探讨，征求各利益相关者的意见和建议[②]。如前文所述，座谈会、网上征询意见等都是较为常见的学生意见和建议征集方式，在本研究中管理者提到的"学生奖助制度、评价制度、淘汰制度等与学生有关的制度，征求过学生的意见"（T6）等，大多都采用这种意见征集方式。由于此类座谈会没有严格的程序要求，所以管理者对学生的意见和建议可采纳

---

① Harter P. J. , "Negotiating regulations: a cure for the malaise?" *Environmental Impact Assessment Review*, Vol. 3, No. 1, 1982.

② Mckinney M. J. , "Negotiated Rulemaking: Involving Citizens in Public Decisions", *Montana law Review*, Vol. 60, No. 2, 1999.

也可不采纳，就导致走过场、做样子现象较为严重，学生参与对规章制度内容的影响较小。而世界范围内，听证会是目前世界各国大学普遍采用的一种制定规章制度的程序，听证会公开进行、允许学生旁听和表达意见。由于听证会的强程序性特点，要求管理者在起草规章制度时对学生的合理意见和建议进行采纳，对不合理的意见和建议要说明不采纳的理由，从而作为规章制度建设的依据。但在我国大学的规章制度制定过程中，鲜见此类听证会的征集意见方式。在本研究看来，未来我国大学在起草规章制度过程中，应尽量采用较为正规的听证会等方式征求学生意见和建议，而非采用较为随意的其他形式。

最后，审议阶段。为了保证制度的质量和水平，一般大学都会对重要的规章制度在校长办公会、校务会等进行审议。在具体实践中，草拟好的规章制度，由主管领导审阅后，根据其重要性程度决定是否报送校长办公会审议决定。对认为是不太重要的规章制度，比如《学生宿舍管理规定》等直接签发、执行。对认为是重要的规章制度，比如《学生违纪处理规定》等涉及学生受教育权的则提交校长办公会审议。如前文所述，在我国大学内部治理架构中，由于学生参与校长办公会、校务会等决策的身份模糊，以至于其参与决策过程较为困难，无法形成哈贝马斯所倡导的交往与商谈，所以整体上我国学生参与审议大学规章制度的情况并不多见。这明显不符合正当程序的参与要求，由于审议是制定规章制度的核心，所以学生不应缺席大学规章制度的审议。学生缺席审议一方面说明大学规章制度制定程序本身的不完善，另一方面也说明在制定规章制度过程中并不注重学生的现实参与权。

（二）参与学校具体运行与治理方面

在现实中，大学具体运行与治理内容复杂，包括教育教学、学生事务、后勤服务等诸多方面，各内容之间彼此相连、互相交织，共同构成了大学日常图景。学生作为大学的主体和接受教育的对象，参与大学日常运行与治理，无论对大学还是学生本人都有多方面促进价值。本研究发现，与学生教育与发展较为密切的方面，如参与教师评价、课程选择等，学生的期望和实际参与都比较高，而在学生事务、后勤事务方面的实际参与情况离学生期望还有很大差距。

1. 参与教育教学

近些年来发挥学生在大学教育教学中的参与作用，已经成为世界高等教育的发展趋势。学生参与教育教学，对于学校的"教"和学生的"学"都有重要促进作用。从"教"的方面看，学生参与教育教学可以将发现的问题及时反馈给学校，一方面有助于教师改进教学方法、更新知识等；另一方面可以为学校完善治理、制定教育教学政策提供依据。从"学"的方面看，学生参与教育教学，一方面可以发挥其主体性作用，利于养成其主体意识；另一方面能有效保障学生的基本权益，同时也能够增进学生、教师和管理者之间的交流和沟通。很多大学为了促进学生参与采取了诸多措施，包括创新学生参与的形式、方法和内容等。从我国大学的办学实践来看，目前学生对教育教学的参与差异较大，部分内容参与充足而部分内容参与严重欠缺。

首先，学生教学信息员参与教育教学。学生教学信息员是大学为了解学生对教育教学的意见和建议，提高教育教学质量，而选任的专门收集和反馈教学信息的学生。学生教学信息员的主要职责是收集、反馈日常教育教学中存在的问题，做好学生群体与学校教学行政管理部门之间的沟通与交流。每个大学教学信息员参与教育教学的具体做法各不相同，有的大学每个班级设有一名学生教学信息员，他们会定期收集本班级任课教师的授课情况及学生对教育教学的建议和意见等信息，填写《××大学教学信息反馈表》并送交学校教务处。有的大学则是通过网络收集信息，如学生在访谈中所言，"我原来待过的一个学校有学生信息员制度，就是说学生可以在一个开放的平台上或者论坛上随意地提出问题，关于学习、课堂建设等，所有的问题都会去提，那个学校的教务处也很不错，会派专人针对学生的问题——回复，就光这个回复的过程，每学期都有专人来盯"（S11）。在本研究看来，此类参与方式能够及时发现教育教学中存在的问题，有效收集到学生对教育教学的意见和建议。从学生参与的角度而言，通过教学信息员制度，学生实现了教育教学的意见表达、问题反馈等，但学校能否根据学生建议和意见改进教育教学，这是另外需要思考的问题。

其次，参与选择课程和教师。由于每个学生的需求和实际情况不同，一些大学允许学生对所开设的部分课程进行选择，包括选择具体课程、任课教师和授课的时间，就如学生访谈所言，"在教学之前，谁来教我们，想要什么样的老师教你，让学生选择"（S07），"学校课程的安排、学习活动等，应该让学生参与一下"（S09）。目前大学的课程分为必修课和选修课两大类。由于选修课本身的特点使然，目前在选修课上学生有较为充分的选择权，这一点不再过多赘述。而必修课是学校规定学生必须修读的课程，一般情况下学校对必修课有较为统一的要求。在我国大学，学生对于必修课没有选择不修读该课程的自由，如果学生不完成规定的必修课学分，那么就会影响其后续的学习及毕业。在部分大学学生可以选择授课教师和授课时间，如学生访谈所言"必修课课程、还有任课老师，都是学生自己可以选的，学生可以选自己喜欢的老师去听"（S09）。而在部分大学由于授课教师数量有限或教学空间不够，为了节约教育教学资源统一安排授课的教师和时间，学生则没有任何参与选择的可能。在本研究看来，近些年来我国大学学生对课程和教师的选择权有所扩大，但是距离充分实现学生参与对课程和教师的选择还有相当距离。

再次，学生参与教师教学评价。学生评教是教学评估体系的有机组成部分，是学生对授课教师教学工作进行客观评价的机制。如管理者访谈所言，"每个学校都在做，学生评教就是在大学内部治理中体现学生权利的一个手段和途径"（T7）。目前各大学的学生评教一般都在网上进行，该门课程结束后，由学校教务处组织全校学生在评教系统对学生进行评价。应该说，由于学生能够切实感受教师教学的真实情况，所以对教学的质量和水平能够做出较为客观评价，就如学生访谈所言，"有学生敢大胆地说，我觉得哪个老师不好啊，不过整体上能反映现实情况，这会起到一定的作用。对一些大家确实不喜欢的老师，那个排名是可以看得出来的"（S01）。但在部分大学，由于具体评价流程安排不同，却出现了不同的结果。比如一些大学规定只有在学生评教结束后才能查阅该课程考试成绩，这样学生评教的人数有所保证，但是由于学生对该评教系统及学校行政部门缺乏信任，担心其考试成绩会因评教而受到影响，所以一般都会对任课教师给予较高评价。学者们的研究也发现了这个问题，学生评教分数的均值、中值和众数都非常接近，在对评分主成分进行分析后发现，每项指标的评价具有一定共性，导致学生对教师的评价没有区分度、评价结果存在失真情况①。在本研究看来，学生评教虽然实现了全体学生的参与，但是由于操作方式方法不当，在不少大学并没有达到评价的效果，所以学生参与评教还应该注重细节、优化操作流程，保证参与质量。此外，大学对于学生评教结果的使用不同，其最终产生的影响也有较大差异。如果大学将学生评教结果与教师晋升、工资收入等直接挂钩会产生一系列现实问题，如果不将学生评教结果与教师切身利益挂钩，学生评教的价值和意义就较难体现。因此，当前如何使用学生评教结果成了诸多大学教师教学评价面临的比较棘手的问题。

最后，学生参与教学决策方面。教学决策是为了实现人才培养和具体教学目标，从而确定具体教育教学活动的决策过程，比如人才培养方案的制定、任课教师教学内容的设计等。我国大学由于受传统的自上至下运行模式的影响，在教学决策方面并不注重学生参与，如学生访谈所言"以往课程由老师自己就定了，你学生只管执行"（S07），有管理者在访谈中也坦言"学生入学后，只能被动地在给出的方案中进行课程选择，由于给出的范围很小，又加之条条框框很多，所以学生基本上是没有选择的。甚至有些课程还是因人设课，所以培养方案不可避免地在某些方面会有所欠缺，比如是不是符合学生的兴趣，是不是照顾了学生的个性需求，是不是发展了学生的个性以

---

① 李正、蒋芳薇：《资料分析的高校学生评教研究》，《中国大学教学》2018 年第 4 期；李冲、苏永建、马永驰：《高校改进和完善学生评教制度的实践探索》，《现代教育管理》2017 年第 12 期。

及是不是对接社会的需要等"（T6）。由于教育教学是一个交往与商谈的互动过程，在此过程中不应该置学生于不顾，正如他们访谈所言，"还是要有学生主动地参与这个课程的设置，不管是课程开设之前的计划设置，还是课程开设之后的具体操作等，我觉得都应该有学生参与其中"（S07），"在这里就应该让学生参与进来，听取学生的意见和建议，然后完善培养方案，这样才是合理的"（T6）。在当前形势下，如何让学生参与教育教学决策是需要大学管理者认真思考的问题。

综上所述，我国学生对大学教育教学的参与层次较浅。学生参与教学信息反馈、教学评价、课程选择是各大学的普遍做法。在具体实践中，学生在这些方面的参与比例较高，也基本达到了学生的参与期望，如教师教学评价等基本实现了全体参与。当然，参与学生人数多并不代表参与产生实际效果，也不代表此方面的参与有所改进，比如如何改进对学生信息反馈的反馈、对教师教学评价过程的完善及评价结果的使用等方面。另外在现实中也较难看到学生参与人才培养方案制定、教学内容设计以及参与教学管理政策制定、教学工作会议等情况，这些都是需要进一步改进和完善的内容。

2. 参与学生事务

学生事务治理是大学内部治理的重要组成部分。发挥学生在大学学生事务治理中的参与功能和作用，是当前学生事务治理的发展方向。随着时代的发展，学生对参与其事务治理的诉求也日益高涨，本研究发现有 56.2% 的在校生期望参与学生事务治理。近些年来，各大学根据自己实际和发展需求不断改革与创新，积极促进学生主体参与其事务治理，本研究发现有 33.4% 的学生具有"学生管理、学生发展等方面"的参与经历，这说明学生主体参与学生事务治理取得明显进展，但与学生的诉求相比还有明显距离。总体而言，目前我国大学较为常见的学生参与其事务治理的内容涉及以下方面：

首先，参与日常事务。由于学生事务治理事无巨细、内容庞杂，涉及到学生成长与发展的诸多内容，学生可以参与这些具体内容的治理，如学生和管理者访谈所言，"负责学生早晚自习的出勤检查，还有课间抽查，就是负责纪律这方面的东西（事情）"（S04），"再比如认定贫困生，究竟张三是不是贫困？这就需要学生参与，因为学生们整天都相互在一起生活、学习，学生们在日常生活中彼此了解得比较清楚"（T1），在这些内容上学生可以发表意见和建议、参与具体的治理过程等。

其次，参与奖惩事务。奖励主要是各类奖学金、荣誉称号以及代表资格等评选。由于这类评选涉及到学生的切身利益，所以在评选过程中学生参与较为普遍，如访谈所言"我们推荐免试研究生，必须得有学生代表，而且必须得发表意见"（T1），总体来说在此类评选方面，各个大学的学生已经基本实现了参与，目前的问题是学生在评选过程中，只负责执行和投票，而对于参与程序、评选规则等还没有实现有效参与。惩罚方面，主要是指对违纪学生的处理，亦是如此。近些年来，由于大学对学生处分不当而引发的纠纷层出不穷。究其根本原因，就是缺乏学生参与，学校单方面作出处理从而影响其受教育权。所以，学生参与奖罚相关工作，不但可以使得奖励评审更加公正透明，消除学生对其操作合理性的质疑；还可以还减少不当处罚对学生造成的伤害。

最后，参与学生事务治理的政策制定、学生事务决策。由于学生事务治理不同于其他治理内容，它与学生主体的切身利益高度相关，因此，学生在此方面本应拥有较为广泛的参与权。但事实并非如此，当前学生事务决策或治理政策制定一般是由校学生处或团委制定，先由部门工作人员拟定方案，然后在部门主管、校级领导把关后在全校执行。这种封闭式的学生事务决策或政策制定模式，给学生参与的空间和机会较少，这势必会为日常学生事务治理带来一系列问题。现实中出现的一系列荒谬的学生事务规定就反映出，缺乏学生主体的有效参与，容易造成一方面学校管理者越权，另一方面由于缺乏群众基础，决策或政策的具体内容无法得到较好执行。所以，对于学生事务治理，大学应当尊重和发挥学生的主体性，让学生广泛参与。

从以上学生参与其事务治理的内容来看，学生除了在日常事务、奖惩评选方面的参与较为广泛之外，在其他学生事务治理方面的参与并不充分，特别是在学生事务决策、政策制定等方面，这与学生的参与诉求还有明显距离。为什么现实与理想之间会出现如此大的差距呢？在本研究看来，这与管理者固化的思维方式及理念有关。从源头上讲，"学生"是事务治理的核心，以学生为本、以学生发展为核心是学生事务治理的核心理念，也是其逻辑起点和归宿。在本研究看来，我国大学的学生事务治理并未以此为理念，而是在"管"字上下功夫，以管教、管制为根本。管理者负责从决策、制定政策到执行的全过程，学生事务主管部门包揽所有学生事务，从而领导学生事务工作的全面开展。这样在起到管制学生、规范运行等作用的同时也抑制了学生参与的积极性，侵蚀了学生的参与权利，所以这种学生事务治理理念及其做法在促进学生成长成才、个人发展以及权益保障方面存在明显不足。按照哈贝马斯交往与商谈理论的要求，学生事务不应该是"管理"而应是"治理"，是以促进学生发展为导向，在学生事务治理中实现思想引领、促进个体成长。所以，不能把学生作为管制、规训的对象，应当重视学生的主体价值，通过理性的交往与商谈达成学生事务共识，学生事务治理需管理者和学生之间平等对话、协商，让学生有充分的参与权。

3. 参与后勤事务

相对于教育教学、学生事务治理等比较显性的工作内容而言，后勤服务则属于幕后工作，起着对大学教育教学、科学研究、学生日常生活的保障作用。随着社会的发展，学生对后勤服务的参与度在不断提高。后勤服务带有明显的经济属性特征，包括住宿、饮食、图书网络设备供给、校园绿化服务等都会涉及到学生的切身利益，本研究发现，我国大学生对参与后勤服务治理的期望较高。同时，各大学也为了保障学生在后勤服务治理中的参与权，都在开拓思路、创新方法推进学生参与，目前也已取得明显效果。具体而言，我国大学生参与后勤服务治理的方式主要是反馈信息、监督或直接参与服务等，在其他方面则并不多见。

首先，对后勤服务反馈信息。一些大学为了解学生对后勤服务的态度，会通过多种方式调查学生对后勤服务的满意度。"学校食堂的管理，收集学生的意见，……然后他们就很注重学生对饭菜质量一个反映"（S06）。应该说随着时代的进步，学生对大学后勤服务的要求也越来越高，如学生访谈所言"包括后勤食堂管理啊……学生都可以参与，都有权利去参与，可以提出自己的意见"（S12），为此，我国大学也比较注重对学生意见和建议的收集，以确保服务的满意度。目前来看，学生对后勤服务信息反馈的途径、方式等还比较传统，面向未来还应该进一步完善和创新。

其次，对后勤服务的监督。由于后勤服务属于学生"民生"范畴，学生作为消费者有权监督后勤服务，以保障自身合法权益。从查阅的资料来看，一些大学成立了由学生等组成的后勤监督委员会、伙食监督委员会、宿舍监督委员会、学生生活管理委员会等，他们的职责就是监督、检查后勤服务的相关内容，比如对餐饮、供电、供水、保洁、供暖等后勤服务情况随时进行监督、检查，收集师生对后勤服务的意见和建议。应该说我国大学在促进学生参与后勤服务治理方面做出了积极努力，但也应当承认还存在诸多问题，与学生的诉求还有差距。

最后，直接参与后勤服务。还有部分学生直接参与到后勤服务中，担任宿舍管理员、联络员、协管员、志愿者等，如学生访谈所言的"共享单车的规范停放"（S04）等。对此，本研究调查也发现，12.2%的学生参与过"校园建设、校园美化等方面"，24.8%的学生有过"图书、网络、设备、仪器等方面"的参与经历，36.3%的学生有过"食堂、公寓等后勤管理方面"的服务工作。学生参与后勤服务治理不仅会增加学生与后勤服务部门之间的沟通和商谈，有利于提升后勤服务的质量和水平、美化校园学习和生活环境，同时也可以培养学生的参与能力。当然这些领域的参与人数还远没有达到学生的期望。面向未来，大学管理者还需要进一步开拓思路，通过多种途径促进学生参与后勤服务。

总体来说，我国学生参与大学后勤服务治理的内容较为广泛，包括参与信息收集、监督管理、直接参与服务等，这对促进后勤服务规范化、科学化有明显作用。由于后勤服务治理内容多样、牵扯的利益关系极为复杂，学生作为重要的利益相关者，应当参与部分后勤服务决策、管理制度制定等内容，但是本研究调查及查阅的相关文献均发现，我国大学在后期服务决策中将学生排除在外，所以在具体实践中出现了许多由于学生宿舍分配等而产生争议，以至于学生群体和学校行政部门产生对立的情况。

四　对参与权实现程度的讨论

参与程度是学生参与能够达到的程限、水平或状况，对于参与程度可以从不同侧面进行考量，比如学生参与层次、参与人数等。本研究发现我国大学学生参与层次尚浅，近 48.9% 的学生认为自己参与大学内部治理的层次属于"浅层：关心一下，了解情况，不会做别的"，随着参与层次的递进，学生参与的比例随之下降，36.6% 的学生属于初级参与，12% 的学生属于中级参与，2.5% 的学生属于深入参与。换言之，85.5% 的学生属于浅层和初级的低水平参与，包括了解情况，提出建议和意见等，学生很难参与到主张权利、参与决策等中高水平的参与层次。是什么因素致使我国大学绝大部分学生参与层次如此之低，或者说大部分学生没有参与到中高级层面呢？在本研究看来，这与学校、学生等多方面的影响因素有关，具体讨论参见下节内容。

第三节　对影响学生参与权因素的讨论

依据研究发现，本节主要讨论学校方面的影响因素，包括行政化倾向、公民教育等；学生方面的影响因素，包括学生的认知与意识、经验与能力等；其他方面的影响因素，包括法律制度因素、传统文化因素等方面，对此进行深入解析。

一　对学校方面影响因素之讨论

学生能否有效参与大学内部治理，在很大程度上受制于学校的办学治校传统以及对学生参与的保障。当前我国大学在宏观上的办学理念、中观上的参与机制不健全及行政化倾向，及微观上管理者的认知与态度、学校公民教育等多个因素都在对学生参与行动及其权利产生着或大或小的影响。由于办学理念、参与机制保障、管理者的认知和态度等在前文已做讨论，在此就大学的行政化倾向、学校公民教育做些重点讨论。

（一）学校行政化倾向问题

如前文所言，大学行政化是以官僚科层制为基本特征的行政管理在大学运行中被泛化或滥用，也就是按照行政手段、行政方式、行政运行机制来治理大学事务[①]。颇受社会诟病的我国大学内部行政化在一定程度上影响到了学生参与权的实现，在本研究中有 45.1% 的学生表示"学校行政化倾向严重，民主管理意识欠缺"是影响其参与大学内部治理的重要因素。造成大学行政化倾向的原因很多，但大学外部行政化对大学内部的传导效应极为明显。长期以来，我国大学隶属于政府部门，作为事业单位被列入了政府科层体系，大学与政府之间并无明晰界限，政府运行的逻辑被导入大学，于是将大学锁定在行政化模式的轨道之中，大学校级领导由政府任命，大学设有一定行政级别等[②]。大学内部也按照相同的逻辑运行，包括大学内部组织的设立、行政人员的级别、行政运行的方式等与政府的运行方式高度接近，这样由外部传导效应形塑的规则和行事方式支配着大学内部成员的认知和行为，从而形成了沿袭和维持行政化的惯性力量[③]。从而造

---

① 刘丽、余蓝：《大学"去行政化"的制度省思》，《教育科学研究》2014 年第 7 期。

② 陈金圣、钟艳君：《大学行政化：内涵、生成与矫治》，《山西师大学报（社会科学版）》2010 年第 5 期。

③ 刘丽、余蓝：《大学"去行政化"的制度省思》，《教育科学研究》2014 年第 7 期。

就了如学者们所言的使得大学越来越像个行政机构,大学内部行政管理日益强化,致使行政权力无限膨胀①。随之大学内部决策主体单一化,校务决策基本由管理者做出,一般教授都很难参与②,在这种情况下学生的参与就更难实现了。

针对大学去行政化的呼声,《国家中长期教育改革和发展规划纲要(2010—2020)》明确提出"克服行政化倾向,取消实际存在的行政级别和行政化管理模式",随后,国家通过各种方式推进大学等机构去行政化。这些年来,我国积极推行大学"去行政化",但是在现实中并没有在此问题上取得太多突破,收效甚微。大学"去行政化"为什么如此之难?在本研究看来,这与大学和政府之间的关系没有理顺,大学没有建立完善的法人治理结构有关,所以大学内部管理者在办学治校中,通常情况下无法将学生作为大学的治理主体。2013年11月,《中共中央关于全面深化改革若干重大问题的决定》提出"推动公办事业单位与主管部门理顺关系和去行政化","建立事业单位法人治理结构"。但是在国家政策层面上怎么理清大学与主管部门的关系、怎样建立大学的法人治理结构、在大学法人治理结构中怎样保障学生参与权,目前仍没有较为明确的方案。

(二)大学公民教育问题

本研究发现在我国大学内部治理中,学生参与的程度和水平极为有限,造成这种结果的原因是多方面的。单就学校教育对学生的影响而言,其中就存在我国大学在长期办学实践中容易忽视的问题,那就是对学生的公民教育不足。

哈贝马斯认为,公民身份是一个按自我决定的伦理—文化共同体的属民地位的模式来设想的③,这就要求对公民进行公民教育以形塑

① 郝瑜、周光礼:《中国大学"去行政化"改革的制度困境及其破解》,《现代大学教育》2012年第3期。

② 刘丽、余蓝:《大学"去行政化"的制度省思》,《教育科学研究》2014年第7期。

③ [德]哈贝马斯:《在事实与规范之间:关于法律和民主法治国的商谈理论》,童世骏译,生活·读书·新知三联书店2003年版,第498页。

其公民认知。公民教育在中国语境中是个舶来品，主要是指培育人们的公共精神、公民品格从而使其有效参与国家和社会公共生活的教育活动。简言之，公民教育就是使人们成为合格公民的教育活动。面对全球化时代日益严重的社会公共问题，从 20 世纪中后期开始联合国教科文组织就不断探索面向未来社会的公民教育及培养公民应有之素质，早在 1974 年就提出了从国际教育的角度推进公民教育、加强国家和国际水平之民主参与的问题。1996 年发布的《学习：财富蕴藏其中》指出了全球社会出现的变化，认为连接人与人的纽带发生了变化，从而产生了人的普遍异化、公共意识降低等共性问题，为此未来社会的发展将走向以参与型民主为基础的新的公民社会，教育的责任就是培养积极参与这一民主过程的公民①。随后在《21 世纪的公民教育》（Citizenship Education for the 21st Century）中提出公民教育的任务是培养良好的公民，这不止是知识层面的，更是渗透到日常生活实践之中，实现知识、实践和价值观不断互动②。

　　大学作为育人组织是开展公民教育最为理想的机构。然而，现实中无论是处在我国高等教育塔尖上的高水平大学，还是地方本科院校乃至高职高专都以专业教育为核心，似乎都以培养拔尖创新人才、应用型技能人才等为共同的目标。学校的教育均以学生就业作为活动导向，因为在我国大学的管理者们看来，专业教育的紧迫性明显高于公民教育。在本研究看来，专业教育着眼于解决社会局部问题，在当今社会，大学培养的不管是拔尖创新人才还是应用型技能人才都应该以具有公民意识、公共参与精神为基础。首先应是个优秀的现代公民，然后才是专业人才。实质上，这种重专业教育、轻公民教育的工具理性思维，造成了学生在专业能力上较为突出，而公民品格严重不足，就像爱内斯·博耶（Ernest L. Boyer）所言，

---

① UNESCO, *Leaning*：*The Treasure Within*, Paris：United Nations Educational, Scientific and Cultural Organization, 1996.

② UNESCO, *Citizenship Education for the 21st Century*, Paris：United Nations Educational, Scientific and Cultural Organization, 1998.

"学生搜集资料、考试的能力以及在某个专业上的表现等非常出色，但是教育的目的又是什么呢?"① 所以此种现实定位就为公民教育在大学实践中的境遇埋下了伏笔。

公民教育包括公民知识的传授和实践参与两个向度，旨在解决心理、法律和行为三个方面的问题，心理要素解决公民认同问题、法律要素解决法律地位问题、行为要素解决公民在公共领域的实践问题②。在公民知识传授方面，纽曼认为若大学课程有培养目标的话，那就是培养良好的社会公民③。然而，如前文所言，我国大学以专业教育为主，虽然开设的思想政治教育课具有公民教育的某些特点④，但是由于此类课程大多以传统的"教师讲、学生听"的课堂模式进行，学生从中学到的主要是"知识"。这种知识的学习，按照杜威的观点只适合于一个有人来照料和计划人们生活和制度的国家里，但在民主社会，它们却妨碍了社会的发展和进步⑤。因为这种教育教学方式，忽视了公民教育的参与性特点，培养的只能是温和顺从、思维僵化的"臣民"，而不是走向社会的公民。所以学者们认为公民教育不是教出来的，而是做出来的，倡导"做中学"，让学生在公共生活中学习和提升公共精神、公共参与能力，但比较遗憾的是我国大学开设的很

---

① Boyer E. L., *College*: *The Undergraduate Experience in America*, New York: Harper & Row, 1987, p. 283.

② Conover P. J., Citizen Identities and Conceptions of the Self. *Journal of Political Philosophy*, Vol. 3, No. 2, 2010.

③ ［英］纽曼：《大学的理想（节本）》，徐辉等译，浙江教育出版社 2001 年版，第 97 页。

④ 关于公民教育与思想政治教育的关系，目前学界主要有以下几种观点：第一，包含说。有学者认为公民教育是个大范畴，包含了思想政治教育的内容；也有学者认为思想政治教育是大大范畴，包含了公民教育，公民教育是思想政治教育的重要内容。第二，互补说。认为思想政治教育与公民教育互为补充。第三，替代说。认为现阶段思想政治教育在功能、方法等方面存在较多问题，提倡公民教育是新世代思想政治教育转型的方向。参见都冬云《公民教育与思想政治教育的关系》，《教育学术月刊》2011 年第 9 期；胡君进、刘争先《中国公民教育研究述评（2011—2015 年）：取向、物件与方法》，《中国人民大学教育学刊》2017 年第 2 期。

⑤ ［美］杜威：《学校与社会·明日之学校》，赵祥麟等译，人民教育出版社 2005 年版，第 367 页。

多课程都欠缺公共实践环节，学生没有参与公共实践、公共生活的机会，造成了学生具备公民相关知识但缺乏公共参与的精神和行动的现状。《21 世纪的公民教育》明确提出，学校公民教育实践的任务之一就是"审视学校的管理规则，改进学校管理规则，并重新制定学校管理规则"①。应该说联合国教科文组织对学校公共参与的要求是达到决策等中高层次深度参与。就参与大学内部治理而言，有学者通过实证研究发现，大学内部治理中学生参与程度普遍较低，在参与决策、利益表达方面均不乐观，学生的认知并没有促进学校民主参与程度的提高②。本研究的发现与上述结论高度一致，学生对于参与大学内部治理的意义、作用以及参与权主体等的认识都比较清楚，虽然他们也有较为强烈的参与意愿，但对自己的参与能力信心不足，有 12.6% 的学生认为"没有"参与大学内部治理的能力和水平，还有 27.8% 的学生"不清楚"自己参与大学内部治理的能力和水平，因此不少学生并不会主动争取参与权利，出现本研究中发现的学生参与人数整体较少，参与层次较浅，48.9% 的学生浅层地关心一下、36.6% 的学生提出一些意见和建议的现实情况也就不足为奇了。

二 对学生方面影响因素之讨论

学生作为大学的重要利益相关者和治理主体，在参与大学内部治理时受到主客观两个方面因素的影响，主观方面是学生本身对参与大学内部治理及其参与权的认知和意识，客观方面是学生本身所具备的经验和能力。

（一）学生的认知及意识

认知是个体在认识客观世界过程中通过信息加工而获取知识的过程，具体而言就是个体将外界输入的信息，经过加工处理，从而转化成个体

---

① UNESCO, *Citizenship Education for the 21st Century*, Paris: United Nations Educational, Scientific and Cultural Organization, 1998.

② 周光礼、吕催芳：《中国大学与政治社会化：公民意识教育的实证研究》，《高等教育研究》2011 年第 8 期。

内在知识的过程。可见，认知的重要基础是外界输入的信息，这是个体进行认知的根本。学生对参与大学内部治理及其参与权的认知，从何而来呢？或者说在什么地方或以什么方式的外界信息输入到学生个体身上，以增进其对参与大学内部治理及其参与权的认知。目前来看，大学能够在校内为学生输入这种认知信息的传统方式主要是教学和行政服务。

第一，教学方面，我国大学普遍以升学就业为导向，以培养专业人才为目标，在具体的办学实践中对专业教育的重视程度远高于公民教育。另外，从公民教育的角度看，我国大学较为重视知识的传授，与公民教育内容较为接近的当属"两课"①了。目前各大学均设置了较为完备的"两课"课程，总体而言这些课程在培养学生成为合格公民、促进学生公共参与方面明显不足，应该说学生在课堂上能够学习的民主参与知识极为有限。大学的"两课"尚且如此，在其他专业类课程中能够接受到的民主参与知识就更少了。

第二，行政服务方面，我国大学较为保守和传统，日常办学仍然以管理主义为趋向，以管理者为中心开展工作，政策指令采用传统的会议、文件、通知、命令等方式从上到下传递，属于管理者说了算，注重的是管理的结果和成效，强调的是学生对管理者的服从，不注重使用民主的治理方式，包括学生、教师等多元主体的参与和互动。所以在具体的办学治校中民主氛围不足，教师、学生等主体参与的空间狭小，学生在校内日常的行政服务中也少有接触或感知民主参与的机会及信息。

因此，学生在大学日常教学和服务中，能够学习或接触的民主参与知识和信息偏少，这样就造成学生对参与大学内部治理的认知比较欠缺，本研究中32%的学生就认为"学生对参与大学治理的认知有限、意识不强"是影响参与行动的一个原因。虽然说学生通过传统的课堂或行政服务能够获取的民主参与知识和信息有限，但这并没有妨碍学生通过其他方式或途径获取民主参与的信息，比如社会公共事件、报纸、网络、电视、移动通信工具等。可以说，我国学生虽然在

---

① "两课"是指我国各类大学普遍开设的马克思主义理论课和思想品德课。

课堂和学校行政服务中接受的公共参与知识或信息较为有限，但还是可以通过各种方式对参与大学内部治理有所认知。另外，本研究也发现学生参与意愿比较强烈，参与意识明确，所以学生作为正处在成长中的个体，认知和意识并不是影响其参与大学内部治理行动的关键。

（二）学生的经验和能力

建构主义者认为"学生不是空着脑袋走进教室的"，而是以日常生活形成的原有经验为基础，学习是新经验进入以及新旧经验发生冲撞与重组的过程，因此学生拥有的原有经验就是其教育生发的根基和源泉。同理，大学内部治理中学生的参与也不是空着脑袋进行的，而是基于原有的经验、能力和水平。那么，学生参与的经验和能力又是从何而来呢？以学校地理环境为标准可将其分为两个方面，一方面是在校内学生参与大学公共生活所获得的经验和能力，另一方面是在参与校外社会公共生活时获得的经验和能力。

如果仅从场域上来理解公共生活的话则失之偏颇，汉娜·阿伦特（Hannah Arendt）认为一种活动是在私人场合还是在公共场合无关紧要，公共领域的性质定会被进入它的活动的性质所转变，它是人们够能展示他们是谁的不可替代的载体①。罗尔斯②认为这里的"公共"有三方面的含义：第一，公共的理性或者说是参与者的理性，第二，最终的目标是公共的善，第三，主要的内容为公共的。简言之，在公共生活中，是以平等的参与主体，为了公共的善而交互和同构的组织成员的共同的生活样态，参与主体以超越个体的公共成员身份参与公共事务。所以拥有公共精神、参与公共事务是公共生活的基本要义。

首先，学生参与大学内部公共生活方面。大学作为一个典型的公共场域，参与公共生活是培养学生公民素质的过程。然而由于各方面条件的限制，我国大学目前不管是教育教学实践，还是办学治校中的公共决策都沿袭了传统的模式，学生参与的空间和机会较小，所以学

---

① Arendt H., The Human Condition, Chicago: The University of Chicago Press, 1958, p47.

② ［美］罗尔斯：《政治自由主义》，万俊人译，译林出版社 2000 年版，第 225—226 页。

生通过参与大学内部公共生活能够获取的经验和能力极为有限。其次,学生参与校外公共生活方面。公共生活是以公共事件为载体的,通过当下透视各类社会公共事件发现,学生和其他社会人员并无明显区别,在面对公共问题时缺乏基本的公共参与精神及其行动,多数人的参与基本停留在网络参与等方面。另外,我国大学的教育体制不同于国外,在学期间学生基本上在校内逗留,所以参与社会公共生活的机会很少。总体上看,我国学生通过公共生活获取参与经验和能力的机会有限,本研究中有 40.2% 的学生认为"自身缺乏参与治理的经验、能力和水平"是影响其参与的一个因素。这一结论和其他学者的相关研究发现高度一致,如学者吉特(Scott Keeter)等发现,先前已有的、与公共生活相关的经历与体验会对学生公民行为与表现产生重要影响[①];学者涅米(Richard Niemi)等也发现,学生对学校公共事务的参与对学生接受公民身份教育的相关行为产生了最重要的影响[②]。所以,学生欠缺参与公共生活的经历是其缺少经验和能力的一个表征,也是制约其参与大学内部治理行动的因素。

三 对其他方面影响因素之讨论

一个组织的治理离不开法律制度和社会文化的支撑,我国大学内部治理也不例外,学生参与权的实现除了受到学校、学生方面因素的影响外,还受到了法律制度、传统文化等外部宏观因素的影响。法律制度在于"规范",而文化在于"涵化",两者在学生参与上的影响各有不同。

(一)法律制度因素

法律制度是调整人行为的社会规范,它不同于思想意识和政治实

---

① Keeter S. & Zukin C. & Andolina M. & Jenkins K. , *The civic and political health of the nation: a generational portrait*, College Park: Center for Information & Research on Civic Learning & Engagement, 2002, p.23.

② Niemi R. & Junn J. , *Civic education: What makes students learn*, New Haven, CT: Yale University Press, 1998, pp.50 –51.

体，又区别于非规范性的决定、命令等，它以规定人们的权利和义务为主要内容，进而影响人们的日常行为①。我国大学内部治理中学生参与权的实现，有赖于完善的法律制度的保障。由于我国属大陆法系②，成文法为基本法律规范，所以宪法、法律、行政法规、规章、地方性法规都属于成文法。这些成文的法律制度是带有根本性、全域性和稳定性的制度体系，所以对人们的行为起着告示、指引、评价、预测、教育等方面的规范作用。学生参与大学内部治理涉及面广、内容复杂，所以充足而优良的法律制度供给是规范和实现学生参与权运行的必要条件。为了规范大学内部治理，一些国家和地区制定了专门的法律，比如法国1968年《福尔法》、1984年《萨瓦里法》、2007年《大学自由与责任法》、2013年《高等教育与研究法》等；日本1953年《关于国立大学评议会的暂定措施规则》、2003年《国立大学法人法》等；荷兰1970年《大学治理法》、1997年《大学治理现代化法》等，这些国家的法律在完善大学内部治理结构的同时，对学生参与也进行了规定。此外，还有部分国家和地区的大学章程本身就是法律，其对学生参与的规定也较为翔实。

我国只有《高等教育法》《普通高等学校学生管理规定》为大学内部治理中学生参与提供了法律法规依据，这些法律法规或规章已经明确赋予了学生参与大学内部治理的权利，当前的主要问题在于我国大学内部治理中的学生参与权作为一种民主权利，法律并没有将其细化为大学内部治理中学生参与的具体范围、内容等更为具体的事宜。因此可以说，目前我国大学内部治理中对于参与权的法律保障仅有个别条款，却散见在各法律法规规章当中，没有形成较为完备而成体系的法律制度。由于法律制度是评判行为的标准和尺度，按照法律制度

---

① 张文显主编：《法理学（第三版）》，高等教育出版社、北京大学出版社2007年版，第76—78页。

② 从法律渊源上讲，目前世界上存在两大法系：第一，大陆法系。以德国、法国、日本等为代表，其基本特点是以成文法为基本法律规范，不承认判例、习惯法等的效力；第二，普通法系。也称为海洋法系、英美法系，主要以英国、美国等为代表，其基本特点是以判例、习惯法为主，以制定法为辅。

的规定可以预先知晓或预见到如何行为以及行为的后果①。我国大学
内部治理中保障学生参与权的法律制度供给不足造成的影响是显而易
见的。这导致了大学及其管理者在对待学生参与问题上畏首畏尾，由
于没有上位法的明确指导和规范，目前大学内部无法建立较为详细的
学生参与实施细则，学生也找不到可供参考的参与途径、参与内容、
参与程序等规范。在这样的现实制度环境里，学生对参与大学内部治
理无法形成明确的预期并根据这种预知来做出相应的参与行动安排和
计划。所以在本研究中，有 14.1% 的学生就认为"国家法律法规规
章等不够细致、明确"是影响其参与治理的因素，可见完善保障我国
大学内部治理中学生参与的法律制度已经迫在眉睫。

（二）传统文化因素

影响大学内部治理中学生参与权实现的因素比较复杂，其中社会
文化因素是积淀深厚、持续时间长、相对稳定和隐蔽的影响因素。在
哈贝马斯看来，文化包括科学和哲学解释世界和解释自我的潜能、普
遍主义观念以及审视现代性的经验，人们的参与行动"发生在文化上
根深蒂固的预先理解之背景中"，这一文化背景是连续的、整体的，
只有参与者在特定生活世界里使用时才会被检验②。具体而言，文化
因素是形成于过去，作用于当下，影响至未来的社会群体共同的精神
与价值取向，简言之就是通过长期的社会经验发展和存续下来并产生
持久影响力的集合③。由于权利的实现有赖于特定的政治文化软环境，
著名政治学家阿尔蒙德（Gabriel A. Almod）将影响公众取向的政治文
化归为三类：第一，村民型文化。其基本特点就是公众"自扫门前
雪"，对公共组织没有要求和期待，也不会关切公共组织的政令与决
策。第二，服从型文化。其基本特点是尊重权威、服从权威，但是缺

---

① 张文显主编：《法理学（第三版）》，高等教育出版社、北京大学出版社 2007 年版，
第 83—85 页。

② ［德］哈贝马斯：《交往行动理论（第一卷）》，洪佩郁、蔺菁译，重庆出版社 1994
年版，第 141 页。

③ ［美］杰克·普拉诺：《政治学分析辞典》，胡杰译，中国社会科学出版社 1986 年
版，第 36 页。

乏参与的意愿和诉求，存在着臣民文化的消极因素。第三，参与型文化。其特点是社会成员公开地趋向于作为整体系统结构和过程的一种文化，属典型的公民文化类型，公众拥有合理的参与热情，以期通过参与实现自身的诉求，同时也会对权威给予必要尊重和支持①。有学者将这种参与型文化称为公民文化。

　　一个国家和地区人们文化性格的形成和发展，无法脱离这片土地上原始的文化与历史根基。在我国传统的政治文化中，村民型文化和服从型文化极为明显。这源于千百年来长期的意识形态化的儒家学说、宗法制的社会架构、小农式的经济生活方式等的影响。儒家学说倡导的"忠""礼""尊"等思想注重对人的道德教化，造就了传统国人"听话""顺受"的文化基因；宗法制的社会架构，形成了"君君，臣臣，父父，子子"的等级秩序，君臣有别、父子不同、上下有序，从古至今的社会运行都遵循这个秩序，它以"服从"求得等级秩序的稳定和规范，这种文化影响已经深入到国人之灵魂，表现在人们日常生活的方方面面；小农式的生活方式，则是将自己限定在个人生活的小圈子里，无意与外界进行沟通和交流，从而造就了人们封闭、内敛的文化性格及其处世哲学，诸如"枪打出头鸟""出头橼儿先朽烂""多一事不如少一事"等的思维模式。这些文化基因在学生身上也有所体现。就如大学管理者和学生访谈所言，"中国的传统文化就要求在家孝敬父母、到学校听老师的话、工作了听领导的话。这种传统文化要的就是顺从、服从、听话，学生从小受的教育就是要听话，所以从小就没有那种意识，我们的激励机制也不鼓励他去发挥独立精神，不鼓励他掺合好像与自己无关的事情"（T1），"因为传统的东西要求的是服从，所以学生参与方面的意识就欠缺，他们越长大、跟社会越接轨，小时候会说的一些话越不会说了。有些意见和建议，想提和不想提之间，也就算了，觉得多一事儿不如少一事儿"（T8）。

---

　　① ［美］加布里埃尔·A. 阿尔蒙德、西德尼·维伯：《公民文化：五个国家的政治态度和民主制度》，徐湘林等译，华夏出版社1989年版，第19—23页。

在这种文化的长期浸淫下，包括学生在内的社会民众对政治权威的依附性增强，因此习惯于将自己的事情寄希望于统治者或领导者而非自己参与解决，这样就造就了个体的义务观念增长而权利观念削弱，从而助推了人主体性的丧失和公共精神的缺乏以及对公共事务的冷漠，可以说很多社会热点公共事件的起因就在于此。很显然，在我国传统的文化中，缺少了支撑大学内部治理中学生参与权实现的文化基因，即参与型文化或者说是公民文化。

公民文化在本质上是公民社会公共精神价值体系及其外化的表现，以宣扬人格独立、人的主体资格，体现着人的实践本性，以"理性—主动性"为其内核①，追求民主公平等人类普世价值和关怀为内涵。所以它是一种民主文化，是民主参与的基石，正如罗伯特·达尔（Robert Alan Dahl）所言，民主至少包括有效参与、充分知情等在内的五项标准②。原生型的民主国家有着悠久的公民文化传统，而我国是一个后发外先型的民主国家，公民文化的积累非常薄弱。公民文化是通过复杂的过程传递形成的，"包括在许多社会机构中的训练——家庭、伙伴群体、学校、工作场所，以及在政治系统之中"③。有学者认为，在缺少公民文化传统的国家和地区，可以通过改造原有文化基因，从而形塑现代公民文化。尤其是在民主后发外先型国家，可以通过教育培养人们形成民主的文化性格，从而造就公民文化④。培育公民参与文化是一项长期的系统工程，学校教育是培育公民文化的重要组成部分，包括民主知识、公共参与实践等，这就涉及公民教育。我国目前的公民教育还比较薄弱，所以，现实中公民文化缺失以及学生参与大学内部治理情况不理想也就不难理解了。

---

① ［美］加布里埃尔·A. 阿尔蒙德、西德尼·维伯：《公民文化：五个国家的政治态度和民主制度》，徐湘林等译，华夏出版社 1989 年版，第 546 页。

② ［美］罗伯特·达尔：《论民主》，李柏光、林猛译，商务印书馆 1999 年版，第 43—44 页。

③ ［美］加布里埃尔·A. 阿尔蒙德、西德尼·维伯：《公民文化：五个国家的政治态度和民主制度》，徐湘林等译，华夏出版社 1989 年版，第 545 页。

④ 金业钦：《参与型公民文化与政治稳定》，《理论月刊》2014 年第 6 期。

第六章 结论与建议

本章结合研究发现、研究讨论等内容，形成研究结论。然后在研究结论的基础上，提出了改进大学各主体对学生参与权认知与态度、学生参与权实现、消解影响因素等的建议。最后针对整个过程进行了全面总结，阐述了本研究的创新与贡献及不足等。

第一节 研究结论

当前学生和管理者对大学内部治理中学生参与权的认知有一定缺陷。学生对参与大学内部治理的愿望极为强烈，而管理者对学生参与权的总体态度还不够理想。学生参与权运行方面，总体上参与层次尚浅，参与途径较窄，参与内容有限，参与人数不多，整体程度偏低。影响学生参与权实现的因素，有学校方面的参与机制不健全，学生方面的认知不清晰，其他方面的法律法规与文化不健全等。

第一，学生对大学内部治理中学生参与权的认知和态度有一定缺陷。大部分学生认为参与大学内部治理有明显意义，且学生对参与大学治理的认知，已经关联到参与社会治理、国家治理的层面，认为大学是他们形成参与立场、参与标准的重要场域。与此形成鲜明对比的是，学生对于参与权内涵的认知则相对模糊。理论上学生参与权的主体，是面向全体学生的，但是有部分学生对自己是否拥有参与权表示疑惑，甚至有一些学生认为自己"没有参与权"。关于学生参与态度和意愿，研究发现我国大学生不但参与意识清晰，而且参与愿望也较为积极，低年级学生的参与意愿最为强烈，随着就读年级的增高学生的参与意愿逐渐下降。

第二，管理者对大学内部治理中学生参与权的认知和态度差异较大。我国大部分大学管理者认为学生参与的实现有利于促进学校发展，同时也有利于学生的成人成才。由于大学行政化倾向的影响，管理者大多具有"向上看齐"的思维，导致部分管理者形成了对学生主体的认知偏差，认为学生参与大学内部治理属于"帮忙"。所有管理者对当前学生参与权的态度，无一例外表示支持，但当落实到行动上时，大多认为学生参与治理是校长等领导考虑的事情，与自己无关，从而推卸对学生参与权落实的主体责任。

第三，大学为学生参与权的实现提供的支持与保障不足。我国大学为学生参与提供的网络技术支持比较普遍，其中开通的校长信箱、书记信箱等较为多见。相反，在实践中大学行政部门及其管理者对于学生参与权给予相应支持的情况并不乐观。大学提供的一些临时性参与机会如召开座谈会、公开征求意见等，有些属于"走过场"的支持，在实践中并没有真正起到有效保障的作用。参与机制保障方面，我国多数大学奉行"实用主义"理念，在办学过程中由于学生的影响不突出，因而在办学理念上不太重视学生，同时现实中也鲜见有大学专门出台学生参与权保障制度。

第四，大学内部治理中学生参与权实现的途径不够畅通。在便捷性参与途径方面，学生对学生组织的依赖程度较高，但由于我国大学学生组织接受学校行政部门全面管理，所以学生组织能否代表学生群体有效参与大学内部治理还存在未知数。与电子化互动平台相比，大学对实体意见箱等的维护不够及时，学生使用频次有限。在或然性参与途径方面，校长接待日、座谈会、学生助管等由于没有形成长效机制，此类参与途径的稳定性较差。在建制化参与途径方面，以学生校长助理参与校长办公会存在诸多现实障碍，还有部分大学对学代会及各类委员会的支持与保障不足。此外，部分大学设立的实名投诉机制，在一定程度上抑制了投诉途径本身功能的发挥。

第五，大学内部治理中学生参与权实现的内容有限。在学校重大决策方面，部分大学在其校长办公会或校务会议事规则中明确了学生的决策参与权，这向学生实质性参与决策前进了一步。而在参与制定规章制度方面，现实情况与学生的期望还有较大差距。在具体教学和学生事务方面，学生参与日常性事务工作比较广泛，而对参与教学决策、课程选择、学生事务决策及政策制定上则明显不足。在大学后勤事务方面，很多大学成立了由学生等组成的后勤监督委员会、伙食监督委员会、宿舍监督委员会，学生参与对促进后勤服务规范化、科学化有明显作用，但在参与后勤服务决策、管理制度制定等上还有很较大空间。

第六，大学内部治理中学生参与权实现的程度偏低。我国大学内部治理中学生参与权实现的整体程度较低，学生只能通过有限的途径参与有限的内容，随着大学内部治理层级的提升，学生参与越发困难，参与人数越来越少。从参与治理的内容看，除在学生评教等个别领域学生参与人数较广外，其余治理内容的学生参与人数都不多。从参与效果看，在学生参与教育教学、后勤管理等方面会有一定效果外，其他方面的效果还有待考证。整体而言，现实中学生参与大学内部治理虽有初步成效，但与学生期望还有不小差距。

第七，影响学生参与权实现的学校和学生因素较为复杂。从学校方面看，我国大学在办学理念与文化中对学生主体地位的关注严重不足，办学行政化思维较浓，学生参与大学内部治理的制度建设不健全，管理者对学生参与权的认知与支持态度有限，严重影响了学生参与权的实现。除此之外，多数大学在办学实践中重视专业教育，忽视公民教育，特别是忽视了公民教育的参与性特点，很多课程欠缺公共实践环节，学生鲜有参与公共实践、公共生活的机会。从学生方面看，学生普遍较缺乏参与公共生活的经验和能力。还有部分学生对参与大学内部治理认知不够清晰，意愿不够强烈，从而影响了其参与行为。

第八，制度与文化是影响学生参与权实现的重要因素。从法律制度看，我国大学内部治理中的学生参与权作为一种民主权利，目前有

《高等教育法》《普通高等学校学生管理规定》等的保障，但还没有形成完备而又成体系的法律制度。与此同时，由于没有上位法的明确指引和规范，大学内部也未建立起较为详细的学生参与实施规则。从文化因素看，传统政治文化中村民型文化和服从型文化较为明显，这种文化造就了人们内敛、不善参与的文化性格及其处世哲学，这种文化在一定程度上影响了学生参与权的实施。

第二节 改进建议

针对我国大学的现实情况，为从根本上解决大学内部治理中学生参与权实现的困境，在借鉴其他国家和地区经验的基础上，根据我国国情和大学实际，多主体、多角度切入，消解制约学生参与权实现的因素，建立和完善保障学生参与权的各种公共政策、制度以及机制，从而保障我国大学内部治理中学生参与权实现的规范化、制度化、长期化发展，特提出以下粗浅的建议和意见。

一 改进各主体对学生参与权认知与态度的建议

（一）改进学生对其参与权认知与态度的建议

如前文所述，学生作为各方面正在成长的个体，对大学内部治理中的参与权还存在认知、参与能力、参与经验等方面的不足，为此本研究建议学生应该突破自我、开始公共生活的历练，这是参与大学内部治理的必要准备。

公共生活是突破自我，养成公共质量、形成公共精神的载体。参与公共生活的目的是为了公共的善，因为公共就是"共同"，个人也就与公共联系在了一起，阿伦特用"圆桌"来比喻这种每个人与公共之间的联系。在她看来，圆桌象征着公共事务，而围坐在圆桌周围的则是参与公共事务的人，圆桌搭建了每个人参与的公共交往与商谈平台，体现的是在制度化的平台上让来自不同层面、不同角度、不同背景的人共同参与，这就说明进入公共生活、参与公共事务是每个人关注自己也是关注公众的必要过程。

当前我国大学生对各方面公共事务的参与有较为浓厚的兴趣和热情。热情固然重要，但是参与公共生活只有热情是不行的。就像托克维尔（Alexisde Tocqueville）认为的那样，热情虽然可以让人们不惧艰险，但是远不如冷静深思那样能长期克服艰险①。因此学生在抱有对公共生活参与热情的同时，至少还需要进行 3 个方面的个体努力，因为这些都是形成个人公共品格、养成公共精神的条件。

1. 学习公共知识，形成公共意识

学习公共知识是进行公共生活的基础。公共知识的学习，除了传统的课堂之外，学生也应该发挥自己作为学习主体的作用，主动学习公共知识，拓展自己的公共认知，形成对公共事务的一般性判断。另外，还需要将所学的公共知识内化于心，形成个人价值观，这也是参与公共生活、践行公共精神的关键。比如为了防范和约束公共生活的失序，学生应该强化对公共伦理和环境的学习和认知，就像本研究中管理者访谈的那样，"学生参与治理不能把学生会变成自治委员会，把团委变成学生党派，那绝对不行，绝对不允许"（T1），可见对于此类公共知识的学习对于指导具体的行动有着极为关键的意义，若学生对此一知半解甚至是不了解，学生参与公共事务就有走向歧途的可能。

2. 参与公共言说，彰显个体存在

言说，按照哈贝马斯的观点，就是基于语言媒介的交往与商谈，是两个以上的言语和行动主体之间的互动，他们利用口头的或者其他手段建立起彼此的关系，从而在交往与商谈的基础上把他们的行动计划和行为协调起来②。我国学生常常存在羞于表达、不善言说的特点，因此学生要勇敢突破自己，积极参与针对公共事务的言说，包括说

---

① ［法］托克维尔：《论美国的民主（上）》，董果良译，商务印书馆 2007 年版，第254 页。

② ［德］哈贝马斯：《交往行为理论：行为合理性与社会合理化》，曹卫东译，上海人民出版社 2004 年版，第 84 页。

理、发问、讨论等多种形式，针对公共事务向他人表明自己的观点和立场，同时还要站在他人的立场上进行倾听和吸收，由于每个人的观点和认知都不相同，这样就提供了互相理解、互相尊重、互相补充、互相促进的可能，从而也可以唤醒或加深他人对公共事务的认知，并为解决公共问题提供不同的思维和向度。

3. 身体积极行动，锻造公共品格

公共认知和言说只有转化为行动，才能产生实际的效果。如本研究中学生访谈的那样，"要有参与的责任感、使命感，要有让学校变好的想法，就要变成一个积极去做的人，而不是在那里发发牢骚就完了"（S01）。因此学生不但应该积极参与校内公共生活，同时也应该参与校外的公共生活。首先，就校内公共生活而言，班级、院系、学校都是其生活的公共空间，特别是班级、社团等作为学生接触的最基本单位，每个学生的参与不仅是一种组织内的公共治理方式，更是一种学生用言语和行动参与本班级、社团、院系、学校等组织公共事务的生活方式，因此每个学生都应该走进这种身边的公共生活，用商谈、投票、制定班级公约等民主、协商、公平的方式，达成组织内部的共识。最后，就校外公共生活而言，每个人的存在都与他人存在普遍的关联，所有人都处在一种共在状态之中，在公共环境里，每个人都是彼此成全，每个个体关心、关注的公共问题、公共事务，最终还是归还于每个个体自己，就好比所有人同乘一辆列车，如果在遇到公共问题时每个人都不参与行动，最后的结果就会由包括自己在内的所有人共同承担。所以学生作为组成社会的公民主体，也应该积极参与社会公共事务，这种公共生活所产生的意义不仅仅在于自我，而是将个人置身于公共环境中，换位思考、心怀他人，习得个人和他人共在的意义[1]。

阿伦特认为每个人都是独特的，都是不可替代的唯一，所以每个

---

① 刘铁芳：《学生何以进入公共生活之中——基于学生视角的学校公共生活建构》，《当代教育与文化》2013年第1期。

人参与公共生活都有自己独特的价值①。学生不管是参与校内的公共生活还是校外的公共生活，都是锻造公共品格的过程，所以每个学生都应该主动学习公共知识，参与公共言说，进行身体行动。比如在2003 年因孙志刚事件中的北京大学"三博士上书"②、2011 年北京大学学生通过网络搜索推动了"郭美美事件"的进展③、2012 年中山大学学生郑楚然向国内 500 强企业发出的"抗议用工性别歧视的声明"④、2016 年北师大 6000 件古陶瓷中事件中 2015 级教育学博士生发出要求学校回应社会舆论的公开信⑤等，诸多发生在身边的事情，说明在开放、活泼的公共生活空间里，没有谁可以垄断公共生活，每个人都具有进入并开启公共生活的可能⑥。每个学生通过个人的公共参与，可以小则改变公共秩序，大到促进国家某个公共领域的发展与

———————————

①　Arendt H. , *The Human Condition* , Chicago：The University of Chicago Press，1958，p. 7.

②　2003 年 3 月 17 日晚，就职于某公司的孙志刚在广州街头，因未随身带身份证和暂住证，被警察带至广州黄村街派出所，后被送至"三无"人员（即无身份证、无暂居证、无用工证明的外来人员）收容遣送中转站。3 月 20 日孙志刚在该处被殴打致死。4 月 25 日该事件被媒体曝光。5 月 14 日北京大学 3 名博士以普通公民身份向全国人大常委会法制工作委员会传真寄送了"关于审查《城市流浪乞讨人员收容遣送办法》的建议书"，提出了该收容遣送办法中限制公民人身自由的规定与我国宪法和有关法律相抵触，应予以撤销的建议。最终推动了我国《城市生活无着的流浪乞讨人员救助管理办法》的废除，该案件也成为了我国违宪审查第一案，从而永远载入史册。参见陈晓英、真东《三博士上书推开法规审查之门》，《法制日报》2003 年 12 月 31 日。

③　2011 年北京大学的一名大学生成为通过微博搜索推动"郭美美事件"变成社会公共事件的行动者。参见邱瑞贤《郭美美掀起网民搜索狂欢 公务员大学生纷纷加入》，《广州日报》2011 年 7 月 14 日。

④　2012 年中山大学大四学生郑楚然向中石油、国家电网等在内的全国 500 强企业寄出了呼吁用工平等的声明，抗议招聘中的性别歧视。参见李秋萌《中大女生致信 500 强CEO 抗议招聘性别歧视》，《京华时报》2012 年 4 月 27 日。

⑤　2016 年 7 月 13 日，北师大接受校友邱季端捐赠的 6000 件古陶瓷，北师大宣布成立邱季端中国古陶瓷博物馆，该事件一经公布立即受到业界人士质疑，认为捐赠的古陶瓷是赝品，于是 7 月 30 日教育学部 2015 级博士生刘昕鹏向学校提交了公开信，认为作为北师大的学生有权利针对社会舆论，提请校长成立调查组调查并公布结果，以回应社会的质疑。参见袁浔杰《北师大受捐 6000"古陶瓷"博士生公开信要求查真假》，《南方都市报》2016年 8 月 1 日。

⑥　刘铁芳：《学生何以进入公共生活之中——基于学生视角的学校公共生活建构》，《当代教育与文化》2013 年第 1 期。

进步，他们的参与不仅仅是对某个方面公共事务的改进，而且更是对其他人公共参与热情的召唤。所以在公共空间里，每个学生都有参与的可能和机会。

公共生活是每个人共在的生活状态，所以学生在参与的过程中不应该有任何功利化的取向和要求。如果说学生只关心自我利益和价值，并把参与公共事务看成是实现自我价值、追求自我利益目的的话，就会损害或破坏公共生活的价值意义，所以建议学生在平等、自愿、合作、关怀和爱的指引下参与，在公共生活中摒弃个人主义式的功利化思维，因为功利化只会造成对他人、对公共事务的冷漠与无情。学生走入公共生活、参与公共事务，最重要的目的还是习得公共品格、公共精神，提升公共参与的认知和能力，这些都会为学生参与大学内部治理提供有益的帮助。

（二）改进管理者对学生参与权认知与态度的建议

管理者是构成大学的重要主体，同时也是在大学中拥有行政权力的特殊主体，他们的认知、态度、行为是影响学生参与权实现的重要因素。为此，本研究建议通过继续教育、完善选拔任用机制等多种方式，有效改进管理者对学生参与权的认知及其行为。

1. 加强管理者自身学习

"非学无以广知"，时代的发展和进步对大学管理者提出了新要求，如果管理者不能够主动适应社会变化从而加强自身学习和提升，将在一定程度上影响到学生参与权实现乃至大学的发展。所以大学管理者应该适应学习型社会的要求，面对新形势新问题正视自身存在的思想观念、知识认知方面的缺陷，从而增强学习的自觉性和紧迫感，将提升个人的包括民主素质在内的各方面素质作为一项长期任务来做，把学习作为更新认知、提升水平、增强意识的重要途径，从而摒弃落后的观念认知和思维方式，诸如等级意识、权力观念、官僚思维等，正如学生在问卷调查中所言的，管理者"充分认识到学生的重要性，学生就是大学的重要组成，学生权利的保障是体现大学办学水平的重要因素，所以一定要提高民主素质，这很关键"（W），从而克服因循守旧的行为习惯。

2. 增强管理者服务意识

服务意识也称公仆意识，邓小平曾说"领导就是服务"，服务是领导的基本职责。大学管理者也不例外，不管是大学的校长、行政部门处长，还是比较基层的行政职员，都是为学生和教师进行服务的。正如梅贻琦所言"我这个大学校长是帮教授搬凳子的"，换言之，大学管理者就是服务员，做好服务是管理者的本质工作。所以在大学内部治理中，管理者应该意识到自己是服务员而不是领导者的角色定位，认真履行服务职责，为学生参与权的实现做好服务保障。首先要转变观念，如学生对管理者提出的那样，"与学生平等交流，学生不是低人一等，教辅人员是为学生提供服务的"（W），"请校领导尊重学生，了解学生需求，不要太形式主义、官僚主义"（W），同时做好哈贝马斯所言的交往与商谈工作，保持与学生的沟通和交流。

3. 强化管理者继续教育

管理者的认知提升除了自身的行动之外，还包括有组织的继续教育。这种方式虽未必出自管理者自愿，却是管理者提升认知水平的重要途径。在新形势下，大学要建立对管理者持续性培训和在职教育机制，用制度化的形式强化对管理者的继续教育，对不同岗位、不同类型、不同层级的管理者制定有针对性的理论学习计划，要求每年必须在校内或校外接受一定时间的教育理论、教育法治等方面的学习。继续教育不但要确保数量，更要保重质量，确保通过继续教育有效推进其思想观念转变、提高对学生参与权的认知。只有这样双管齐下，管理者对学生参与权的认知才能有所提升，从而在工作中为学生参与治理提供一些支持。

4. 改进管理者任用考核机制

由于选拔任用和考核机制具有指挥棒和风向标的作用，是激发大学管理者更新对学生参与权认知及其态度的内在动力。因此建议大学：第一，将民主法治素质、教育理论素养、学生观念作为选拔和任用管理者的考量条件，对现代民主意识强、教育理论素养好、学生观念强的管理者予以率先任用；第二，增加学生对管理者的评价环节。在选拔任用上设置学生参与权，让学生在选拔和任用管理者方面具有发言权和表决权，这样管理者才会意识到学生主体的重要性。在对管理者的考核上，由于在具体的大学内部治理中，对于每个管理者对待学生的态度如何、能否在其负责或主管的工作范围内重视和支持学生参与权，并为学生参与权提供积极的支持和协助，学生最有发言权，因此建议在程序上将学生测评作为大学管理者考核，包括任职考核、年度考核、晋升考核的必要环节。就如被访对象所言的那样，"就像评价老师一样，应该对学校服务的行政人员也进行评价，因为有些行政服务人员的服务态度很差，应该让学生对他们也进行评价，这才是公平的"（S12），这样管理者才会在意识上和行动上重视学生参与。

二　改进大学内部治理中学生参与权实现的建议

（一）改进我国大学内部治理中学生参与权实现的保障建议

如前文所述，我国大学内部治理中的学生参与保障可以分为便捷性条件保障、提供临时性参与机会、构建参与机制等几个方面，目前最为薄弱的是参与机制保障方面，为此本研究就参与机制保障提出如下改进建议：

1. 确立以学生为本的办学理念

办学理念是大学办学的价值取向和发展的指导思想，对办学治校起着指引作用。从中世纪大学以来，大学的核心职能始终是培养人才，因此学生是组成大学的核心要素。但是随着社会的发展，特别是大学拥有了服务社会的职能之后，在某种意义上大学开始向功利主义、实用主义靠拢，从而逐渐偏离了原本的轨道。近些年来我国大学在办学中在追逐排名、科研等显示度较高的内容时，忽视了学生的主体地位和价值，同样在大学内部治理中，变成了部分人参与治理甚至是一小部分人参与治理，从而将学生排除在治理结构之外的情况。本研究认为，在推进"双一流"建设的新形势下，我国大学办学目标聚焦在一些比较显见的内容上，有进一步忽视学生主体之危险。为此必须回归大学根本职能，重新确立以学生为本、以学生为主体的办学理念①。如果不重拾大学育人的本质和属性，为学生的成长成才提供有利的服务和支持的话，那么大学的存在将会存在合法性危机②，就像雅斯贝尔斯③告诫的那样，"不能无视学生的现实处境和精神状况"。所以，不管大学的职能如何拓展、大学与社会的环境如何变化，大学都应该坚持以学生为本的理念，正如被访谈对象所言，大学是否坚持以学生为本的理念"就决定了学生是否有机会、有权利参与大学内部治理"（T4），因此让包括学生在内的各利益相关者参与治理，这是大学长期探索和积累的理念，反映的是大学人公共的价值目标④。接着就需要如被访对象所言的那样"包括办学理念、校园氛围、具体日常管理等都要有意识地去做，把学生当成办学治校的主体，然后一点一点地去做"（T6）。

2. 建设现代大学制度

为了保障大学法人地位的落实，必须构建符合我国实际的现代大学制度。建设现代大学制度是当今世界大学的基本共识，近几十年来我国现代大学制度的构建表现出了政府推动，认识逐步深化，富有鲜明时代性的特点⑤。《国家中长期教育改革和发展规划纲要（2010—2020年）》明确提出"完善中国特色现代大学制度"，将建设现代大学制度作为国家教育发展战略，随后教育部启动了现代大学制度建设的试点工作，由于各种条件的限制，目前来看我国现代大学制度建设成效并不理想。学者们认为在推进"双一流"建设的新形势下，如

---

① 吴启迪：《创新现代大学办学理念》，《中国高等教育》1999年第15/16期；钟秉林、赵应生：《加快建设中国特色的大学文化》，《国家教育行政学院学报》2010年第9期。

② 韩益凤：《"双一流"建设背景下大学理念的重申》，《黑龙江高教研究》2018年第9期。

③ ［德］雅斯贝尔斯：《什么是教育》，邹进译，生活·读书·新知三联书店1991年版，第150页。

④ 吕晓轩：《论大学文化在创建世界一流大学进程中的基础性作用》，《现代教育科学》2018年第2期。

⑤ 彭宇文：《中国特色现代大学制度建设的时代性》，《复旦教育论坛》2018年第4期。

果不从现代大学制度入手，很难完成"双一流"的建设任务，因为世界一流大学都有现代大学制度做支撑，无论是先发内生型现代化地区的大学，还是后发外生型现代化地区的大学都是如此，其大学制度环境高度相同①。构建现代大学制度的重要性不言而喻，构建现代大学制度的主要任务是处理好两个方面的内容，一方面是明确政府、社会与大学之间关系，另一方面是构建内部治理体制和制度，处理好大学与教师、学生之间的关系②。建立现代大学制度，基础在大学③。实践中，大学章程是现代大学制度的核心载体，是大学办学治校的根本依据。因为大学章程牵一发而动全身，以大学章程为抓手推进现代大学制度建设，能够起到事半功倍的作用④。

大学章程是衔接大学内外部的桥梁，它外接国家法律法规、内接校内规章制度，是大学内外部相关权力、权利、义务等调整的基本规范和依据，由大学和主管部门按照法定程序制定的具有约束力的规范性文本。2011 年教育部启动大学章程建设和核准工作，2015 年国务院出台的《统筹推进世界一流大学和一流学科建设总体方案》中提出"建立健全高校章程落实机制，加快形成以章程为统领的完善、规范、统一的制度体系"。2018 年初教育部部长在全国教育工作会议上指出"以大学章程为基础"建设现代大学制度。同年 8 月教育部、财政部、国家发改委出台的《关于高等学校加快"双一流"建设的指导意见》中也明确提出深化改革、完善中国特色现代大学制度，"贯彻落实大学章程，规范高校内部治理体系"。截至 2018 年 12 月 1 日，经教育部核准的有 113 所大学的章程，其中 75 所教育部直属大学全部完成章程核准工作。此外，还有北京大学等多所大学对原核准的章程部分内容进行了修改。各个省、自治区、直辖市的主管部门对所属的地方大学也相继进行了章程核准与发布工作，目前全国范围内的大

---

① 张应强：《中国特色现代大学制度建设任重道远》，《探索与争鸣》2018 年第 6 期。
② 孙宵兵：《在法治基础上构建现代大学制度》，《中国高等教育》2006 年第 19 期。
③ 袁贵仁：《建立现代大学制度推进高教改革和发展》，《中国高等教育》2000 年第 3 期。
④ 黄兴胜：《现代大学制度建设的进展与思考》，《黑龙江高教研究》2015 年第 2 期。

学章程建设工作基本结束。我国《高等教育法》第二十八条和《高等学校章程制定暂行办法》第七条规定，大学章程应该载明学校和举办者之间的关系、学校的领导体制、组织结构、决策机制、民主管理、监督机制等方面的内容。但是从这些已经核准的大学章程的内容来看，对于学生参与权的规定并不充分。

如前文所述，章程是大学的"宪法"，是规范大学内外部各主体责、权、利的依据。为此本研究建议，面向未来，我国大学的章程在修订或重新制定时，要承接法律的要求，明确大学法人治理结构，具体包括两个方面：第一，外部治理结构方面，构建大学与政府的新型关系，通过大学章程的形式，明确政府与大学之间的职责权限，避免政府对大学的过度干预与管理。换言之，政府可以做什么、不可以做什么都需要通过大学章程进行确认；第二，内部治理结构方面，如孙宵兵所言，处理好各种权力之间的关系，落实包括学生参与权在内的各种权利在大学内部治理结构中的地位和作用[1]。为此，就像被访对象所述，"章程中应该列入学生参与大学内部的这种参与权，大学章程是一个学校最重要的管理文件，在这里面应该给予体现"（T7），所以本研究建议将学生参与权作为大学内部治理结构的组成部分，形成权力—权利相互制约的内部治理结构，学生参与权、行政权力、学术权力等之间的制约。与此同时，在大学章程中，还需要明确大学的决策机制，确定在学校重大决策中的学生参与权。

现代大学制度是一套制度体系，根据重要性的不同其中存在根本制度、基本制度、基本规范等的区分[2]。大学章程就是大学的根本制度，是大学校内各规章制度的"母法"和"上位法"，也是大学内部制定其他规章制度的依据。因此，在大学章程中明确学生参与权之后，就需要根据大学章程的内容完善学校内部的其他制度，从而形成支撑学生参与权的制度体系。如果没有详细的制度衔接大学章程的

① 孙宵兵：《在法治基础上构建现代大学制度》，《中国高等教育》2006年第19期。
② 黄兴胜：《现代大学制度建设的进展与思考》，《黑龙江高教研究》2015年第2期。

话，就会出现被访对象担心的情况："没有制度保障就做不长远，有可能做着做着就不做了"（T6），"如果连这个制度保障都没有的话，学生参与大学内部治理就看领导的心情了"（S12）。为此本研究建议，制度体系的建设要遵循哈贝马斯所言的商谈原则，保障学生在制度建设中的参与权，正如被访对象所言的"制度的笼子"由校内各主体共同商谈来扎，"一方面由管理者来扎，一方面由教授来扎，另外一方面由学生来扎"（T1）。

（二）完善我国大学内部治理中学生参与权实现的途径建议

参与途径是学生参与大学内部治理的通道，若参与通道不畅则学生无法实现其参与大学内部治理的行为，更谈不上学生参与权的实现，就像被访对象所述，"一些正常表达的空间或者渠道不通畅，所以还是要给这样的通道，对吧，这个通道通畅的时候，很多问题就在比较小的时候就解决了，如果这个通道不通畅呢，它就堵塞了、积累起来了，积累起来以后呢就会成为一个大的问题"，"实际上任何能够促进学生参与的，都可以探索"（T5）。所以，针对目前我国大学内部治理中学生参与途径不足的现实，本研究建议在借鉴和参考其他国家和地区大学做法的基础上，从学校实际出发，拓展和创新学生参与途径，将每种参与途径都变成学生可操作、见实效的途径，而不是做样子、走形式。

1. 完善建制化参与途径

建制化参与途径是学生参与大学内部治理最稳定的途径。首先，目前我国部分大学已经开始探索学生代表参与校长办公会等途径，并取得了较好效果，面向未来，全国大学都可以进一步探索学生校长助理参与校长办公会的途径，完善学生校长助理参与的制度保障，扩大学生校长助理参与大学内部治理的内容和形式。其次，强化学生代表大会以及各类委员会建设，明确在这些治理途径中学生代表的席位及参与职责，使得学生代表席位成为主张学生利益、反映学生诉求的重要参与途径。最后，健全投诉、申诉机制。就投诉机制而言，基于我国大学在内部治理中投诉途径比较传统，而且运行机制不畅的现实，建议大学设立多渠道的学生投诉手段，比如网络投诉手段、移动通信投诉手段等，同时也要完善学生投诉的处理机制，推行匿名投诉等民主方式，让学生对大学各治理工作进行全方位的参与和监督。另外，就申诉机制而言，针对申诉委员会成员以学校职能部门领导为主的现况，有必要增加学生成员名额，优化学生申诉程序，做好学生权利的申诉保障工作。当然，这些只是对现有建制化途径的建议，还远远无法满足当前学生参与大学内部治理的迫切需求，因此大学还应该进一步加强各类建制化的学生参与途径设置，从而为学生参与提供多样化、良性、稳定的途径。

2. 加强或然性参与途径

或然性参与途径由于运行成本较低，所以学生参与状况尚可，但是与满足学生需求还有较大差距。因此本研究就我国大学现有的或然性参与途径提出以下改进建议：首先，座谈会、征求意见会、校长接待日、校长下午茶、校长面对面等途径是大学与学生进行沟通的有效保障机制，也是学生参与大学内部治理的重要形式，为此特建议大学完善这些途径的长效运行机制，避免出现座谈会等的召开因为领导的不同而不同的情况，从而做到学生对该类座谈会的有效预期，包括时间的预期和效果的预期。最后，管理者也是学生参与的一种途径。由于这种依靠个人因素形成的参与途径极为不稳定，目前并不是学生参与大学内部治理的一种可靠途径。因此本研究建议，大学应该健全学生通过管理者参与的运行程序和机制，比如推行"首问责任制"等，明确学生通过首问管理者提出的意见和建议等，必须按照相应的程序进行推进，避免因为个人原因发生中断，从而挫伤学生参与的积极性。同理，这些或然性参与途径尽管存在本身的功能缺陷，但是通过完善运行机制和参与程序，也可以作为学生参与大学内部治理的重要途径。

3. 健全便捷性参与途径

便捷性参与途径是学生方便接触、简单易行的途径，一般而言离学生日常学习生活较为接近的都可以列入便捷性参与途径，比如学生组织以及电子化参与途径等。首先，加强学生组织建设。学生会、学生社团等学生组织作为学生与学校联系的纽带和桥梁，也是学生参与大学内部治理的一个重要途径，可以代表学生群体向学校反映意见和建议、维护学生权益等，针对我国大学学生组织的现状，本研究建议大学应该强化学生组织建设，明确学生组织代表学生、服务学生的方向和目标，同时建设一批专门促进参与大学内部治理的学生组织，比如调查学生意见、维护学生权益的社团。另外，借鉴境外大学学生组织的做法，改进对学生组织的管理机制，减少对学生组织的干预，使得学生组织独立、自主发展，避免学生组织成为大学其他组织的映射。最后，完善学生互动平台建设。我国大学目前有意见箱、留言板等比较传统的参与平台，也有电子化的参与平台。然而现实中传统的如意见箱、留言板等，存在后续维护不周等问题，为此本研究建议大学健全对意见箱的维护，促进意见箱等在收集学生意见和建议等方面功能的发挥。同时，在"互联网＋"时代，电子化参与途径由于不受时间、地点的限制，是大学促进学生参与治理的重要途径，因此本研究建议大学加强学生参与的电子平台建设，包括校长信箱的设置、学生意见采集系统等，另外也要完善机制做好学生电子化参与的后续维护与跟踪，确保学生参与产生实际效果。

（三）拓展我国大学内部治理中学生参与权实现的内容建议

大学内部治理的内容涉及办学治校的方方面面，本研究也发现在我国大学内部治理中学生期望能够实现全方位参与，然而现实情况是学生参与的内容和范围比较有限，除了在教育教学、后勤服务等方面参与较广以外，其他方面的学生情况参与均不理想。本研究认为要拓宽学生参与大学内部治理的内容，做到全方位参与，就如访谈对象所言，"真正把学生参与权的范围扩大，要涉及到学校治理的方方面面，而不仅仅局限于学生的切身利益方面"（T1）。为此，针对我国大学内部治理中学生参与权实现的薄弱环节，特提出以下几点建议。

1. 探索学生参与学校重大决策途径

目前在学校重大决策中，学生参与基本上属于收集信息等决策前阶段，与学生在决策中具有投票权等期望有较大差距，为此建议大学管理者要提升对学生参与决策的认知，从意识上、行动上探索和支持学生参与学校重大决策，通过建章立制，进一步固化学生参与重大决策的权利，包括在大学章程中确认学生的决策参与权，细化配置的制度体系，比如决策议事规则、议事程序，明确在校长办公会、校务会等学校重大决策机制中的学生代表身份，以及学生在决策中的投票权重等程序问题，从而确保学生的决策参与权能够发挥实质性作用，而不是作为重大决策的点缀成分。如果说，目前学生全面参与学校重大决策存在诸多困难的话，那么可以探索试点参与，正如被访对象所言，"可以先从个别院系进行试点"（S11）。

2. 实践学生参与规章制度制定

目前在我国大学内部治理中由于治理结构等方面的原因，学生参与规章制度制定较为困难。面向未来，本研究建议大学要充分尊重和发挥学生主体的作用，在规章制度制定工作的启动阶段发挥学生参与作用，鼓励学生提起大学规章制度动议（包括修改、废止规章制度等方面的请求），大学要对学生提出规章制度制定之建议和意见予以积极回应；在起草阶段，选取学生代表共同参与起草，避免行政职能部门一手包办、贯彻领导意识有余而体现学生意志不足的现象，对制定涉及学生重大利益的制度采取听证会形式，让广大学生参与发表意见，从而体现制定规章制度的程序正义，就像被访对象所言"多开点类似于听证会那种的，学校有个决策啊什么的可以办一个听证会，听听同学们现场表达的意见，学生未必有决定权，但是应该有参与的权利，就是同学们提一些意见给学校，最后学校采纳不采纳，这个可以综合考量嘛"（S05）；在审议阶段，完善审议机制，强化学生的参与审议权，避免学生参与审议成为走过场、做样子的工作。

3. 扩展学生对大学具体治理事务的参与

大学内部治理的具体事务纷繁多样、事无巨细，当前在我国大学内部治理中，学生对部分具体事务的参与较为普遍，而对部分事务的参与则较为薄弱，与学生的期望相差甚远。这就要求大学充分认识到学生在大学内部治理中的主体价值，做好哈贝马斯所论的交往与商谈工作，让学生全方位参与到大学的具体事务中来，充分征求学生意见、让学生参与相应的决策、政策制定等，从而彼此达成一致。就教育教学方面而言，扩大学生在教学决策中的参与，让学生在学什么、怎么学等问题上有充分的参与权，比如参与制定人才培养方案、教材选择、教学政策等；在学生事务上，大学需要转变学生工作理念，按照治理的要求实现与学生的全方位互动和沟通，进一步拓展学生在事关学生事务决策、制定政策等方面的参与，做到如学生所言的"希望能多征集学生意见，和学生民主沟通后再做出相关决定"（W），从而让学生在学生事务上成为行动主角，而不是目前被动的接受者和执行者；在校园生活上，让学生成为校园公共生活的主角，在包括校园环境、后勤等事务当中赋予学生广泛的参与权。

（四）提升我国大学内部治理中学生参与权实现程度的建议

如前文所述，学生参与权的实现程度有多个方面，包括学生参与的层次深浅，参与的途径宽窄，参与的内容多少，参与的人数多寡等。由于部分建议在前文中有所论述，在此不再赘述。为了提升我国学生参与权实现的程度，本研究主要提出如下改进建议：

1. 提升学生参与动力

动力机制解决的是动力的来源或根源问题，是通过一定的方式或手段达到预期目的的推动机制。在我国大学内部治理中，应该探索促进学生参与的动力源泉和作用方式，充分发挥与调动学生参与的积极性、主动性和创造性。

首先，设立学生参与的鼓励措施。鼓励措施是对人们行为的一种正向引导，本研究建议在借鉴其他国家和地区大学以及其他社会组织做法的基础上，设立和完善我国学生参与大学内部治理的鼓励措施，这对于培养学生参与权意识、保障学生参与权益有积极作用。本研究访谈对象提出的下列建议都可以酌情考虑，"在学生素质提高这块有个积分制，比如你在这个平台当中提一个有效意见，你的意见被学校采用了，然后在素质分中加两分"（T8），"成立专门的部门推进学生参与治理"（W），"应该建立一个专门的组织来听取学生的建议"
（W），"可以定期召开会议，听取学生最近一段时间的问题反馈和意
见建议。另外，可适当增加学生在管理层面的席位"（W），"专门有
一个老师负责对接，如果有专门老师去负责，学生和学校两方面衔接
的话，肯定效率会更高一点"（S08）等。当然，大学设定鼓励措施，
要有完整性、可持续性，而非零星奖励，让学生具有长远、明确的预
见性。

其次，构建学生参与的反馈机制。我国大学内部治理中的学生参
与包括多个层面，如学生的建议和意见、参与决策、参与评价等。不
管属于何种形式或内容的参与，大学对学生的参与都需建立完善的反
馈机制，若大学对学生的参与反应较弱或没有反应的话，学生参与大
学内部治理的积极性就会受到影响，就像被访对象说的那样，"学生
提了意见以后，管理部门没有反馈，这样的内部参与的渠道不畅通以
后，学生们都会口口相传，'有些问题提了也没用，提了还不如不
提'，在这样的情况下，那么学生的参与动力、参与的意识就会相对
不足"（T4），所以大学应该完善内部处理机制，对于学生参与的意
见、建议、信息等交由相关部门进行处理，并严格要求按期回复。对
学生提出的问题及时给予解决，对解决不了的问题要说明理由和情
况。反馈的形式可以多样，包括电话反馈、纸质反馈、电子反馈以及
通过解决实际问题予以反馈等，其最终目的不是为了反馈而反馈，而
是"对学校有利的建议一定要积极改善和采纳"（S06）、"让学生更
加容易地反映问题，并给予解决"（S02），"能够把一些问题给予解
决，这是最根本的"（S10）。

2. 加强对学生参与的舆论引导

舆论引导是有意识地导向人们的意识，从而影响其行为的活
动。由于我国大学内部治理缺乏学生参与的实践传统，为了推动
学生参与权的实现，进行有效的舆论引导就显得极为必要。如被
访对象所言，"我觉得改进学生参与，学校应该积极宣传，学生在
学校中的重要性，让学生感受到学校是以人为本、以学生为本的"

（S06），"应该大力宣传这种让学生参与内部治理的好处"（S04）。为此，本研究建议，应在大学内部治理中确立将学生参与作为学校各职能部门开展日常工作的基础和前提之原则，从而保障学生参与治理的有效落实。

首先，宣传鼓励学生参与的举措。针对国家、学校出台的鼓励学生参与的举措，包括规章制度、政策措施等，利用学校的校园网络媒体、移动媒体、宣传栏、布告栏等进行多方位宣传，做到如被访对象所要求的"广而告之，让学生知道"（S03），这是实现学生参与权的重要基础。

其次，宣传学生参与的典型案例。学校应该从学生的学习过程、生活需求等多角度出发，积极宣传大学内部治理中学生参与权实现的典型事件和案例，就像本研究中被访对象提及的那样，"学校通过宣传部、学工系统的信息化平台，主动宣传学生参与的典型，比如学生校长助理，不断通过微信平台一方面介绍学生校长助理的个人状况；另一方面就是介绍学生校长助理参与了哪些事情，包括其他学生在'E信通'中反映的事件，通过微信推送的方式在学生中进行宣传，这样通过正常的舆论引导以后，学生参与治理的积极性就提高了"，"通过辅导员系统大力进行宣传，学生也会口口相传，……通过这样的传播途径，学生的参与意识就越来越强"（T4）。

三 消解影响和阻碍学生参与权实现因素的建议

（一）消解影响学生参与权实现的学校方面因素之建议

由于在前文中对于改进学生参与权的学校因素之建议已有所论述，包括办学理念、建设参与机制、改进管理者认知与支持态度等，在此就不再赘述。下面重点就影响学生参与权实现的环境因素，提出以下改进建议：

1. 营造学生参与的民主氛围

我国在管理主义架构下的大学，自上而下的管理已经改变了校园学生生活的基调，校园里弥漫着对行政的不信任气氛，趋利、竞争、冷漠、排他的价值逐渐在取代千百年来大学形成的平等、包容、民主、自由的价值观念，以往学者社团中和谐、自由的人文环境消失殆尽①。而当前我们正处在一个民主化、参与化的时代，民主观念已经深入人心，因此营造大学民主的人文氛围和宽松的学生参与环境就显得极为必要。所以建议大学转换教育坐标、明确办学方向、厘清思想源流，采取有效措施促进教育中的人本值②。具体而言就是大学应该有意识地营造关心学生、尊重学生、爱护学生，为学生的成人成才提供良好的氛围③。正如被访对象所言，"有了很好的人文氛围以后，学生的民主参与意识就越来越强，这样才能激发学生的主人翁意识……参与权才能得到实现，所以有一个积极向上的校园文化氛围很重要，大家都是积极向上的，针对学校发展的事情去提意见，而不是针对某个个人、去激化矛盾"（T4），在这种民主的环境里面，"学生才敢说真话、实话！"（W）。另外，民主的人文环境就是让参与者没有后顾之忧，不会担心因参与而产生对自身不利的影响，对于学生隐私等的保护也极为重要，防止出现被访对象所担心如"秋后算账"（W）、"在其他事情上给我'穿小鞋'"（S02）等情况。

2. 加强信息公开保障

参与的前提是知情，而知情的基础是信息公开。因此学生参与权的实现有赖于信息公开，可以说大学信息公开的水平在一定程度上会影响到学生参与权实现的程度与效果。我国大学目前的信息公开程度并不理想，为此，本研究建议应推进大学信息公开，为学生参与权的实现做好保障。

首先，健全信息公开组织。我国《高等学校信息公开办法》明确要求大学成立专门负责信息公开的领导机构，然而在现实中成立此类

---

① 王英杰：《大学文化传统的失落：学术资本主义与大学行政化的叠加作用》，《比较教育研究》2012 年第 1 期。

② 储朝晖：《从人本值看以人为本的教育如何可能》，《湖南师范大学教育科学学报》2016 年第 4 期。

③ 眭依凡：《好大学理念与大学文化建设》，《教育研究》2004 年第 3 期。

机构的情况并不多见，为此，本研究建议，大学应整合校内行政部门、党务机构的相关职能，成立专门的"信息办公室"等职能部门，配备专门人员负责推进大学的信息公开工作，包括协调、维护、更新大学公开的信息，受理答复各利益相关者提出的信息公开申请等事宜。建立信息办公室主导推动，广大师生共同参与，各个行政职能部门和院系全力协调配合的工作机制，确定大学信息公开工作的责任单位、责任人，做到职责明确、分工清楚、落实到人的机制，确保大学全面、及时、准确地公开相关信息。

其次，优化信息公开形式。随着"互联网＋"时代的发展，大学要积极主动适应这一社会变革进程，扩展信息公开的方式和类型，增强信息公开对在校师生的服务功能。建设开放、包容、多元的校园信息公开平台，通过学校官方网站、信息公开专题网站、微信微博等移动互联平台，以及校内橱窗、展板、校报、校刊、校园广播等载体公开相关信息，做好信息动态更新、维护工作，加大对重点领域和关键环节的信息公开力度，如招生、收费、决策、师资等诸多领域，使得学校的重大事项和涉及学生、教师切身利益的关键信息得到全面、及时公开。正如被访对象所言，"学生通过信息化的方式很容易地接受这些信息，然后他们通过对这些信息进行判断，可以对学校发展、对他们自身的发展提出一些很好的建议"（T4）。

最后，明确信息公开内容。我国大学信息公开分为主动公开、申请公开、不予公开3种类型，以主动公开为原则、不公开为例外。然而目前我国大学主动公开的内容并不充分，而且申请公开的难度也较大，这对学生参与权的实现有较大阻碍作用。为此本研究建议，应完善制度清晰界定公开和不公开的范围，将不公开的范围进行清单管理，限制各职能部门对不公开范围的自由裁量空间，从而有效保证大学信息的全面公开。大学信息公开的内容较为广泛，凡在大学运行中产生的除了涉及国家秘密、商业秘密、个人隐私等特殊信息外，原则上都应该主动向全社会公开，诸如政策、财务、招生、师资等各类信息①。同时，放宽申请公开的条件和限制，允许口头、书面等信息公开申请，保障学生等各利益相关者的知情权，对于申请公开的内容而言，明确答复的时限、答复的形式。

（二）消解影响学生参与权实现的学生方面因素之建议

如前文所述，就学生方面而言，影响学生参与权实现的因素可分为主观和客观两个部分。主观方面涉及学生的认知和意愿，客观方面涉及学生的能力和水平。而公民教育在公共态度、情感、行为培养方面扮演着关键角色②，是促进学生参与公共生活的有效举措③。因此公民教育是学生参与大学内部治理之认知、态度、能力、行动提升中的重要促进方式，然而由于我国大学的公民教育还处在探索与发展阶段，现实中也存在诸多问题。世界范围内的公民教育理论与实践研究者认为，公民教育的内容包括关于公民的知识教育、意识培养、技能训练、参与实践等方面④，为此本研究提出以下改进建议：

1. 明确教育目标

明确教育目标是开展教育活动的基础，我国大学开展公民教育要从实际出发确立科学、有效、清晰的教育目标，并以此目标为根据构建课程体系，改革教育教学模式等。本研究认为，纵观世界教育实践，公民教育的目标都较为一致，因此我国大学开展公民教育也不应偏离这一总体目标，具体而言包括两个方面：第一，培养人的主体性。公民教育的核心目的是通过教育，最终成为具有独立自主性、健全公共理性、适应公共生活、具备公共参与能力的人。通过公民教育不仅让学生在理论上认知、提升自己的主体性、公共品格，同时在实

---

① 施晓光、李俊：《美国、英国、日本高等学校信息公开研究》，《国家教育行政学院学报》2014年第7期。

② Keating A. & Benton T., "Creating cohesive citizens in england?: exploring the role of diversity, deprivation and democratic climate at school", *Education*, *Citizenship and Social Justice*, Vol. 8, No. 2, 2013.

③ Reichert F., "Learning for active citizenship: Are Australian youths Discovering Democracy at school", *Education*, *Citizenship and Social Justice*, Vol. 11, No. 2, 2016.

④ 敖洁、艾楚君：《公共精神：大学生公民教育的价值依归》，《湖南师范大学教育科学学报》2016年第6期。

践中、公共生活中会利用所学公民知识以符合主体性的方式来思考和行动，在反复强化和训练下形成公共品格、养成公共精神，从而成为一名知行合一的现代公民。需要说明的是，在全球化时代，公民教育要使得学生意识到自己不但是本国或地区的公民，同时也是世界公民，具备世界公民所具有的主体意识和能力①。第二，实践公共参与性。如前文所述，公民教育属于偏重公共实践性的教育，然而由于各方面因素的限制，我国大学教育中的学生公共参与行动较为薄弱，因此开展大学公民教育应将提升学生的公共参与性作为重要目标。学校应该通过公民教育让学生成为一个积极的主体或公民，换言之，让学生意识到谁是公民、公民意味着什么，当下的问题不在于学习公民知识，而是学校要解决学生作为公民的问题②。就像有学者倡导的让所有人更好地在相互依存的世界里共同生活，包括基于包容、民主、合作、尊重等原则，让学生掌握必要的策略等进行批判性思考，并有效参与社会实践③。简言之，就是利用学生在校内以及校外的公共参与载体，培养学生的主体性、自主性、独立性，发挥其在参与公共事务中的创造性，从而促进其公共参与能力的提升。

2. 加强课程建设

课程是知识的载体，是教师教学和学生学习的中介和纽带。公民知识包括法律、历史等诸多方面，掌握公民知识是参与现代公共生活的基本需要，也是形成个人公共品格、养成公民意识、践行公民行为的基础。一般而言，学生对公民知识的积累主要在中小学阶段，因此在大学阶段学生对公民知识的学习并不是公民教育的核心部分，而是侧重于实际的操作与实践。所以大学公民教育不管是课程设置还是教育模式都是以实践运用为主、以知识传授为辅。西方国家一般都设立了公民教育课

---

① Leslie A. , "Sustainable Communities: the Role of Global Citizenship Education", *POLIS Journal*, Vol. 2 No. Winter, 2009.

② Sharma N. , *Value-Creating Global Citizenship Education*, Cham, Switzerland: Palgrave Pivot, 2018, pp. 73 - 86.

③ Osler A. & Vincent K. , "Citizenship and the Challenge of Global Education", *British Journal of Educational Studies*, Vol. 52, No. 1, 2004.

程，而我国则将相关内容渗透在其他课程之中，尚没有设立专门的公民教育课程。根据我国现实情况，本研究建议：通过专门课程进行公民教育较为适宜，具体而言，就是以塑造学生公民品格、形成公共精神为目标，以激发学生主体意识、传授公民知识、培养参与能力为本位，建立宽领域、交叉性、多层次的公民教育课程体系；在课程建设上注重公民教育目标、教育内容、教育方式系统化，比较理想的方式是在现有的"两课"课程体系的基础上进行公民教育改革转型；根据社会发展新形势，开设一系列专门的公民课程，包括在全球化时代，学生走向世界公民的必要准备等专门课程，比如环境与可持续发展、社会治理、公民权利等相关内容的前沿课程，以使学生能够具备新形势下的公民知识。除了设置专门的公民教育课程外，专业课程、基础性公共课程也是进行公民教育的重要途径，因此在这些课程中也应该融入公民教育内容，让学生在大学期间全方位、立体化地接受公民教育。

3. 转变课堂教学

由于学生在学校环境里，多数时间在课堂内度过，而课堂作为学校的典型公共空间，课堂教学渗透的民主、平等、自主等公共价值，在一定程度上影响着学生形成关注公共事务或公共问题的品格。如前文所述，我国大学传统的课堂教学是"教师讲、学生听"模式，教学模式不太注重学生的参与及其主体性作用的发挥。而公民教育的方式不是灌输式的，是实践性的、属于"做中学"的教育，让学生在参与的实践过程中掌握公民教育的内容，提升参与公共事务的能力和水平。因此我国大学课程教学应做好以下改进：第一，转变教学模式。践行"少教一点，多学一点"的原则，形成以学生为主体、教师为辅助的教学模式。在教学方法上，教师应该有意识地创设民主、宽松的课堂环境，把学习的主动权交由学生掌握，摒弃填鸭式、满堂灌的方式，而采用参与式、交互式、合作式的方式，形成良好的互动交往氛围，激发学生参与的积极性、主动性，从而培养其公共参与的基本能力。第二，体验公共生活。由于公民教育是以实践为核心的教育，因此公民知识的学习就是一个丰富的实践过程。"纸上得来终觉浅，绝知此事要躬行"，普勒格（Piet Van Der Ploeg）也重视杜威的公民教育意涵，认为学生的公民品格养成与教育无法分离，在学校里所有学科知识的教学都是公民教育的过程，参与民主和服务学习是公民教育的重要形式，可以通过"做中学"实现学生公民养成①。这就要求课堂教学应该着眼于公共性视野，在教学内容、学生评价等上面，向学校、社会的公共生活延伸，让学生通过课堂知识的学习参与到公共生活当中，通过公共生活实践提升其对公民知识的认知与理解，比如学校与班级的民主参与以及校内外可供学生实习民主行为的机会②，从而让公民知识的学习成为一个寓教于乐、激发学习兴趣，提高公民知识和能力的双向手段。

4. 健全校园参与

陶行知提出"给生活以教育，用生活来教育"，生活即教育、学校即社会，在公民的诞生过程中，公民生活的作用远胜于公民知识，参与公共生活才能称得上是真正的公民教育③。学校的公共生活旨在实现学生和学生、学生和教师等之间的交往、合作，而不是在竞争中走向"孤独的公民"④。所以大学校园是学生参与公共生活的理想试验场，也是学生形塑公共品格、养成公共精神的重要基地。因此本研究建议大学应该开展形式多样的学生参与途径，提供民主、宽松的校园环境，为学生参与学校公共生活提供便利。其中，学生参与大学内部治理实践就是最好的学生公民教育方式，学生只有通过这种情景式的体验，才会加深其对公民品格、公共参与、参与权利等的理解和体悟。所以大学应该通过多种方式调动学生参与治理的积极性，畅通学

---

① Ploeg P. V. D., "Dewey versus 'dewey' on democracy and education", *Education, Citizenship and Social Justice*, Vol. 11, No. 2, 2016.

② 刘宝存、张伟：《文化冲突与理念弥合——"一带一路"背景下新型世界公民教育刍议》，《清华大学教育研究》2018 年第 4 期。

③ 刘磊：《发现"我"与认同"我们"——公民诞生视角下的公民教育》，《教育研究》2016 年第 5 期。

④ 阎亚军、邱昆树：《文化传统与我国公民教育建构——基于中国文化传统中连带的"公"的思考》，《高等教育研究》2018 年第 3 期。

生参与途径、拓展学生参与内容，切实尊重学生的建议和意见。如劳伦斯（Laurence Guerin）谈到的让学生通过参与民主商谈的方式解决问题，在此过程中使学生学会进一步提升对参与规则、沟通技巧、接受不同意见等有更为深入的理解①。同时，大学需要创造条件开展丰富多样的校园文化活动，让学生在参与中获得公民教育的体认，包括通过参与学生社团、学生会、班级事务以及学校其他事务，在实践的过程中形成公民所具有的公民品格、公共精神，包括价值观、信念、态度、能力以及行为习惯等。

（三）消解影响学生参与权实现的其他方面因素之建议

1. 构建宏观制度，形成法律体系

充足而良好的法律制度供给是人们形成法治观念、规范日常行为、预见法律效果的依据，因此也是实现学生参与权的关键。法律对大学内部治理中的学生参与权而言，就如管理者和学生访谈所言："为什么强调法呢？法的立足点是对人的品行的不信任，是人性恶基础上进行的立论，这种立论现在看来能够有效保证制度的可行性和可操作性，相反我们一开始立足于人善的，这派生出来的往往是道德的东西，当然我们在高校里面道德与法治相结合，但是具体到一种内部治理的结构来讲，我认为首先是法治化的东西，这是大学内部治理最主要的方面。如果不纳入法治化的轨道，就这么原则性地说一说、原则性地列几条，意义不大"（T1），"我觉得国家也可以出台相关的法律，在高等教育这一块，关于保障学生参与大学内部治理权利的，相关的权利、相关的准则等等，做一些明确的规定。不然大学的一些领导层也不敢啊，国家从官方的政策法规方面出台一个规定，我觉得还是很有必要、很有意义，也能很好地指导大学去实践学生参与大学内部治理的一些事情"（S07）。

我国从 20 世纪 80 年代起就开始着手《高等教育法》的立法工

---

① Laurence G., "Group Problem Solving as a Different Participatory Approach to Citizenship", *Education Journal of Social Science Education*, Vol. 16, No. 2, 2017.

作，经过 10 多年的努力，1997 年初《高等教育法》的法律草案基本成型，之后经过四次人大常委会审议后，在 1998 年 8 月 29 日通过并于 1999 年 1 月 1 日开始施行，这种情况在我国教育立法史上并不多见。《高等教育法》的出台具有里程碑式意义，标志着我国高等教育开始走向法治化。它的颁布加快了我国高等教育法治化进程，推动了高等教育事业的改革与发展。随着社会形势的发展，高等教育面临的内外部环境发生了变化，该法存在的内部缺陷也日益显现，很多现实性问题成为制约我国大学发展的瓶颈问题，比如大学严重的行政化、大学内部治理落后于社会发展需求等。因此《国家中长期教育改革和发展规划纲要（2010—2020 年)》明确提出加快完善教育法律制度，随着党的十八届四中、五中全会相继召开，国家启动了《高等教育法》的修订工作，2015 年 12 月 27 日十二届全国人大常委会第十八次会议通过了《高等教育法》修正案，对 7 个条文进行了修改，包括大学学术委员会设置、大学办学质量评价等 4 个方面。我国《高等教育法》构建的核心制度包括：政府对大学的管理体制、大学内部领导机制、大学办学自主权、大学内部各主体等。目前来看，我国新修订的《高等教育法》在内容上属于原则性、总括性的，并没有触及深层次的大学内部治理问题，对学生权利的规定都比较笼统和抽象，对学生参与权的关注不足，条文内容的操作性不强。在法律制度的设计上，表现出浓厚的"管理"和"秩序"价值追求，缺乏明显的"治理"内容。因此，面向未来《高等教育法》需再次进行修订。

由于大学内部治理中学生参与权的实现涉及面广、内容复杂，所以有必要制定专门的法律法规。如前文所述，一些国家和地区制定了专门的法律，这些国家的法律在完善大学内部治理的同时，对学生参与也进行了规定。此外，部分国家和地区的大学章程本身就是法律，其对学生参与权的保障规定得也较为翔实。因此，充足而优良的法律制度供给是推动和规范大学内部治理中学生参与权实现的必要条件。由于法律制度的建设是一个由点成线、由线及面，再由面到体的发展过程，本研究建议：

首先，鉴于《高等教育法》作为宏观高等教育事业改革与发展的法律依据之定位，不可能对大学内部治理的内容规定过于详细，因此建议全国人大及其常委会应适时制定《大学法》或《大学治理法》，这部法律在位阶上仅次于或等同于《高等教育法》，对大学内部治理的相关法律问题进行明确规定，包括对学生参与权的确认。如果重新立法的条件尚不成熟的话，可以修改《高等教育法》，增加专门条款明确大学内部治理中的学生参与权内容。由于我国《立法法》规定各地方拥有立法权，因此在国家法律没有出台的情况下，一些高等教育比较发达的省级政府也可以行使自己的立法权，制定规范大学内部治理、保障学生参与权的地方性法规。

其次，在国家或地方进行立法之后，对现有的法律法规规章等进行全面梳理，以做到下位法不违反上位法。对与新修订或出台之法律法规内容不一致的法律、法规、行政规章、规范性文件等进行统一立改废，从而做到法律制度内部的统一。此外，对国家制定的《大学法》《大学治理法》等内容表述不清晰、原则性规定等的地方，出台专门的补充规定或实施细则。从而形成保障大学内部治理中学生参与权实现的一整套上下衔接、内容翔实、结构严谨、具有可操作性的法律制度体系。

2. 明确法人结构，衔接内外治理

我国教育法授权政府管理高等教育，明确各级政府"根据分级管理、分工负责的原则，领导和管理教育工作"，"高等教育由国务院和省、自治区、直辖市人民政府管理"。这样政府与大学之间形成了基于行政管理的上下级关系，是典型的"管理"与"被管理"关系。这样就造成了外部行政管理向大学内部行政化的传导效应，从而制约了大学内部治理中学生参与权的实现。从 20 世纪 80 年代以来，政府对大学过度管理的情况进行了一系列改革，包括确立了大学相对独立的地位、落实办学自主权等[①]。然而改革的收效甚微，在现实中依然

---

① 周光礼：《健全学校法人治理结构从管理走向"治理"》，《人民政协报》2014 年 2 月 12 日第 10 版。

存在政府与大学的关系无法厘清，大学行政化倾向严重等问题。在本研究看来，要从根本上解决这个问题就需要从构建大学法人治理结构入手。法人治理结构的概念源自公司治理结构，主要是为了实现公司利益从而将各参与者进行协调的一整套制度安排，对其权力（利）进行合理配置，从而促进公司的良性发展。典型的公司法人治理结构是所有者、执行者和监督者之间相互分离、互相制衡。所以大学法人治理结构外承政府管理机构，内接校内组织架构。大学法人治理结构由 3 个核心要素组成，一是大学的法人地位，二是董事会的设立，三是决策机构、执行机构、监督机构的责权划分①。

首先，大学的法人地位，主要解决的是大学与政府的关系或者说是大学外部治理的结构问题。我国《高等教育法》明确规定，"高等学校自批准设立之日起取得法人资格"，但是到目前为止我国大学的法人地位明显存在问题。在通常情况下，我国将大学归类为事业单位或者说是事业单位法人，但是事业单位的特点就是接受政府管理，包括人事权、管理权、财务权等都由主管部门掌握，从而就形成了大学与政府的界限模糊，造成了前文所述的外部向大学内部的行政传导效应。相比较而言，在世界范围内，大学的法人地位都较为明确，一般将大学归为公务法人。公务法人缘起于德国，主要是指政府依法设立的持久性为公共利益服务的专门法人组织，在国内文献中也有称之为"公法人""公益法人"等的，这种公务法人的最大特点就是拥有独立的法律人格，公务法人与设立其的政府之间在法律上完全独立，两者界限清晰、责任明确，它作为一个独立的公共服务机构，排斥行政级别等行政化做法，从而要求大学独立自主办学。在传统的大陆法系如德国、法国、日本等国家，法律明确规定大学为公务法人，在英美法系国家和地区没有明显的公、私法区分，但是大学的公务法人地位却得到了国王特许状、议会决定等的肯定。我国香港、澳门地区，大学也被列入公务法人，如澳门第 11/91/M 号法令第八条第一项规定，

---

① 代林利：《试析大学法人治理结构的构成要素》，《现代教育科学》2006 年第 1 期。

"公立高等教育是公共法人",香港将公立大学的法律地位描述为"法团",如《香港中文大学条例》第四条、《香港大学条例》第四条等。鉴于我国大学的现实情况,借鉴其他国家和地区的做法,在我国《高等教育法》修订时引入公务法人制度,一方面能够较好地解决大学与政府的关系问题,可以摆脱政府对于大学的过度干预,从而有利于大学的去行政化;另一方面大学以独立地位进行活动,学生作为大学的重要利益相关者,其在大学内部治理的地位和作用进一步提升,从而利于大学内部治理中学生参与权的实现。

其次,大学的董事会或理事会设置,及决策机构、执行机构、监督机构的分离,主要解决的大学内部治理的结构问题。我国实行党委领导下的校长负责制,《高等教育法》规定了大学党委、校长、教职工代表大会、学术委员会等的职责权限,从而形成了大学决策权、行政管理权、学术权力以及教职工的监督权之间的划分与制约,其从法律上构成了大学的内部治理结构。这种治理结构的缺陷是决策、执行、监督权高度交织,缺乏对学生参与权的关注。如前文所述,世界范围内的大学决策权、执行权、监督权彼此互动,一般大学董事会或理事会是大学的最高决策机构,而校长负责执行董事会的决议,此外监事会专系监督事宜。因此,建议我国在修订《高等教育法》时进一步完善大学内部治理结构,明确学生参与权在大学内部治理结构中的地位。

具体而言,应根据我国国情和大学的实际情况,对党委领导下的校长负责制进行完善,建构起"党委领导、理事会决策、校长执行"的内部治理结构。从比较的视野看,国外大学的董事会或理事会是大学的最高决策结构,这在我国高等教育史上也有先例可循,比如蔡元培构建的大学评议会等。而目前我国大学却无类似的机构,因此建议在现有的大学校长办公会或校务委员会决策机制的基础上构建理事会作为大学日常的决策机构,并明确学生在理事会的代表名额,从而保障大学内部治理中学生的参与权。这样不但不会削弱党对大学的领导,反而会强化党对大学的领导。因为理事会是大学党委领导下校长负责制的组成部分，其决策程序和设计是该制度的补充和完善，而非其他国家和地区大学理事会、董事会等的翻版。这就要求理事会的组成必须包括各利益相关者，如学生、教师、管理者、政府代表、社会人士等，防止出现全部为管理者的情况，这样才能保证决策的民主性。在党委决策之后，由理事会进行再次讨论决定，最后交由校长执行。如果校长对理事会的决策有异议，则可以提请党委协调，这样就避免了党委与校长之间的正面冲突，从而保障了党委领导下校长负责制的权威性。

与此同时，可参照《宪法》设立监事会的做法。2018 年 3 月第十三届全国人民代表大会第一次会议通过的《中华人民共和国宪法修正案》，在《宪法》第十三章"国家机构"中增加了"监察委员会"，并将此作为独立的监督机构运行，独立行使监察权，而不受任何机构或个人的干涉，这是国家优化治理结构的一种典型体现。为此，大学也应该在现有的大学纪律检查委员会的基础上设立监事会，监事会与纪委的区别就在于纪委为党的机构，而监事会是大学法人治理结构的组成部分，因此监事会的成员并不限于领导干部，还应该包括普通的学生、教师等，监事会的职责也相应扩大，包括监督学校管理者使用权力、学生权益保障、规范办学行为等多个方面。学校党委听取理事会、监事会以及校长工作报告，所以，这样就形成了党委领导、理事会决策、校长执行、监事会监督的内部治理结构，学生的参与权直接嵌入到理事会决策权、监事会监督权等当中。

3. 转变政府职能，营造参与环境

政府作为高等教育事业的宏观管理部门，是高等教育政策的制定者和执行者，政府部门对待大学内部治理中学生参与权的态度直接影响到大学的实际操作。2013 年，党的十八届三中全会通过的《中共中央关于全面深化改革若干重大问题的决定》作为我国全面深化改革的纲领性文件，明确加快事业单位改革，"推动公办事业单位与主管部门理顺关系和去行政化"。这要求政府与大学的关系也要从"管理"到"治理"方式转变，从自身做起转变政府管理职能、推进减政放权，具体而言要做好三方面的工作：

首先，明晰政府与大学界限。大学确立公务法人的地位、推动主管单位与大学理顺关系、推进大学去行政化的核心目的，就是摆脱政府对大学的干预，所以政府也需要适应时代发展特征，在日常工作中摆脱"超级保姆"做法，切断政府与大学之间的"脐带"连接，使大学成为独立地自由"呼吸"、面向社会自主办学自我约束的独立组织。

其次，加强政策宏观引导。政府需要配合法律修订，做好配套的制度建设，包括保障大学内部治理中学生参与权的政策设计、实施细则等。同时通过委托第三方进行民主法治评估等方式评价大学办学水平，从而在政策上给予积极引导和规范。

再次，积极营造舆论氛围。影响我国大学内部治理中学生参与权的重要制约因素是社会文化以及各级管理者和学生的思想观念，因此做好整体高等教育的民主参与氛围营造就显得极为必要。具体而言，政府部门需要通过多种手段宣传学生民主参与的典型，普及学生参与大学内部治理的民主知识，从而营造学生参与大学内部治理的氛围，推动学生参与大学治理实践。

第三节　研究展望

本研究从学生参与行为出发，运用法学、管理学、教育学等多学科交叉思维，对我国大学内部治理中学生参与权之实现问题进行了实证研究。总体而言，本研究的主要创新和贡献在于：第一，对我国学生参与大学内部治理所涉及的校内主体的认知、态度、行为和学生参与治理的保障、途径、内容、程度及影响因素等进行了访谈和问卷调研，对深入研究大学内部治理中学生参与问题提供了"原汁原味"的第一手证据材料。第二，通过研究构建了我国大学内部治理中学生参与权实现的理论模型，厘清了学生参与权的内涵及其构成要件，这些对于进一步丰富和完善学生参与大学内部治理的理论研究有所贡献。第三，根据研究发现和结论，对国家、政府、大学及学生等分别提出了若干改进建议，这些建议对于完善我国大学内部治理中学生参与权的法律制度和政策，推进学生参与权实现等有较强的现实价值。

但是由于各方面条件的限制，有些方面还是没有做到展开探讨或者深入分析，比如学生参与权在大学内部治理结构中的配置，大学内部治理中学生参与的程序问题，学生参与权法律化和制度化问题等都是非常有价值的内容，在本研究中只是简单地带过，留下了不少遗憾。希望学界同仁对这些问题展开深入分析，并形成一定的体系，并对我国推进大学内部治理改革、落实和深化大学内部治理中学生参与权实现有所帮助。

附录一 调查问卷

亲爱的同学：您好！

　　随着高等教育法治化和社会民主化进程的推进，学生在大学的主体地位得到前所未有的关注，学生参与大学内部治理日益成为高等教育改革和发展的重要内容。近几十年来，为顺应高等教育民主化发展趋势，我国积极推动大学内部治理改革，深化学生对大学各方面管理的参与等。为了解我国大学内部治理中的学生参与及参与权实现情况，特进行本次问卷调查以供《大学内部治理中的学生参与权研究》课题研究之用。

　　首先十分感谢您在忙碌之余，能够填写本次问卷。本问卷共分为基本资料、问卷内容两部分，各题答案无所谓对或错，您提供的意见非常珍贵，请依照您对问题的看法据实填答。问卷采用匿名形式，调查结果仅供学术研究之用、不涉及个人，而且绝对保密，敬请放心填答，再次对您的协助表示诚挚的谢意！

　　敬祝，道安！

第一部分、概念解释

　　大学内部治理是指大学内部各利益相关者参与大学管理、决策等过程的活动。首先，大学内部治理的主体主要是内部利益相关者，如学生、教师、行政管理者等；其次，大学内部治理的方式是参与大学重要事务，通过参与过程达到治理目的。简言之，大学内部治理就是校内各主体参与大学事务管理与决策的相关安排和过程。

第二部分、基本资料（请在对应的方框内打√）

（1）性别：□男；□女。

（2）年级：

□一年级；□二年级；□三年级；□四年级；□其他。

（3）个人身份：

□本科生；□硕士研究生；□博士研究生；□其他。

第三部分、问卷内容（请在适当的选项上打√，未特别说明均可多选）

1. 您认为学生参与大学内部治理对学校有没有意义和作用？

    A. 作用很大   B. 有一定作用

    C. 一般   D. 作用不大

    E. 没有作用

2. 若有意义，您认为学生参与大学内部治理有哪些意义和作用？（本题为选答题）

    A. 体现学生主体作用，保护学生合法权益

    B. 利于培养参与意识，锻炼学生综合能力

    C. 促进学校民主，提高学校管理水平

    D. 为治校献计献策，利于学校问题解决

    E. 没有特别明显的作用和意义

    F. 其他

3. 您认为可以参与大学内部治理的主体有哪些？

    A. 校领导   B. 管理干部

    C. 教师   D. 学生

    E. 其他

4. 您认为学生是否拥有参与大学内部治理的权利？

    A. 有参与权利   B. 没有参与权利

    C. 不清楚有没有

5. 若学生拥有参与权利，您认为什么样的学生可以参与大学内部治理?

　　A. 任何普通学生都可以

　　B. 只有学生干部等优秀学生代表才可以

　　C. 其他

6. 如果有机会参与大学内部治理，您认为自己是否具备足够的能力和水平?

　　A. 有　　　　　　　　　　B. 没有

　　C. 不清楚

7. 您对参与到大学内部治理的态度是

　　A. 非常希望参与　　　　　B. 比较希望参与

　　C. 一般　　　　　　　　　D. 对参与不感兴趣

　　E. 对参与非常不感兴趣

8. 您觉得学校管理者对学生参与治理的态度是

　　A. 很支持：认为学生很重要，鼓励学生参与大学内部治理

　　B. 支持：由于各方面的要求，有时候不得不让学生参与一下

　　C. 一般：可能认识到了学生的重要性，由于嫌麻烦一般不让参与

　　D. 不支持：学校以行政管理部门和人员为中心工作，不愿意让学生参与

　　E. 很不支持：学校办学治理的方方面面，从来没想过让学生参与

9. 根据您的观察和了解，通常学校为学生参与治理提供了哪些支持与保障?

　　A. 学校以学生为本、重视学生参与为办学理念

　　B. 制定了保障学生参与治理的规章制度

　　C. 学校有专门鼓励学生参与的政策和措施

　　D. 学校举行学代会或邀请学生参与管理

　　E. 开展座谈会、咨询会、征求意见等

　　F. 开通意见箱、网络平台（论坛、领导信箱）、移动通信参与途径

G. 学校相关职能部门提供支援服务

H. 不清楚相关的支持与保障，或其他

10. 您认为学校支持与保障学生参与大学内部治理的信息公开化程度如何？

    A. 很高   B. 较高

    C. 一般   D. 较低

    E. 很低

11. 若有过参与经历，您主要是通过何种途径参与的？（本题为选答题）

    A. 以当选学生校长助理等形式参加领导办公会

    B. 参加学代会或出任各类委员会中设立的学生席位

    C. 通过投诉、申诉机制参与

    D. 找学校各相关领导和管理人员，或者以行政助管途径参与

    E. 利用校内座谈会、领导接待日、征求意见等途径参与

    F. 利用网上校长信箱等各类信息化平台参与

    G. 通过学生会、学生社团等途径参与

    H. 利用校内意见箱、留言本等途径参与

    I. 其他

12. 若有过参与经历，那么您参与过学校内部治理的主要内容有哪些？（本题为选答题）

    A. 能够全方位参与学校治理

    B. 学校重要规章制度的制定

    C. 学校改革与发展的重大决策

    D. 教师评价、课程选择等教学方面

    E. 学生管理、学生发展等方面

    F. 食堂、公寓等后勤管理方面

    G. 图书、网络、设备、仪器等方面

    H. 校园建设、校园美化等方面

    I. 其他事务

13. 您期望参与学校内部治理的主要内容有哪些？

    A. 能够全方位参与学校治理

    B. 学校重要规章制度的制定

    C. 学校改革与发展的重大决策

    D. 教师评价、课程选择等教学方面

    E. 学生管理、学生发展等方面

    F. 食堂、公寓等后勤管理方面

    G. 图书、网络、设备、仪器等方面

    H. 校园建设、校园美化等方面

    I. 其他事务

14. 根据以往的经历，大多数情况下您的参与属于下列哪种层次？

    A. 浅层：关心一下，了解情况，不会做别的

    B. 初级：根据不同事项，会通过各种途径主动提供改进建议和意见

    C. 中级：会对学校的有些事情，主动跟进，行使作为学生的权利

    D. 深入：会积极主动，争取参与决策，维护相应的利益。

15. 根据您的观察和了解，目前学生参与大学内部治理的途径如何？

    A. 很多   B. 较多

    C. 一般   D. 较少

    E. 很少

16. 根据您的观察和了解，目前学生参与大学内部治理的内容如何？

    A. 很广泛   B. 广泛

    C. 一般   D. 较小

    E. 很小

17. 根据您的观察和了解，目前能够参与大学内部治理的学生人数如何？

    A. 很多   B. 多

    C. 一般   D. 少

    E. 很少

18. 根据您的观察和了解，目前学生参与大学内部治理的整体程度如何？

    A. 很高   B. 高

    C. 一般   D. 低

    E. 很低

19. 根据您的观察和了解，目前学生参与大学内部治理的总体效果如何？

    A. 很好   B. 好

    C. 一般   D. 不好

    E. 很不好

20. 根据您的观察和了解，目前学生参与大学内部治理遇到的困难和因素有哪些？

    A. 国家法律法规规章等不够细致、明确

    B. 社会文化等其他外部因素影响

    C. 在学校的办学理念与文化中不把学生"当回事"

    D. 学校保障学生参与的制度、途径、信息公开等不足

    E. 学校行政化倾向严重，民主管理意识欠缺

    F. 管理者认知能力有限、支持态度不够

    G. 学生对参与大学治理的认知有限、意识不强

    H. 学生自身缺乏参与治理的经验、能力和水平

    I. 其他方面的影响因素，如

21. 您对推进大学内部治理中学生参与权利的实现有什么建议和意见，请写在下面的横线上：

_____

本问卷到此结束，再次感谢您的填答

附录二　访谈提纲

尊敬的教授、领导、同学：

　　您好！

　　随着高等教育法治化和社会民主化进程的推进，学生在大学中的主体地位得到前所未有的关注，学生参与大学内部治理日益成为高等教育改革和发展的重要内容。近几十年来，为顺应高等教育民主化发展趋势，我国积极推动大学内部治理改革，深化学生对大学各方面管理的参与等。为了解我国大学内部治理中的学生参与及参与权实现情况，研究者目前正在进行《大学内部治理中的学生参与权研究》的课题研究，急需搜集相关资料，以作为研究之用。鉴于您在对大学内部治理及学生参与方面有着颇深的感受与思考，故拟请应允接受本研究的咨询访谈。本访谈所有信息仅作研究之用，不会对您个人或您所在的大学产生任何不良影响，所以请尽量把您的真实想法表达出来。衷心感谢您抽出宝贵时间接受访谈，下面是具体的问题，请您惠赐宝贵的意见，谢谢您的协助与支持。

　　敬祝

　　安好！

一　针对学生访谈提纲

　　1. 在您看来，学生参与大学内部治理有没有意义和作用？如果有的话，有哪些方面的意义和作用呢？

　　2. 若学生拥有参与权利，您认为什么样的学生可以参与大学内部治理？或者参与大学内部治理，需要具备什么样的条件和要求？

3. 您觉得学生是否有必要参与大学内部治理？为什么？

4. 如果具体到您，您是否希望参与到大学相应事务的治理中去？

5. 您是否有过参与大学内部治理的经历，如果有的话，能否简单讲一下？

6. 据您所知，在咱们学校学生参与大学内部治理的途径或渠道有哪些？学生可以参与哪些方面的治理内容？

7. 据您观察，咱们学校学生参与大学内部治理的程度和效果如何？

8. 据您所知，在咱们大学，学校为学生参与治理提供了哪些保障或者支持？

9. 在您看来，影响学生参与大学内部治理的困难和因素有哪些？包括学校方面、学生方面，还有其他方面等。

10. 针对目前的情况，您认为如何在大学内部治理中保障学生参与权？您有哪些改进的建议和意见？

二　针对管理者访谈提纲

1. 在您看来，学生参与大学内部治理有没有意义和作用？如果有的话，有哪些方面的意义和作用呢？

2. 您是如何理解大学内部治理中学生参与权利的？

3. 如果具体到您原来或现在负责的工作中，您是支持还是反对学生参与治理呢？为什么？

4. 据您所知，在咱们学校，学生参与大学内部治理的途径或渠道有哪些？学生可以参与哪些方面的治理内容？

5. 据您观察，在咱们学校，学生参与大学内部治理的程度和效果如何？

6. 据您所知，在咱们学校，学校为学生参与治理提供了哪些保障或者条件支持？学校未来有没有这方面的改进考虑？

7. 在您看来，影响学生参与大学内部治理的因素有哪些？包括学校方面、学生方面还有其他方面等。

8. 针对目前的情况，您认为如何在大学内部治理中保障学生参与权？有哪些改进的建议和意见？

附录三　访谈逐字稿（管理者）

访谈逐字稿（T1）

访谈对象编号：T1
访谈对象简介：A 大学党委宣传部部长　张老师
访谈具体地点：办公室

1. 在您看来，学生参与大学内部治理有没有意义和作用？如果有的话，有哪些方面的意义和作用呢？

我觉得大学内部治理这个事情呢，对于一所大学来说，治理最主要的含义，过去讲自治，我们现在讲民主。民主就包括方方面面的参与，其中学生的参与是很重要的一个方面，学生参与呢，我们都说"在教育过程当中，学生是主体、教师为主导"，对吧！学生如果不参与大学内部的治理，那这个主体作用如何来体现呢，它不仅仅是学习过程当中的主体，我认为从更进一步意义上来讲，在整个大学内部治理方面，他也应该最起码成为主体的有机组成部分，对吧！如果没有这些方面，大学内部治理就不可能往前走，所以我觉得呢，推进学生参与大学内部治理是大学进步的一个标志，而且也是提升大学内部治理水平的一个很重要方面。

2. 您是如何理解大学内部治理中学生参与权利的？

我觉得大学内部治理中学生参与的权利，主要体现在他对涉及到大学的教育教学以及整个的办学理念、发展方向方面，这些方面要有他们的声音，能够充分体现出学生的意愿。尤其是涉及学生切实利益的方面，学生必须要有一定的参与，必须保证他们的参与权利。不能在学习当中是主体、教师是主导，在管理当中他彻底就是被管理者，是吧！这样就把学生的主体作用给弱化了，要把他从一个被管理者转化为一个管理者，要实现这种转变。所以，这就是学生参与权利一个主要的内涵。它是大学有效管理的有机组成部分，对吧！

3. 如果具体到您原来或现在负责的工作中，您是支持还是反对学生参与治理呢？为什么？

当然我是支持的，原因我在前面也都谈过了。如果没有学生的参与，我们很可能在管理上就会走入歧图，甚至会产生这样或那样的问题。就像过去或者目前发生的一些事件，比方说一些博士生、硕士生被导师虐待的事件，比如让学生参与一些与学术无关的事务，把学生作为杂役、奴仆使用的一些现象，这些就是在大学管理当中不容忽视的一些问题，为什么会发生这种情况呢？我认为这跟导师的人品有关，最主要的还是与我们的制度设计有关，和我们的管理体制有关。如果我们的制度设计和管理体制，能够对人性当中恶的方面加以扼制，能够对学生合法的权益有相应的保护，可能就不会发生这些事情。

你看现在新闻里面报道的那些，有些博士生都走上了轻生的道路、自杀了，像自杀这种属于极端的个案，是已经报道出来的。我想还有那些没有自杀的、有类似境遇的也是不少的，就像导师对女学生的性骚扰案件，包括女导师对男学生的性骚扰案件。尽管这些都是个案，如果我们深究这里面的原因呢，我认为都与学生的权利有关，学生的权利没有得到合法的保护，他们没有参与到大学内部治理过程当中，他们依然是被管理者、依然是被奴役者，所以才发生这种情况，要改变这种现状，必须重新设计大学内部治理的制度体系，要把学生的力量充分地利用起来，这样才能保证大学实现健康的、快速的发展。

4. 据您所知，在咱们学校，学生参与大学内部治理的途径或渠道有哪些？学生可以参与哪些方面的治理内容？

在我们学校，学生参与的途径和内容，我想第一个就是在保研、奖学金评定等方面，这些跟学生切实利益密切相关的方面，各个委员会、各个评定委员会，或者各个评定机构也好，必须有学生的代表参加。我想这跟过去相比前进了一大步。过去评定这些东西，哪有让学生参加啊，都不让参加的。现在比方说我们推选免试研究生，必须得有学生代表，而且他必须得发表意见。评定奖学金，究竟给张三一等奖学金，还是给李四一等奖学金，王五究竟是二等奖学金还是三等奖学金，那必须要有学生代表发言，你得说出理由。再比如认定贫困生，究竟张三是不是贫困？这就需要学生参与，因为学生们整天都相互在一起生活、学习，学生们在日常生活中彼此了解得比较清楚，有些学生一填写表格填得都很贫困，提供的材料也很贫困，但是在日常生活当中用的是苹果手机、穿的是名牌，这能把他认定为贫困生吗？那么像这些情况，学生是最了解的。所以我们在这些方面，就会要求学生代表参加。另外一个方面，就是在处理学生方面，比如一个学生违规违纪了，现在给了学生一个申诉机制，如果你认为处理不当，你可以按照相关文件的规定提出申诉，由学校相关的部门来受理，对这个处理决定究竟合适不合适。这些方面在学校里面已经施行了。至于其他方面，我觉得还不是太多。

学生参与的途径，我刚才说的是固化的一些渠道，还有一些非固化的途径，比如学校领导、学院的领导定期和学生面对面，征求学生的意见和建议，或者通过网络或其他渠道，比如什么信箱之类的，就像通过书记信箱、校长信箱、院长信箱等来受理学生的意见和建议，这些是学生参与的一些重要渠道。现在有固定化的、制度化的渠道，也有随机性的、传统的征求意见式的一些途径。但是我认为，这些跟理想中的学生参与大学内部治理，还差得很远。

5. 据您观察，在咱们学校，学生参与大学内部治理的程度和效果如何？

我认为学生参与的程度还处在初级阶段，效果也不是太理想。比如说，学生参与的面还不够，参与治理的可能以学生干部居多，而且名额比较少，覆盖面还不够，所以在很多情况下流于形式。通过其他渠道来征集的一些意见，我们又有一定的官僚主义，不把它当回事儿，一个是覆盖面不够、是形式主义，另外一个又把征集来的一些意见不当回事儿、有一定的官僚主义，所以在效果上就大打折扣了。另外呢，我们还没有从真正科学的角度来对学生参与大学内部治理作为整体化的、顶层的、内部治理结构性的设计，在这些方面我起码在中国的高校中没有怎么注意到，可能有的学校有，也是一个起步阶段，这些方面我认为还是任重道远。

6. 据您所知，在咱们学校，学校为学生参与治理提供了哪些保障或者条件支持？学校未来有没有这方面的改进考虑？

保障和条件支持，我刚才谈到了，一些固定化的，从学校文件中要求必须要有学生参与的，比如学生申诉，有专门的文件规定。另外就是网络方面的支持比较高。其他方面的，我还没怎么看到。

学校未来有没有这方面的改进考虑，我想现在大家在这方面的认识还不到位，不认为学生参与管理是大学治理的一个部分，也不认为学生参与管理对学校的发展有什么作用，甚至是一些消极的东西还很多。最近可能要召开学代会，这可能是比较容易做到的，但是学代会搞不好也是一个以形式为主的方式、形式占主导地位，而不是一种本质性的东西。其他方面，我还没有看到。

7. 在您看来，影响学生参与大学内部治理的因素有哪些？包括学校方面、学生方面还有其他方面等。

学校方面我认为首先是认识问题，就是认识不到位，不是说认识到了不做，而是根本就没有认识到这是个问题。尤其是像我们这种理工类的院校，我们的人文素养还不怎么样，尤其教育科学方面的素养就更不怎么样了，我们一直在说要教育家办学，但是真正有多少是教育家，别说是"家"，真正了解教育基本知识的领导又有多少呢？我觉得微乎其微，我们敢不敢对这些领导进行一些教育基础知识方面的测试呢？尽管他可能干了10年、20年、30年的学校领导干部了，你考考他那些基本的东西、理念性的东西，操作性的东西他可能知道得很多，是吧！经验积累嘛，但理念性的东西，因为越高层的领导，在工作中理念性的内容所占的比重越大，是吧！操作性的东西，一个办事员就做了，领导首先要求是理念性的东西，可以考考他，他究竟能答多少分？所以，我们国家提出来的是大学校长、党委书记，校长要成为教育家、政治家，别管是先成为教育家后成为政治家，还是先成为政治家后成为教育家，我认为他们在这两方面的素质都很难达标，尤其是像我们这种理工类大学，都很难达标。这些涉及我们整个的用人制度、用人机制，我们一直是工程师治校、理工科领导治校，就像北京大学120年校庆，林建华校长念了个错字，对吧，念错字其实不是个事儿，谁都有念错字的时候，但是这个错误犯得太低级。《陈涉世家》我们应该在中学都学过吧，我还记得呢，"陈涉少时，尝与人佣耕，辍耕之垄上，怅恨久之，曰：'苟富贵，无相忘。'佣者笑而应曰：'若为佣耕，何富贵也？'陈涉太息曰：'嗟乎，燕雀安知鸿鹄之志哉！'"他就把它给念错了，他是学化学的吧，这不是主要的。最主要的是他的那个致辞我仔仔细细看了，思想贫乏得要命甚至还有错误，他的道歉信里面还说"焦虑与质疑并不能创造价值，反而会阻碍我们迈向未来的脚步"，这怎么说呢，应该说"焦虑和质疑"是社会进步的起点。我举这个例子并不是黑北大，这个事件出来之后呢，好像很多人说"有一股势力在黑北大"，我认为倒不是那样，如果你做得很好，别人怎么黑你啊，对吧！你拿出来的讲话稿，从基础知识到基本观点都存在问题，甚至存在违反常识的一些内容。别说是北大的校长，像我这个层面的职员都知道，也能看得清楚"焦虑和质疑是促进社会进步的"，而他老人家愣是那么说，这说不过去。别说是学生参与治理了，那些教授在大学治理中起什么作用呢？他们的校长拿出这样一个讲话稿，有多少教授对校长提出了质疑，有吗？貌似没有。相反他们校长念了错字之后，个别教授出来为他们的校长打圆场。这个跟前些年，另外一个大学校长念错字是一样的，那个校长念了错字以后，一些教授出来给他们校长写论文论证那个校长说错的那句话是对的，这说明什么呢，说明我们大学领导的认识不到位、办学理念还存在问题、这种官本位的倾向很严重，大学精神的丧失也好，陨落也好，叫式微也好，实际上意思都一样。大学精神是什么呢？是相对独立的一些精神，我们不要说其他的一些词，大学要有独立的精神，知识分子要有独立的人格。如果大学不能保持独立的精神，知识分子没有独立的人格，那么社会要大学干嘛呀，大学是一个创新的学术高地啊，是培养人才的地方，如果连这些都做不到，那怎么能行呢。所以，我认为这是最重要的。

从学生方面来讲，我觉得学生也没有这方面的主人翁意识，也没意识到这一点。中国的传统文化就要求在家孝敬父母、到学校听老师的话、工作了听领导的话。这种传统文化要的就是顺从、服从、听话，学生从小就被要求要听话，所以从小就没有那种意识，我们的激励机制也不鼓励他去发挥他自己的独立精神，不鼓励他参与好像与自己无关的事情，如果你给老师提意见，没准回家就会被家长训一顿，是吧！而我们鼓励或奖励的都是那些小绵羊似的学生，反对的都是那些刺儿头，什么叫刺儿头啊？就是敢于提意见的，敢于发表独立观点的，敢于提出与主流观念相悖的那些学生，这些学生叫刺儿头，就是说"不听话"的是刺儿头。当然我们说，让学生参与不是说让他不听话，但是"不听话"、保持独立的人格是他有效参与的重要部分。如果都是听话的、都是小绵羊，那样的参与也是形式上的参与，对吧！比如张三作为学生代表你说说怎么样啊，"好，好，你们说得都很好，都很对，对，对，对"，这样的话，你也参与了，你没有这种独立的意识、没有独立的人格、没有独立的观点，这种参与不就是白参与嘛，参与不等于零嘛。所以，学生的参与意识也是需要加强的。

8. 针对目前的情况，您认为如何在大学内部治理中保障学生参与权？有哪些改进的建议和意见？

我认为最主要的一条就是经常说的构建中国特色的现代大学制度。现代大学制度包括外部治理体系，也包括内部治理体系。外部治理体系说的是大学与社会的关系，内部治理体系说的是大学与教师和学生之间的关系，这是最主要的。怎么保证现代大学制度的构建，就必须从制度创新的角度入手。没有制度创新，没有从上而下的改革，那是不可能实现的。过去教育部也要求大学要建设现代大学制度。一些学校把自己工作的总结或现有制度，甚至把一些微观的东西都弄进去了，什么干部管理方面的、学术回归等都作为现代大学制度内容，我认为这个不对。现在制度创新方面的一些内容，貌似是创新的、貌似是科学的，实际上不是那么回事儿。学生参与也是一样啊，要是玩一点花样的东西，很好玩，这个让学生参与，那个让学生参与，都好着呢。我们的制度设计是不是切实着眼于学生自身的发展，立足于人的发展，我们不是说"立德树人"嘛，就是政治可靠、基础素质强、社会责任感强、创新能力强，不就这么几条嘛，我们的制度设计也好，我们培养人也好，是不是围绕这些方面来做的，所以我的建议就是制度设计必须以学生为真正主体，真正以人的发展、人的全面发展为出发点，真正以学生的创新意识、独立人格的形成为核心进行制度设计。如果能够达到这些目标，把学生参与作为培养人的一个有效途径，我们的制度设计就到位了。

学生参与大学内部治理，第一起到了推进大学发展的作用，第二它本身就是培养人的一个有机组成部分，切实做到大学内部治理的科学化，实现与人的发展、全面发展的有机统一，那么这种制度设计就好。当然，这用嘴说话好说，事儿难办啊，但是从理念上来讲，必须达到这个高度。只有达到这个高度，将来你的制度设计才会好。达到这个高度，能设计出50%来，那就是前进。没有这个高度，再设计出50%来，那就原地踏步了。这个东西眼高手低一点无所谓，眼不高、手再低的话那就完了。所以，我认为最重要的就是把人放在核心的地位，围绕人的发展设计这些东西，把人的发展跟学校的发展结合起来。咱们总书记不是说"中国梦"，即国家的富强与每个人共享出彩的机会，与人的发展的有机结合。大学内部治理也是这样，学生参与一方面是圆大学的发展梦，第二个就是圆他个人发展的梦，制度设计要从这些方面来进行。这是第一点。

第二，就是我们在制度设计过程当中，必须增强法治因素，要增强法的因素，少搞些情感教育类的因素，少搞些以我为主的随意化的东西。要把学生参与纳入法治化轨道，为什么强调法呢？法的立足点是对人的品行的不信任，是人性恶基础上进行的立论，这种立论现在看来能够有效保证制度的可行性和可操作性，相反我们立足于人善的，派生出来的往往是道德的东西，当然我们在高校中讲道德与法制相结合，但是具体到一种内部治理的结构来讲，我认为首先是法治化的东西，这是大学内部治理最主要的方面。如果不纳入法治化的轨道，就这么原则性地说一说、原则性地列几条，意思不大。

第三，真正把学生参与权的范围扩大，这涉及学校治理的方方面面，而不仅仅局限于学生切身利益方面的。现在我们有些干部一想问题总是很狭隘，就认为是学生关心的那点事儿，奖学金怎么评定、研究生怎么免试、能不能入党、违纪了处理得轻处理得重，这种观点是错误的。可能从表面上看，学生在这些方面比较关注，这是可以理解的，因为这涉及他们的切实利益。但是作为一个青年学生，他们的参与愿望是很强烈的，或许是现有制度体系对这些方面进行了压抑，或者说现有的制度设计没有给他们表现的机会，所以我们要将参与权真正落到实处，把学生的参与权扩大到大学内部治理的方方面面，教授要参与大学的治理，学生也要参与大学的治理，你不能说教授参与大学治理就是在学术圈子里面，你发发言就完了；学生的参与，在学生的圈子里，你发发言就完了，这样弄得话玩完了。必须要形成方方面面的参与，参与就是对其他权力形成制约，它是权力制约的有效途径和手段，也是杜绝腐败、保持公平公正的一种手段。如果你不把这种参与权扩大到相应的面去，不赋予他更多的权利，不赋予他更多的责任和义务，学生的参与不就瞎扯了嘛！这就变成了互相哄着玩，你哄着学生玩，学生哄着你玩，是吧！把权力关进制度的笼子里，这个制度的笼子是什么呢，一方面由管理者来扎，一方面由教授来扎，另外一方面由学生来扎，要扎好这个笼子，它是扎笼子的三个方面的一个重要组成。大学不就由这三部分组成嘛，当然你还可以细分出很多来，但大块上看不就这么三大块嘛，这面墙要给它砌得结结实实的，各方面的力量要跟上。在学校内部治理中，不能管理者的影响力的墙那么高，教授的影响力的墙这么高，学生的影响力的墙这么点。比方说，管理者的墙 20米，教授的墙 10 米，学生的墙 1 米，按照管理学的木桶理论，盛水能盛多少啊，也就 1 米了嘛。这 1 米就是最高层次了，学生参与权利的广度与深度，最终体现为大学内部治理制度设计的水平的高低，管理水平的提升，所以我觉得这些都很重要，而且我们在这些方面才刚刚起步，甚至还有很多基础性工作还没做。

最后一条，我还是要强调，我们说让学生参与治理，不是说教授治校，也不是说让学生自治，要避免形成另外一种极端，这是我们在制度设计时候应该注意到的内容。总书记说了"共产党领导是中国特色社会主义制度的最大优势"，所以，政治上不能犯错误，学生参与治理不能把学生会变成自治委员会，把团委变成学生党派，那绝对不行、绝对不允许，那就走入极端了，所以最终我们要明确一条，我们的大学内部治理是中国特色的、社会主义大学内部治理体系，要把这个东西把握好。就这么多。

访谈逐字稿（T2）

访谈对象编号：T2
访谈对象简介：B 大学某学院副书记 卢老师
访谈具体方式：电话访谈

1. 在您看来，学生参与大学内部治理有没有意义和作用？如果有的话，有哪些方面的意义和作用呢？

学生参与肯定是有它的意义的，因为大学是培养学生的，大学的目的就是培养人才、培养学生，学生参与到大学治理中去，一个方面是对学生自身的发展有利，学生可以早一点有通盘考虑、全面思考经历，等于这是社会的一个交接点吧，相当于提前接触社会，这样学生能够学到东西，所以对学生是有利的。但是，对大学的管理我觉得利弊都有吧，可能学生参与之后，能够从不同的角度去了解大学内部治理、大学的管理问题，一般来说，我们做很多事情尽量从学生的角度去考虑，但是毕竟我们不是学生，而是以老师的身份、领导的身份，所以和学生考虑的问题还是有偏差的，对推动学校相应工作也是有价值的。

2. 您是如何理解大学内部治理中学生参与权利的？

我觉得这个大学啊，是学生的大学，学生有必要参与也有权利参与学校管理的某个方面。我觉得这个是应该的。

3. 如果具体到您原来或现在负责的工作中，您是支持还是反对学生参与治理呢？为什么？

我们的学生口这边，我们一直以来都是支持学生参与的，也有很多学生参与治理的案例，也有很多学生参与到我们的工作中的，学生进行参与的同时也让我们的工作有了更多的思路，同时学生参与的积极性也很高，给我们的工作也提供了很多的便利，也让我们的工作更流畅了，所以在我们工作的范围之内，我是非常支持的。

4. 据您所知，在咱们学校，学生参与大学内部治理的途径或渠道有哪些？学生可以参与哪些方面的治理内容？

在我们学校，其实学生参与的渠道不是很多，最主要的体现就是在学生工作这方面，参与得比较多。除此之外，学校也会开一些什么学代会啊之类的会议，这种其实更多的是走一种形式，学生提一些提案之类的，提案是有价值的，但是这些问题能不能得到解决很多时候还是取决于学校管理层的想法。在教学上面呢，可能学生对于班级教学也会提一些类似的建议。后勤，学生还是有参与的，后勤管理里面现在我们对于每个宿舍的管理，每个宿舍区有相应的管理员，同时学生也参与其中，每栋楼、每一层都有学生管理员，这个管理员是学生。严格来讲，我们学校的学生参与大学内部治理，很多时候还是局限于这种建议和意见方面，学生真正参与到政策的制定之中应该是没有的。

5. 据您观察，在咱们学校，学生参与大学内部治理的程度和效果如何？

我觉得我们学校学生参与的程度不是很高，学生参与大学治理，还处于比较初级的阶段，很多时候方向性的东西很少、事务性的很多，很多时候还是学生在老师的指导下做具体的事情。参与的人数上，特别是后勤，参与的人数还是不少的。效果呢，有那么一点点，我觉得还可以更深入、更好一点。

6. 据您所知，在咱们学校，学校为学生参与治理提供了哪些保障或者条件支持？学校未来有没有这方面的改进考虑？

至于我们学校未来有没有这方面的改进考虑，我还真是不清楚。至于为学生参与大学内部治理提供了什么支持或保障，这个怎么说呢，很多时候是以一种历史遗留下来的政策和方法来进行，以前是这么做的、现在还是这么做，这样就延续下来了，至于有没有新的政策、变化以及改进，我觉得还需要观察。

7. 在您看来，影响学生参与大学内部治理的因素有哪些？包括学校方面、学生方面还有其他方面等。

我觉得影响学生参与的第一个因素，可能就是对学生而言，学生有积极性，但是学生参与学校的内部治理、内部管理之后呢，可能会与学校领导、相关部门领导等在某一些问题上认识不一致，所以学生参与在有些时候只能是那种参与而不能决策的情况，就是在学校的一些发展方针、学校政策制定等过程中，学生参与决策的机会就很少。学生更多时候呢，只是参与到一些比较基层的管理和事务里面。另外呢，学生参与能力也是一个问题，能够参与学校内部治理，具有这方面能力的学生还是太少，真正有自己的想法、有能力的参与到学校整个治理过程的不是太多。

8. 针对目前的情况，您认为如何在大学内部治理中保障学生参与权？有哪些改进的建议和意见？

我觉得从上到下地推行是比较可行的方法，就是从国家的政策方面进行一些推动，我觉得更有可能把这个事情推动起来，因为如果是从学校自己来做保障学生参与内部治理的话，还是有很多制约因素的，这是机制方面。还有呢，我觉得学生的参与能力是可以培养的，通过一系列的教育教学工作，还是能够培养出学生参与大学治理的能力的，再一个，学生真正参与到大学内部治理，也可以在实践中不断得到成长。暂时就这两点吧。

访谈逐字稿（T3）

访谈对象编号：T3
访谈对象简介：C 大学学生处处长 吕老师
访谈具体地点：办公室

1. 在您看来，学生参与大学内部治理有没有意义和作用？如果有的话，有哪些方面的意义和作用呢？

学生参与大学内部治理非常有意义，也非常有必要。学生、学者都是大学非常重要的一个部分，不是有人说嘛，因为有学生才有大学，学生就是大学，如果没有学生的话，大学肯定是不存在了，对不对！所以学生对于大学而言，这个重要性是不言而喻的。那么现在的问题是，学生进到大学以后，学校把学生当成一回事儿了没有，对吧！我看目前很多大学没有认识到这一点，没有把学生当回事儿，学校出台一些政策也好，定一些制度也好，都是按照领导的意思来，领导说怎么弄就怎么弄，至于学生只有接受的份儿了，这样大学就越来越行政化，所以社会上对大学有很多诟病，就是这个道理，大学不像是大学，大学更像是一个官场还是其他的什么。你做这个学生参与大学内部治理的研究，我感觉抓到点子上了，很不错很不错。

学生参与大学内部治理的作用和意义是非常明显的，因为学生毕竟是学生，他思考问题的角度和管理层就不同，学生提出来的一些问题、建议，我觉得有时候很有价值，比如有学生就反映，没课的时候有的教室还亮着灯，这样很浪费电，也不环保，建议全校要制定制度推进校园能源节约。这给了管理层一个很大的启发和反思，我们现在各方面的浪费非常严重，办公室大白天开着灯，我想一些工作人员在自己家里是不会这么干的，估计早上早早起来就把客厅的灯关了，因为他会认为白天开个客厅的灯是没有必要的。但到学校里面就不那么想了，该开灯开灯，该干嘛干嘛，老师们白天上完课走了，教室依然灯火通明。这个很不好，后来学校出台了一个专门方案，推进节约型校园建设，就是杜绝每个细节上不注意的这种浪费，后来发现效果非常好，学校的水费电费得到了节约，节省了能源，而且也培养了全体师生的节约习惯。从这个例子就可以发现，学生参与大学内部治理对于学校而言，提高了整个或者某个方面的管理水平，对学生个人也是一种综合素质的提高。这是多方面共赢的事情，所以我觉得学生参与大学治理是很有意义的。

2. 您是如何理解大学内部治理中学生参与权利的？

刚才我们谈了，学生是大学的组成部分，学生是大学的主体，大学内部治理的参与权是学生的基本权利，它构成了对学生其他权利的一种保障，比如学习是学生的一种权利，那么学习就会涉及到学什么、怎么学，什么样的老师教、怎么教等一些问题，如果这些内容都是学校自己说了算或者老师自己说了算，那么在这个上面学生就没有发言权了，学生完全就是被动接受者。我们说学生有参与权，就是刚刚说的，学生在学什么、怎么学，什么样的老师教、怎么教等问题上提出自己的看法、意见、想法等，学校就要考虑学生的这些意见，不能啥都自己说了就行，要考虑学生的感受，学生的意见，这样既尊重了学生的意见，保障了学生的参与权，同时也推进了工作。我感觉参与权和学生的选举权、被选举权、受教育权这些事一样的，对学生而言是极为重要的。在大学内部治理的方方面面，都应该渗透进学生的参与权。包括学校的决策、事业收入与支出、人才引进、经费使用、项目招标、修缮基建、职称评定、教学管理、学生管理、干部评聘等关乎大学发展重大事项时，应该兑现学生的参与权利。所以，学生的参与权并不是一个嘴上说说就能实现的权利，这是一个体现在行动上的权利。

3. 如果具体到您负责的工作中，您是支持还是反对学生参与治理呢？为什么？

我是全力支持学生参与治理的。因为我们都是从学生过来的，现在我也喜欢与学生交流，而且我们家孩子也是大学生。平时他们都会给我说起学校的一些事情，尤其对于学校的管理，有时候说起来他们非常激动，说学校的这个管理不人性化、那个管理太官僚、不把学生当人看等，我想这里面反映出来的一个深刻的问题就是我们太不注重与学生的沟通了，现在学生都是"90后""00后"了，他们很注重这些。我们现在都说建设一流大学、一流学科，我们学校也被列入到这个第一批的"双一流"了，我一直在想这个一流到底是什么，我们国家现在经济好了、在建设"双一流"中投一点钱也不是难事，引进人才也不那么困难了，我感觉我们与一流之间的差距就是在思想上，就是我们的大学内部治理或者说是管理水平还停留在上个世纪，在计划经济是怎么样做的，现在很多事儿还是那么做的，多少年都是那么做，似乎都没什么长进。现在我们学校的很多部门或工作人员，都还没有学生参与意识，整天都是想着当个官、行政级别高一点、待遇好一点，关心的就是这些。在具体的管理工作中，都是老一套的思想，在平时的管理中想都没想过学生，制度、政策就那么出来了，这个是很要命啊！还谈什么"双一流"建设！

我们说"双一流"建设，很重要的一个体现就是要有一流的管理水平。我觉得一流的管理，首先是把人当人看，在学校里把学生当学生看、把老师当老师看，对学生好一点，对老师们好一点，不能上来就把他们看成了被管理的对象，开始发号施令，要求必须这样、必须那样，这个很不可取。在管理上，要让学生参与进来、让老师们参与进来，要听听他们的意见，我想多听一点他们的意见对学校的管理是没啥坏处的。我负责的工作，我很看重这个，让我们处室的工作人员多方面听取学生意见，对于学生的合理建议和意见等要积极采纳，我觉得只有我们全校都认真对待学生参与这件事，因为学生参与的缘故，学校的管理水平会有所提高、学校的发展后劲也会有所增强。

4. 据您所知，在咱们学校，学生参与大学内部治理的途径或渠道有哪些？学生可以参与哪些方面的治理内容？

就现状来看，学生参与大学内部治理的途径很多，比如学生会、学生社团等各种学生组织，他们很活跃也很有想法，这个渠道非常好。还有一些学生担任各类学校助理、助管等岗位，虽然这些有点类似于实习，但是他们在这个过程中会提出一些建议，这个也很好，也是一个方面吧。此外，还有学生代表大会，这个具体怎么开我不是很清楚，他们也会反映一些学生的意见上来。还有学校通过网络开通的一些渠道，比如校长信箱、BBS 等。大概就是这些吧，我的了解比较有限。

学生参与治理的内容的话，可能学生评教是一个推得比较开的工作，因为每个老师都要接受学生的评价啊，学生喜欢谁、不喜欢谁，他们有评价的权利。还有与学生关系密切的吃住这些，我知道他们也会有一些意见，我每次去食堂吃饭，就会看到他们在那个本上的留言和建议，这个也算是一种吧。别的方面，包括人事、科研等，可能参与的就比较少了。

5. 据您观察，在咱们学校，学生参与大学内部治理的程度和效果如何？

学生参与和不参与肯定是不一样的，目前学生参与比较积极的方面，包括食堂等，学生意见比较集中，后勤就有压力了，会考虑学生的意见，这个工作也在一点点改善。在那些学生参与比较少的方面，改变不是很大，因为管理部门没有压力，他们都感觉很良好，感觉没什么问题，所以管理还是原地踏步，还是老样子！整体来说的话，参与的效果还是有的，就是由于参与的面比较窄、参与的人也不多，参与的效果就不那么明显了，但是我们还是要肯定参与的价值和意义，学生参与效果肯定是有的。

目前我们学校呢，说实话，学生参与的程度还是很低的，参与的学生不多这是一个方面，还有参与的面比较窄也是很大的一个问题，还有学生参与也是停留在提点意见这样的层面上，更深层次的学生参与不多见，比如在学校的重要决策上让学生去投个票这类的，我没怎么见过。也可能是我了解到的比较有限吧。

6. 据您所知，在咱们学校，学校为学生参与治理提供了哪些保障或者条件支援？学校未来有没有这方面的改进考虑？

这个怎么说呢，学校参与大学内部治理有哪些条件支持或保障的，这个让我们校长来谈的话更有权威性。我感觉我们学校能为学生参与治理提供的支持是有限的，可能网络上的支持条件是便利的，说是便利其实也不便利，就像网站上的校长信箱，学生提意见还是实名制，这个让学生怎么说啊，他提啊还是不提啊，对吧！还有一些座谈会什么的，都很随机，想开就开，这要看领导们的时间安排，还要看领导们有没有时间，不是说学生想参加就能参加的。我觉得有时候很奇怪，有些部门在征求师生意见的时候，要求你有意见必须以纸质的方式递交，如果不是纸质的方式不接收，这都什么年代了，还这样做。

学校未来的考虑这个问题，更应该由我们校长来回答。他老人家怎么想，我就不知道了，就我负责的这个部门，我们已经注意学生意见的收集了，也非常注意与学生的互动，我们怕有些问题积累了就不好办了。未来我们还会继续做好学生参与的工作，目前我们还有很多的问题没有解决，以后要逐步解决，让更多的学生参与进来，更好地推进我们的工作。

7. 在您看来，影响学生参与大学内部治理的因素有哪些？包括学校方面、学生方面还有其他方面等。

影响学生参与大学内部治理的因素，我们刚才其实已经谈到了一部分。第一个就是我们学校管理人员的思想还比较滞后，跟不上时代的发展，而且官僚主义还挺严重，总觉得自己是个官。在这样的大氛围里，普通的一般老师都很难实现参与，更何况是学生呢，这个就更加难了。我们前面说了，现在学生都是"90后""00后"了，这些学生是很看重个性化的满足的，他们对学生工作也有很多吐槽，他们的参与对于学校管理来说是一件好事，但是目前我们的一些人员还没有这个意识，或者说完全没有把这个当一回事儿！

第二个呢就是保障学生参与的机制没有建立起来，就是学生参与大学治理没有一个成型的制度或者什么，这样学生能不能参与、学生能在多大程度上参与都是没准的事儿，所以制度这一块的缺失或者不完善是一个重要因素。话又说回来，保障学生参与的制度有了以后，能不能付诸实施还是一个未知数，就像我们制定了大学章程一样，后来我也没感觉出平时大家是怎么认真对待大学章程的。这个扯得有点儿远了，就是目前制度不完善的确是一个因素啦！

第三个呢就是行政管理体制还是比较僵化，目前学校就是从上到下地进行管理，所有的政策、制度、命令都是从上到下的，这种要的就是速度、要的是绩效、要的是能很快见效的东西。这样的话，学生参与是一个从下到上的参与过程，而且学生参与的过程是一个反复的过程，这样有些领导就不喜欢了，觉得真麻烦！

我想到的大概就这些。

8. 针对目前的情况，您认为如何在大学内部治理中保障学生参与权？您有哪些改进的建议和意见？

建议的话，由于时间关系我就讲两条吧：第一个是学校的管理人员要增强这方面的意识，就是管理人员对学生参与的看法和实践，我们说了学生是一个非常重要的部分，不把学生、学生的参与当一会事儿的话，学校的办学水平是很难有所长进的。只有重视学生参与，我们的大学才会有希望，那么建设"双一流"这样的伟大理想也才能会实现，否则一切都空谈。

第二个要有这个制度建设吧，制度建设非常重要。要有专门的文件，对学生参与大学治理有个必要的保障，因为制度是稳定的。不随着领导的心情变化，所以在一定程度上还是可靠的。

访谈逐字稿（T4）

访谈对象编号：T4

访谈对象简介：D 大学发展规划处处长 丁老师

访谈具体形式：电话访谈

你的访谈提纲我看了一下，由于时间关系，学生参与大学内部治理的意义和作用方面，我就不过多讲了。我就从我们学校方面，简单谈一谈。跟你谈一谈，我们学校的做法还有影响因素、改进，其他的我就不谈了。

我们学校的做法有这么几个方面，相对来说做得比较好的：

第一个方面，现在我们新一届领导班子组建以后，从办学理念上，就是从创新办学理念上体现出学生参与大学治理，那么，我们学校提了个什么样的发展理念呢？就是学校从宏观方面怎么考虑发展的问题，明确把"以生为本"作为学校办学的指导思想，"以生为本"的核心就是体现出学生的参与意识，所以从理念方面保证了学校发展，把保障学生参与内部治理的权利作为学校办学的一个方向，而不像以前，办学只注重规模、科研，而没有把太多的关注点放到学生身上，所以现在我们做的一个很有意义的事情就是，在学校新教学楼门口树立了一个电子显示屏，每天循环播放我们的"以生为本"的理念，从理念方面强调，把我们的办学重心落实到学生身上，就包括学生参与大学内部治理的思想。这是我们学校从办学转型的方面，体现学生参与大学内部治理的一个宏观的指导思想的转变。

第二个方面，从学生参与内部治理方面，除了常规的学生评教等常规做法以外，我认为我们学校有两件事情做得比较新、做得比较实，这两个都是学生参与大学内部治理比较好的做法：

第一个事情就是，这个事情有些学校也在做，但我们学校做得比较实，就是聘请学生校长助理，我们大概聘请了 7 个学生校长助理，有本科生、研究生、外国留学生，聘他们为学生校长助理，那么学生校长助理的职责是什么呢？就是代表学生，把学生作为大学内部治理的一个主体，全面参与学校治理活动，学生参与校长会、校长办公会，因为学校的各项行政决策，都是通过学校的校长办公会来决策的，那么这些学生校长助理就直接参与校长办公会。在办公会过程中，在每一个议题的决策过程中，都要征询这些学生的意见，学生校长助理就从他们所代表的学生的角度，对这些议题提出一些肯定的、修改的，甚至提出一些反对的意见，这是从顶层方面，体现出学生参与大学内部治理的一个重要方面。更为重要的一个是什么呢？学生校长助理，我们学校做的不是一个架子，我们学生校长助理还要负责收集学生意见，学生校长助理有明确的任务，他要走到学生中间去，要收集学生的意见、反映学生的舆情，代表学生提出一些议案、议题，这些议题在学校常委会、校长办公会上通过以后，就会得到执行。所以这就体现了学生校长助理代表学生这一方参与学校治理、参与重大决策、代表自己的利益发声，这个从组织形式方面就是一个创新，使学生真正能够全程地参与到了解学校各个方面的事情、决策过程，重大决策的发展动向、未来发展的重要趋势等，我们每一次校长办公会的纪要都要抄送给这些学生校长助理，这些学生校长助理就可以把这些信息公开，向学生传达，这样很快就把学校一些重要决策产生的过程通过这些学生校长助理的方式在学生中间传播，学生对这些有意见，也可以通过学生校长助理的方式向上反映，还可以通过其他方式向学校反映。这样学生参与，就能够代表一个学校的主体参与到学校的治理活动中来。这个我们学校不仅是一个形式方面的创新，在做的过程中，做得比较实在。

那么第二个事情就是，我们利用信息化平台，反映学生的参与情况。我们有"E信通"，这个"E信通"有什么用呢？就是每个学生有个账号，学生有什么事情、有什么诉求，通过这个"E信通"的账号，在信息平台进行反映，他反映的这个事情、这个信息就直接到相关的管理部门，这个对应的部门必须在一天内对学生有所反馈，如果这个负责的科级干部不反映，那么这个信息就会到对应的处级干部，处级干部就要督促了；如果处级干部再不反映，那么这个信息就到了分管的副校长，副校长再不反映，那么这个信息直接就到了校长、书记那里了，就这样一层层从管理上非常实时地对学生的诉求给予反映。这样一个"E信通"平台是学生参与学校治理的渠道，学生可以全方位地参与学校治理，这个全方位参与学校治理，包括几个方面：一个方面它能够很好地表达学生的诉求，学生自己的相关利益，哪怕小到噪音污染、一个灯泡坏了，像这样的小事情立马通过"E信通"得到反映，就可以得到解决。第二个就是对学校重大事件，比如说我们要推荐各种各样的人才，或者要进行学科建设等重大举措，学生都可以在"E信通"中反映，比如说，我们要做一流学科，我们只做×××学科的，那其他学科的学生就会问其他学科怎么办，这些信息都可以通过"E信通"反映到学校层面来，学校就要采取措施了，我们不能只做×××学科，还要对其他学科通过交叉给予发展，所以像这样的一些意见，都反映了学生对学校发展的一个关注。所以"E信通"反映了学生对自身利益的关注、对学校发展的关注，这样的方式能够很快实时地反映学生意见，这样学生就实现了对学校治理的一个参与。从这个方面，我们学校营造了比较好的氛围，学生表达意见之后，学校会对这些意见很快给予反映，那么学生参与的积极性就会越来越高，所以一开始，学生反映的问题非常多，两个月下来五六千条意见，所以各个部门压力非常大，但是随着各个部门能够快速给予反映以后，那么现在"E信通"反映的信息、反映的问题越来越少，同时学生通过"E信通"这个参与渠道给管理部门造成压力，也改变了管理部门的管理方式，以前管理部门就是发发文件、传达传达文件，那么现在就要有个主动服务意识，所以通过"E信通"的信息化平台，改变了管理的方式，这也是对整个治理结构的一个调整。

从大的理念方面我们强调以生为本，从管理方式方面，从原来的管理走向现在多主体的沟通、参与，特别是管理部门从原来的重管理走向现在的重服务。这就是我们学校在学生参与大学内部治理方面做得比较多的事情。其他的，其实学生参与大学内部治理的渠道是很多的，其他方式我们学校做得都中规中矩和其他大学差不多、没有出彩的东西。

第三个我想谈一谈影响学生参与大学内部治理的因素。从我们学校来看，据我个人的观察，至少有这么几点：第一个是校长的办学理念，校长是不是把学生放在办学的核心，这个就决定了学生是否有机会、有权利参与大学内部治理。当一个学校只关注学术 GDP 的时候，把规模、把声誉放在核心地位的时候，就可能忽视了学生的重要性，没有意识到学生重要性的时候，对学生参与治理的关注和意识就不强，那么还是常规的管理方式，而不是把学生作为平等的治理主体来看待，在这样的大环境下面，学生参与治理的机会就少，这是第一个影响因素。第二个就是学校的文化氛围，那么一个学校的文化氛围是什么呢？就是学生参与内部治理，它必须在团结、和谐、积极向上的文化氛围中，才能激发学生的参与热情和参与意识。我们学校这几年的发展成绩也比较好，然后师生关系比较和谐，学生提出来的一些敏感的或者反对的意见，对管理部门来说，能都得到一个接受和消化，然后通过积极的反馈，把矛盾转化成一个发展的动力，在这种情况下，管理部门也愿意听学生的意见。学生通过参与提出意见，然后得到反馈，学校发展好了，对他们也是一个促进和激励作用。有了很好的人文氛围以后，学生的民主参与意识就越来越强，这样才能激发学生的所谓的主人翁意识，就是主动参与意识，参与权才能得到实现，所以有一个积极向上的校园文化氛围很重要，大家都是积极向上的，针对学校发展的事情去提意见，而不是针对某个人去激化矛盾，这就是第二个影响因素。第三个影响因素就是学生的参与意识和参与能力的问题。也就是我们学校一开始，没有"E信通"的时候，学生不断提出意见。学生提了意见以后，管理部门没有反馈，内部参与的渠道不畅通，学生们都会口口相传，"有些问题提了也没用，提了还不如不提"，在这样的情况下，那么学生的参与动力、参与的意识就会相对不足。有了"E 信通"以后，学生所提出的问题有了积极回应，然后通过我们的大力宣传，特别是通过辅导员系统大力地进行宣传，学生也会口口相传，认为"我提的意见能够很快得到回复"，那么这个事情得到了解决，通过这样的传播途径，学生的参与意识就越来越强，形成了一个积极向上的氛围，这样就可以提高学生参与的能力。第四个就是舆论引导的问题。舆论引导就是从参与现状来看，好多学生是从个人的利益出发去参与一些学校的事情，我们学校通过宣传部、学工系统的信息化平台，主动宣传学生参与典型，比如学生校长助理，我们不断通过微信平台一方面介绍学生校长助理的个人状况，另一方面就是介绍学生校长助理参与了哪些事情，包括其他学生在"E 信通"中反映的事件，通过微信推送的方式在学生中进行宣传，这样通过正常的舆论引导以后，学生参与治理的积极性就提高了，所以还需要一定的舆论引导。这四个方面，我认为是我们学校提高学生参与大学内部治理度的重要因素，我认为这些都挺好的。

后期方面，至于还需要进一步改进的方面，我认为还有三个方面的内容。第一个方面就是进一步加强制度保障建设，因为我们现在的很多做法还是尝试性的，比如学生校长助理这样的做法，很多是出于我们校长的理念去推进这项工作，那么怎么样把这项工作进行制度化、常态化，而且建立相关的制度，向下移，进一步向下延伸、推延，比如在学院、在职能部门建立相关的机制，怎么样通过制度化的方式保障学生的参与权，这方面我们还处在探索的过程，还没有一个明确的、具体的制度来明确哪些信息可以向学生公开，哪些东西让学生参与，因为学生参与是建立在信息公开、信息透明基础上的，在这方面的制度还不够完善。第二个就是根据学生的现实情况强化信息化手段的保障。现在学生就是一种"信息原住民"，所以我们怎么样根据现在学生的特点不断地强化和完善信息化系统，把校内的一些信息向学生公开、透明，学生通过信息化的方式接受这些信息，然后对这些信息进行判断，对学校发展、对他们自身的发展提出一些很好的建议，这个还需要完善。第三个方面需要改进的还是反馈机制。我们现在强调的是及时反馈，及时反馈就是通过信息化手段进行反馈，这种反馈方式不是面对面的反馈，还是好像隔着一个障碍物，虽然能够及时，但是有些沟通不够透明，而且沟通内容也不够丰富，这在一定程度上就好像是把以前的文本方式转化成了电子化的方式，所以还没有真正地走到学生心里，所以以后对于学生重大关切面对面的沟通反馈，这也是体现学生参与很重要的方面，也是提高学生参与意识方面很重要的内容，所以这些就是我们学校对这方面的思考。由于时间关系，我就谈这么多。

（咱们的"E信通"是实名的还是匿名的?）对对对，是实名制。所以这个实名制是没问题的，学生都是实名反映的，然后老师也是实名回答的，而且我们是首问负责制，就是学生可能不知道这个事情归哪个部门管，比如有些学生问后勤的事情跑到我们部门来了，那么问到我这里，我就要负责啊，把这个事情转到相关部门，我不能给回答学生说"我不知道，这个不归我们管，这个跟我们无关"，这样我就失职了，所以这些全部是实名制的。这样我们就化解了学校和学生之间的很多隔阂，而且学生为了学校发展好，也会给学校提出一些积极的建议，有些问题提出来以后，也促进了学校领导的反思、一些职能部门的反思，这样对于学校的管理确实起到了很大的推动作用，所以目前来看我们学校内部没什么矛盾，特别是师生之间没什么矛盾，某种程度上说也是学生参与大学治理达到的一个效果吧。就这样！大家都是朋友，常来我们学校啊！

访谈逐字稿（T5）

访谈对象编号：T5
访谈对象简介：E大学某学院副院长 于老师
访谈具体地点：学校食堂

1. **在您看来，学生参与大学内部治理有没有意义和作用？如果有的话，有哪些方面的意义和作用呢？**

学生是学校的主体，他当然应该参与学校的治理，有些大学生都是成年人了，他能够用好他的基本权利，参与学校的治理，也是他的一个责任和义务。如果没有参与的话，事实上在他的成长成才中就会有一些缺失。

2. **您是如何理解大学内部治理中学生参与权利的？**

从大学产生的角度来说呢，主要是老师和学生，学生就是主体之一，学生就有相应的权利，特别是这样几个权利，一个学习内容，他有自主决定权，再一个就是学校生活规则的制定，这里面应该有参与权。另外还有一些，比如选举权和被选举权等，都应该有的。学校的功能主要还是教学，主要还是在学习过程中的一些基本权利，再加上生活中的一些权利。

3. **如果具体到您原来或现在负责的工作中，您是支持还是反对学生参与治理呢？为什么？**

当然是支持学生参与大学内部治理。这个理由呢实际上上面已经说了，真正办好大学呢，就要对学生的权利给予充分保障，如果大学对学生权利都不能给予充分保障的话，就不能进行健全的治理，这样本身就有问题的，对吧！

4. **据您所知，在咱们学校，学生参与大学内部治理的途径或渠道有哪些？学生可以参与哪些方面的治理内容？**

在我们学校，学生参与治理的渠道很传统，也不怎么多。现在有一些，比如大学的学生会、学生社团、网上意见箱等，但是整体上讲，还是不够的。可以说学生直接参与的渠道是不怎么通畅的，这是目前存在的问题。因为从学校管理层的角度来看，他希望不出事，没有想到怎么样在这个过程中让学生发挥作用。

5. **据您观察，在咱们学校，学生参与大学内部治理的程度和效果如何？**

总体来讲，我认为参与程度不够，效果也不是很好。

6. 据您所知，在咱们学校，学校为学生参与治理提供了哪些保障或者条件支持？学校未来有没有这方面的改进考虑？

学校在文本当中有写，但在实际操作中，并没有遵循文本规定的保障要求。学校呢，我是希望有改进，但是总体上来讲呢，改进不大，这个原因很复杂。

7. 在您看来，影响学生参与大学内部治理的因素有哪些？包括学校方面、学生方面还有其他方面等。

从学生方面来说，我们的学生，从小学到中学，都是只管他的考试成绩，（他）没有养成自我管理、平等与人相处、与人协商等这样一些习惯，所以，学生这方面的能力有点欠缺，所以他在大学里就没法把很多事情办好，这样一来大学管理者就认为你既然办不好，就让我来单干，我单方面决定。所以要改变这个局面，应该说从幼儿园到小学、中学再到大学，都要去想办法，让学生有更大的自主空间，让学生自我管理，让他养成这种能力，有这种意识，只有这样才能把事情做好。另外从学校方面说，我也注意到，最近一些大学出台了部分比较奇怪的校规，比如学生在什么时间不能够带手机、不能够说话，哈哈哈，还有很奇葩的就是男生女生之间不能接触，这些都说明我们管理层还是对学生关注不够，大学的管理做不到从学生角度出发，设身处地为学生考虑的不多。

8. 针对目前的情况，您认为如何在大学内部治理中保障学生参与权？有哪些改进的建议和意见？

目前，我认为学生和老师在人格上形成平等的价值取向，不能认为学生跟老师不是在一个平等的基础上，这是我们中国社会传统的一种基本观念，到现在还存在，总是认为学生是受管的对象，老师是管学生的，要改变这种观念。在这个基础上，要界定哪些事情应该有学生参与，如果没有学生参与的时候，就不能够做决定。我们现在有一些学校，也有这方面的做法，学校决定大事的时候有一个学生代表来参加，但是这个学生代表能不能代表呢，这往往表现得不充分，学生代表往往看着别人说话，他基本上没有自我表达的太多空间，然后也不能真实地代表大多数学生，学校在选学生代表的时候，就希望选一个比较听话的、好说话的人，这样的学生代表就不能充分表达，不能真正代表民意，对吧。这个需要改进。

另外就是让更多的学生参与进来，然后有通畅的表达渠道，实际上任何能够促进学生参与的，都可以探索。但是我们现在各方面管得很紧，典型的例子就是北大的三角地啊，原来是可以自由表达的，现在不行了。其他学校也有类似的情况，一些正常的表达空间或者渠道不通畅，所以还是要给这样的通道，对吧，这个通道通畅的时候，很多问题就在比较小的时候就解决了，如果这个通道不通畅，它就堵塞了，积累起来了，积累起来以后就会成为一个大的问题，这是我的一个基本看法。

访谈逐字稿（T6）

访谈对象编号：T6
访谈对象简介：F 大学高教所研究员 李老师
访谈具体地点：办公室

1. 在您看来，学生参与大学内部治理有没有意义和作用？如果有的话，有哪些方面的意义和作用呢？

学生参与是大学治理最基本的要求。学生是大学存在的基础性资源和主体性资源，缺少了学生的大学就不能叫大学了。但学生的存在并不仅仅是作为客体的存在，学生是大学的主体，缺少了学生作为主体参与的大学治理不可能是大学真正的治理。大学的第一职能就是培养人才，人才培养的质量如何最有发言权的当然是学生。没有学生的参与，大学治理那就是自说自话了。

长期以来，严格来讲是我们是忽略了学生的主体性的。我们老是讨论大学是教授治学、行政管理这些问题，讨论学术权力、行政权力这些事儿，总是认为平衡了行政和学术这两种力量就够了，恰恰是把最重要的主体给忘了，所以大家在考虑问题的时候根本就没有考虑过学生，这怎么能行啊，这肯定是不行的。我觉得缺少了学生的参与，大学治理水平就很难提高，我们都是在学校里工作的人，这一点肯定是都有切身感受的。我们可以大面儿上算算，学校里面无非就是这么几种人，一个是行政、管理人员；第二个就是学术人员，就是教师、任课老师；第三个就是学生。目前的大学治理中行政、管理人员这些就不用说了，在大学里他们的影响是最大的，这个大家都有感受的。教师参与，目前倡导的教授治学也有一定的作用，现在也好很多了，最起码学术委员会等这些都已经建立了起来，从架子上看还像那么回事儿，教师能都参与到多大程度，那就是另外一个问题了。这几个中，最薄弱的就是学生参与这块，我看有些学校也在搞学生参与大学管理之类的，我看好像都是些皮毛的东西，搞搞形式而已，没有深入到实际中去。

如果站在学生的角度上看，在大学内部治理中，学生长期被忽视，或者说是长期被置身于大学治理之外，以至于学生没有参与的意识，也就是学生没有意识到参与治理是学生的一个权利。现在有些学生可能有这个意识，但是学校提供的参与机会可能不多，总之学生参与还比较困难。如果长期这样下去，我想我们培养的学生即使满腹学问，也会由于缺乏民主意识，而难以成为一个合格的人。所以，学生参与大学治理有这么几个作用，一是培养学生的参与能力，这个是学生走向社会的一个重要能力；二是学生参与治理，学生的权益才能得到有效的维护和保障，这个也很重要啊；三是从学生的角度给学校提供一些思想、建议，这样对学校管理水平的提高也是有好处的；当然除了这几点外，最重要的就是培养学生的参与意识，如果没有参与意识，前面的几项无异于空谈；当然了，参与意识是和前面几项相辅相成互相促进的，参与意识的培养也离不开这些实践。

2. 您是如何理解大学内部治理中学生参与权利的？

对大学内部治理中学生的参与权我是这么理解的，这个权利是学生的基本权利。前面我们谈到了，学生是构成大学的三大主体之一，这样的话学生就是大学的主人啊，如果是大学的主人的话，就好像是一个家里，这个家的主人对自己的家庭治理应该是有个基本的权利的，这个权利就是参与权，参与家庭的治理与发展，这个是最基本的。同样的道理，在大学里，学生是大学的主人，那么学生就应该拥有对大学治理的参与权，一些学校治理中的大事小事都应该有学生的声音，有的时候还应该让学生参与决策，这都是学生参与权的一部分。除了参与决策，还有监督、发表意见等都是参与权的体现。在这里，我们说大学内部治理中的学生参与权，既然是参与权，那么就不是事事由学生说了算，参与权就是参与，参与说白了就是让学生掺和，所以在大学内部治理中学生应该在很多事情上有参与权，这个是体现学生主体地位的重要权利，你不让学生参与就不合理了。当然了，学生的参与权也是有限度的，参与的力量也是有限的，学生参与治理只是说学生作为三方力量之一而不是替代其他两股力量。

3. 如果具体到您原来或现在负责的工作中，您是支持还是反对学生参与治理呢？为什么？

我之前曾在研究生管理部门工作过，我是比较支持学生参与治理的。根据我这几十年的工作经验，在研究生培养过程的各个环节中研究生的参与都不能缺位。比如说，事关研究生培养质量的关键和基础之一就是培养方案。培养方案的合理性和科学性是研究生培养质量最基础的保证。合理的、科学的培养方案可以保证在研究生培养过程中不走弯路，并且以最快捷的方式达成目标。在培养方案的制订过程中，要广泛听取学生的意见、想法、建议和需求，但现实情况是，学生入学后，只能被动地在给出的方案中进行课程选择，由于给出的范围很小，又加之条条框框很多，所以学生基本上是没有选择的。甚至有些课程还是因人设课，所以培养方案不可避免地会在某些方面会有所欠缺，比如是不是符合学生的兴趣，是不是照顾了学生的个性需求，是不是发展了学生的个性以及是不是对接社会的需要等。所以在这里就应该让研究生参与进来，听取学生的意见和建议，然后完善培养方案，这样才是合理的。

4. 据您所知，在咱们学校，学生参与大学内部治理的途径或渠道有哪些？学生可以参与哪些方面的治理内容？

在我们学校，学生参与治理的渠道和途径都是很有限的。我也曾就此询问过一些学生，能回答上来的也只是学代会这一种形式，而关于参与内容方面大多数学生则说不清楚。这也从一定程度上反映了学生参与治理的情况。除了学生说的学代会，我知道还有比如网络上的平台。前一段时间学校在网上搞了个意见征集，结果也是令学校感到震惊，一方面是学校问题之多，学校本身没有知觉，自查自纠也触及不到根本；而学生的知无不言也反映出了学生也并非是没有参与的能力和热情，只是参与的渠道不畅通。

我们学校关于学生参与的内容，除了刚才前面谈到的之外，还有一些制度的制订，比如学生奖助制度、评价制度、淘汰制度等与学生有关的制度，征求过学生的意见，学生是有参与的。而对于一些诸如教师的评价、课程的评价以及一些管理方面的评价制度的制订和实际评价中，也有过征求学生意见的情况，这个也有学生参与。还有学生可能对食堂有什么意见，他们可以在食堂的留言本上留言，这个比较方便了。其他的我不是很清楚了。

5. 据您观察，在咱们学校，学生参与大学内部治理的程度和效果如何？

我们要分情况看待这个问题，学生参与大学内部治理的程度和效果，这个得看在什么方面了。因为学校的大事小情都与学生有关，都是围绕着人才培养这个核心的，学生的参与是毋庸置疑的，不同的只是在不同事情上学生的参与程度大小而已。比如学生评教，这个学生参与的人数就很多，基本上所有的学生都会参与到，他们会给任课老师打分、写评语，评教结束以后学生的评价结果实际上是对老师们有影响的，这个参与的程度就高、效果也是有的。还有就是在学生生活保障方面，学生的吃饭、住宿、洗澡这些方面，学生参与得也挺好，人数也不低，效果也能看得见。其他方面的话，参与的人数、程度都比较低了，效果也不是那么明显了。整体上看我们学校，感觉学生参与的情况并不是那么好，还有很多的工作需要做。

6. 据您所知，在咱们学校，学校为学生参与治理提供了哪些保障或者条件支持？学校未来有没有这方面的改进考虑？

我们学校给学生参与大学治理提供了哪些支持或保障，工作了这么多年，说实在的我说不上来，因为我没怎么注意到过。前一段时间好像是搞巡视还是干什么来着，学校里面设了个意见箱，让学生提意见，结果学生提了很多意见。平时好像教学楼还有一些办公楼的墙上也有意见箱，那些意见箱都落满了灰尘，总感觉有很多年没人动过的样子，感觉摆设的嫌疑更大。我带的研究生说，在校长信箱提意见比较好使，不知道是不是真的，这也算是一种渠道吧。

7. 在您看来，影响学生参与大学内部治理的因素有哪些？包括学校方面、学生方面还有其他方面等。

在我看来影响学生参与大学内部治理的因素有很多。比如学校的办学理念就存在问题，办学理念用通俗的话解释就是学校看重的是什么，那我们学校看重的是什么呢？我感觉我们最看重的是科研绩效，给老师们记工分、数论文、数科研项目，你觉得我们在这里面看重的是老师吗？好像也不是，看重的不是这些牛，而是这些牛所产生的奶，关心的这些牛产的奶质量高不高，这是最重要的。现在搞"双一流"，不也是搞这些嘛，在这里面我们看到学生了吗？貌似也没怎么看到。现在就是指的方向在这里，那么大家都往这个方向上跑，其他的都已经无暇顾及了。所以，长期以来对学生地位的忽视、在办学治校中对学生主体地位的不重视，这是影响学生参与大学治理非常重要的因素。还有就是学校里面也没有形成一种让学生参与的氛围，因为学校的行政干部们都没那个意识，平时也没怎么想过这个问题，所以一切都按部就班，该怎么办就怎么办，所以就没有学生参与的氛围，学生参与就要从形成这种氛围开始。办学理念、校园氛围中都看不到学生参与的影子，那么你想在学校的规章制度设计、政策的制定里面，会有学生参与大学治理的内容吗？肯定是不会有的。所以这是一连串的事儿，这里面有很多因素。

学生方面就是学生的参与意识和能力了，那么这个问题是怎么造成的呢？我感觉这个根子还是在学校身上，首先学校就没有把培养学生的这方面能力当成一回事儿，大学平时的教学、服务等，应该说在很多方面都没有认真对待学生参与，对学生这种参与意识、参与能力的培养是不足的。那么学生本身有没有自发性的参与意识呢？这个我没有研究过，我也不好讲，你可以去调查一下，到底学生有没有这个意识！如果说学生有参与意识，而目前的参与是不乐观的，那么这个制约因素还是在学校，比如学校提供的参与渠道不够或者不畅通等。如果学生没有参与意识，我们要反思这是为什么，那么我们培养人才是培养什么？我们常常说培养社会主义合格的建设者和接班人，那么连这个参与意识都没有，我们培养的公民是合格的吗？怎么去建设社会、建设国家？这些都需要我们思考。

影响学生参与大学治理的，除了学校里面的因素，还有学校外面的因素啊，对不对，这些我们都要考虑！比如国家的法规政策中有没有明确的鼓励学生参与的内容，我们不能说没有，最起码不是那么明确、详细、可操作，很多高校的学生参与治理做得不好，也许与这个有一定关系。还有我们的社会文化是不是也有应该反思的地方，对吧！

8. 针对目前的情况，您认为如何在大学内部治理中保障学生参与权？有哪些改进的建议和意见？

由于时间关系，这个我就随便说几条，具体就不展开谈了。保障大学内部治理中的参与权，需要做这么几件事情：第一要营造学生参与大学内部治理的范围，包括办学理念、校园氛围、具体日常管理等都要有意识地去做这个事情，把学生当成办学治校的主体，然后一点一点地去做。第二个就是制度建设，做任何事情都要有个制度保障，没有制度保障就做不长远，有可能做着做着就不做了，所以要制定学生参与方面的制度，包括校内的制度建设，还有国家的政策法规的设计，都要做这个事情，这个是基础性工作。第三个就是完善校内的学生参与渠道，多开通一些与学生交流和沟通的渠道，多听一些学生的意见，对学校而言是好事。第四个就是培养学生，学生参与意识和能力的培养是一个长期的过程，我们要在人才培养方案还有具体的日常培养中都要有意识地加入这些内容。

我就简单说这么几点，我们以后可以多交流！

访谈逐字稿（T7）

访谈对象编号：T7

访谈对象简介：G 大学教务处职员 孔老师

访谈具体地点：办公室

1. 在您看来，学生参与大学内部治理有没有意义和作用？如果有的话，有哪些方面的意义和作用呢？

我个人觉得是非常有意义的，作用也是非常大的。我是这么理解的，因为讲这个大学的内部治理，那我就想到治理和管理之间的关系，管理是一个从上而下的过程，而治理是一个多方主体的、共同的管理的一个过程，所以治理强调的是多元的利益主体，因此我觉得学生在大学中是一个利益主体、利益相关方，是非常重要的一个利益相关方，所以我认为大学生参与学校的内部治理是非常有必要的。

2. 您是如何理解大学内部治理中学生参与权利的？

我个人觉得，大学内部治理中学生参与权利可以从几个方面来看，一个就是学生评教，这个每个学校都在做，学生评教就是在大学内部治理中体现学生权利的一个手段和途径；第二个就是一些社团组织或者说是团学组织，比如学生会、团委，都有学生参与大学治理的渠道；第三种就是在一些大学的内部有一个共同的治理委员会，学生也作为学生代表参加。我基本上能想到的也就这么几种。

3. 如果具体到您原来或现在负责的工作中，您是支持还是反对学生参与治理呢？为什么？

我个人是支持的，我还是回到大学它的本质上来回答这个问题，大学的本质是为学生提供一种教学，促进学生成长的这样一个机构，那大学之所以存在是因为有学生，学生在大学的整个运行中是一个非常重要的主体。因此大学它能不能办好、治理的怎么样，我觉得学生是有相当大的发言权的。

4. 据您所知，在咱们学校，学生参与大学内部治理的途径或渠道有哪些？学生可以参与哪些方面的治理内容？

渠道呢，我刚才也是讲了，一个就是学生评教，就是学生对老师、对课程的一个评价，这个是各个大学都有的，都比较重视的地方。第二个呢，就是在学院层面上成立了管理委员会，这个委员会中就有学生代表。一般的话，一个学院有一个学生代表。目前校一级还没有学生代表，学校层面上学生在参与的时候主要是通过团学组织、学生会。

参与内容在教学、课程上，我觉得可能参与的比较多，而且是应当参与得比较多，我们现在讲以学生为主体，就是要以学生自身的发展来看课程、教学有没有改进，这个是教学、课程上，我觉得是比较重要的方面。另外，在后勤管理上，学生参与得也比较多，因为后勤是围绕着学生来服务的，学生的住宿条件、用餐的环境等，我们学校每年食堂会组织学生去投票，学生专门成立了一个膳食委员会，这个是个学生组织，这个组织会对学生食堂的各个窗口进行投票，如果不行的话，下一年这个提供用餐服务的单位就不能再进入学校食堂进行经营了。还有一个就是学生发展、学生管理方面，这个学生也是非常有发言权的。

5. 据您观察，在咱们学校，学生参与大学内部治理的程度和效果如何？

我们学校相对于其他高校来说，参与人次算是比较多的。其实学生参与大学内部治理，我感觉就是近几年的事情，也许在国外高校中比较普遍，但对我们国家来说，却是近几年的事情，大家慢慢地才有这个意识的觉醒，觉得学生是一个利益主体，应该让学生参与，在这样的一个意识觉醒阶段，我觉得目前我们的学生参与的效果呢，参与的人次虽然多，但效果咋说呢？采纳学生的意见我觉得相对还是比较多的，但是你把他当成是与学校领导那样的平等对待的话，还达不到这种程度。但是呢，在我们这边，大部分高校是相对比较容易听取学生的意见、建议的，我觉得这个是比较好的。

6. 据您所知，在咱们学校，学校为学生参与治理提供了哪些保障或者条件支持？学校未来有没有这方面的改进考虑？

提供了哪些条件支持的话，相对来说成形的比较少，没有成文的如规章制度之类的，这个确定是没有的。这个跟各个系部、院系、职能处室的重视程度可能有关，有一些是职能处室层面上的，他们可能会有考虑学生参与大学内部治理的一些做法，就像座谈会、意见箱这些的。这次教务处在搞学生评教和整个问卷、问题的设计的时候，就召开了学生座谈会，然后请学生给这个评价指标提出意见，学生也从他们的角度上提了不少意见，这个很好。

7. 在您看来，影响学生参与大学内部治理的因素有哪些？包括学校方面、学生方面还有其他方面等。

我们学校的管理干部们对学生参与大学内部治理的重要性，其实有时候感觉不是特别明显，没有认识到学生参与大学治理的重要性，这个认识不是很到位。从学生方面来说呢，学生自身的能力，还有自身看问题的方式或者是角度，我觉得还是有一些欠缺的。其他方面呢，比如大的整个的社会环境，也没有形成对学生参与大学内部治理的这种条件或者氛围或者意识。

8. 针对目前的情况，您认为如何在大学内部治理中保障学生参与权？有哪些改进的建议和意见？

我觉得首先从制度的层面要予以保障，比如说每个学校都有章程，是不是章程中应该列入学生参与大学内部治理的这种参与权呢，大学章程是一个学校最重要的管理文件，在这里面应该给予体现。其次即使我们的管理干部应该转变思想观念，不能总是抱着老一套，总觉得学生是应该管的，要跟上时代发展的变化，我们的学生已经变了，他们的权利意识也强了，所以我们要认识到学生的重要性，认识到学生是参与大学治理的主体，这个很关键，如果思想观念跟不上，其他的就更加跟不上了。再者，也要加强学生参与意识和能力的培养，这个是一个长期的系统工程，需要长期来做。学校教书育人、管理育人、服务育人就是这个道理，学校里面的各个环节都有培养学生参与意识和参与能力的地方，这个需要慢慢来做。

访谈逐字稿（T8）

访谈对象编号：T8

访谈对象简介：H 大学招生就业处职员 辛老师

访谈具体方式：电话访谈

1. 在您看来，学生参与大学内部治理有没有意义和作用？如果有的话，有哪些方面的意义和作用呢？

学生参与大学内部治理应该有它的作用，第一个就是我认为现在大学生入学时在 20 岁左右，他们在这个年龄段进入大学，是塑造世界观、人生观、价值观的重要时期，虽然他们考虑问题可能不够成熟或者全面，但是他们思维比较活跃，之所以说学生参与对大学内部治理有意义，我觉得在学生管理工作这块儿，或者是学生思想教育这块儿，还有叫什么来着，就是学校的校园价值观的假设这块儿，应该能起到一定的作用。所以说学生参与大学内部治理的意义和作用是值得肯定的。

2. 您是如何理解大学内部治理中学生参与权利的？

这个我说不好，回头研究一下再回答你！

3. 如果具体到您原来或现在负责的工作中，您是支持还是反对学生参与治理呢？为什么？

我还是比较支持学生参与的。我们这儿有这样一种现象，叫学生助管，就是有的部门忙不开了，可以找相关专业的学生来我们这里做助管，找他们帮忙，每个月会给他们有一点津贴，这个不多。比如开会的时候他们会做记录，或者他们从学生的角度提一些改进的建议。

因为我们下面正好有一个学生，在帮助我们一个老师做管理工作，我们这边工作的内容涉及学生就业的管理、各种文件的整理、寄送啊等等，还是比较支持的。这样一是可以稍微减轻一些公职人员的压力，我们这里人手比较缺，尤其是在一些行政事务上，一些太过于复杂的不会让学生操作，会给学生可丁可卯地说说，这个事情该怎么去做。所以，我们还是很支持学生参与治理的。

4. 据您所知，在咱们学校，学生参与大学内部治理的途径或渠道有哪些？学生可以参与哪些方面的治理内容？

第一个就是每个学期领导会召开一次在校学生座谈会，在"五四青年节"或者是在期末的时候；第二种形式就是刚才谈到的学生做助管这样一些渠道，另外我们学校成立了学生管理的什么什么委员会，学生处有学生自我管理委员会，后勤那边每个宿舍有一个楼管之外，还有专门的宿舍管理委员会，在团委这边设立了学生权益保障委员会，每个委员会都有学生代表，这是学生管理这块的。对，另外学校还有校长信箱、书记信箱，也可能会收到一些学生反馈的意见、建议之类的。这个学生权益保障委员会主要做些什么事儿呢？就是比如食堂的饭菜价格贵了，比如昨天卖一块钱、今天卖两块钱了，然后有的学生就会反映，然后各个班的生活委员就会反映给学生权益保障委员会，然后委员会就会跟后勤部门、食堂进行沟通，看看这个饭菜价格能不能降下来或者变更一下运营方式。还比如让学生做个什么事情，学生不愿意做了，他们会把意见反映上来，会和学生处、院系进行沟通，落实一下具体的情况，看看到底怎么办比较好。教学这块，我们有个质量监控机制，每个班的学习委员是教学信息员，他们每节课的信息都要报送，每个月会发一次信息反馈单，然后教务处这边有相关的老师进行汇总整理，教务处跟院系、老师进行沟通改进，然后促进教学质量。我们每个学期都会召开一次教学信息员会议，对优秀的教学信息员进行表彰，让他们提一下对学校教学这块有什么意见等。（学校的重大决策这类的，学生有没有参与的情况？）学校的重大决策，肯定没有学生参与，他们是不可能参与到的。

5. 据您观察，在咱们学校，学生参与大学内部治理的程度和效果如何？

还是那个意思，在学生管理这块，还有学生权益保障、教学质量监控这三个方面还行，其他方面什么重大决策啊、教学工作会议之类的，他们只是起着一个帮助的作用、起一个服务的作用，在我们学校，在这块学生起不到实际的作用。就是参与的面儿比较少，只是和他们生活、学习息息相关的才有可能。

6. 据您所知，在咱们学校，学校为学生参与治理提供了哪些保障或者条件支持？学校未来有没有这方面的改进考虑？

学生管理那边我不知道有什么支持，有没有什么信息化的手段，我不是很清楚的。学生后勤、生活这方面我了解的是有保障的。其他的机制上有保障，但我觉得很一般，作用不大。（有没有规章制度之类的？）好像没有这方面的规章制度。

（未来在这方面咱们学校有没有相应的改进的考虑？）未来我们是有考虑的，因为现在学校是以学生发展为根本目的的，有考虑有考虑。但是这个考虑和我们学校领导层的决定有很大的关系，还要看领导层的意见。

7. 在您看来，影响学生参与大学内部治理的因素有哪些？包括学校方面、学生方面还有其他方面等。

影响因素，从学校这块来说就是学校领导的重视程度不足；从学生自身来说，他们的思维、成熟度、全面性，相对来说还是差一些。另外还有一个就是信息化手段不那么完善。外部的话，我觉得幼儿园、小学、初中、高中，我不知道他们有没有学生参与治理方面、学生自治方面的能力培养，这会影响到大学里面的学生参与，我觉得这样一个教育文化传统会影响到学生，因为传统的东西要求的是听从，所以学生参与方面的意识就欠缺，他们越长大、跟社会越接轨，小时候会说的一些话越不会说了。有些意见和建议，想提和不想提之间，也就算了，觉得多一事儿不如少一事儿。

8. 针对目前的情况，您认为如何在大学内部治理中保障学生参与权？有哪些改进的建议和意见？

还是接着上面的说，第一个就是领导的重视程度，这个领导包括学校领导、院系领导、职能部门领导，总之各种领导，都要重视学生参与大学治理。第二个就是刚才提到的信息化手段，信息化手段的应用，信息化平台的建设等，以此促进这个工作。另外就是建立什么机制或者体制，比如有的学校在学生素质提高这块有个积分制，比如你在这个平台当中提一个有效意见，你的意见被学校采用了，然后在素质分中加两分，如果这个机制或者办法确定了之后，我觉得先有办法、有机制，才有后面的行为。用一句话就是，第一个领导重视，第二个就是建设规章制度，第三个就是信息手段的应用。

从提高学生参与能力方面说，从领导层到部门到普通老师的观念，都要以学生为本，要对学生提的意见很重视，然后办法也有了、体制也建立了，这样才能更有效地推动学生参与大学内部治理。

访谈逐字稿（T9）

访谈对象编号：T9
访谈对象简介：I 大学某学院辅导员 陈老师
访谈具体形式：电话访谈

1. 在您看来，学生参与大学内部治理有没有意义和作用？如果有的话，有哪些方面的意义和作用呢？

学生参与大学内部治理还是具有现实意义的，可以让学校更好了解学生的需求并做出有针对性的工作；可以让学生参与到实际教学管理中，有利于加强教学互动提高教学质量；适当适时安排学生参与管理，可以提高学生的实习实践能力，提升学生的人际交往和沟通能力。

2. 您是如何理解大学内部治理中学生参与权利的？

大学中的管理机构如果定义为服务机构，就必然要提升学生的参与权和在学校管理工作的话语权，改变对于学生在学校中被管理者身份的认识，只有调动了学生的参与权，才能够更好地做到教学相长，学生学习有动力，学校管理有目标。

3. 如果具体到您负责的工作中，您是支持还是反对学生参与治理呢？为什么？

我非常支持学生参与治理，这样可以转变服务机构方式方法，也可以为学生拓展实习实践的机会，通过治理能够衔接外部社会，也可以更好地提升学生的社会认知度。

4. 据您所知，在咱们学校，学生参与大学内部治理的途径或渠道有哪些？学生可以参与哪些方面的治理内容？

学生参与大学内部治理的渠道和途径我不是很了解。我认为目前还做得远远不够，依然是以传统的教师管理为主导，严格参照规章制度开展教育教学，严重限制了学生的创新思维，学生被动接受教育教学制度，学习的主动性很受压抑，同时这种制度又切断了与学生沟通的渠道，很难促进教学改革。

5. 据您观察，在咱们学校，学生参与大学内部治理的程度和效果如何？

在我们学校基本没有任何学生参与到大学内部治理中，学生助管也只是简单地帮助老师处理一些文件。

6. 据您所知，在咱们大学，学校为学生参与治理提供了哪些保障或者条件支持？学校未来有没有这方面的改进考虑？

我们学校有学生助管，学生助管每人每月 100 元，更多的是帮助老师处理日常事务，基本不会参与决策。学校有没有考虑，我这个层面上的不太了解。

7. 在您看来，影响学生参与大学内部治理的因素有哪些？包括学校方面、学生方面还有其他方面等。

首先应该是管理层面的重视程度及对推进学生参与的决心不够；

其次是在大学里保障学生参与的制度建设没有跟上。

8. 针对目前的情况，您认为如何在大学内部治理中保障学生参与权？您有哪些改进的建议和意见？

第一要有科学理论进行引导，毕竟参与治理是需要认真合理的调研才可以进行理性建议的，任何治理的建议要有理有据，如果有解决方案就更好不过了，可见提升学生的参与度在某种意义上来讲也是提高学生社会认知的一个途径；第二管理机构要给予学生更多的空间实施调研，既然让学生参与治理，就应该提升自主性，各部门要统一协调，让此项工作更高效更便捷。

参考文献

一 中文图书著作文献

（一）中文著作与典籍

陈洪捷：《德国古典大学观及其对中国的影响》，北京大学出版社2006年版。

陈向明：《质的研究方法与社会科学研究》，教育科学出版社2000年版。

顾明远主编：《教育大辞典》，上海教育出版社1991年版。

韩明德、石茂生主编：《法理学》，郑州大学出版社2004年版。

黄光雄、简茂发主编：《教育研究法》，师大书苑1991年版。

江伟、李宁主编：《法理学教程》，吉林人民出版社2008年版。

李福华：《大学治理的理论基础与组织架构》，教育科学出版社2008年版。

李福华：《大学治理与大学管理》，人民出版社2012年版。

李维安、王世权：《大学治理》，机械工业出版社2013年版。

李昕：《日本大学办学个性化研究》，南京师范大学出版社2016年版。

李旭炎：《现代大学内部治理结构研究》，人民教育出版社2016年版。

林生傅：《教育研究法：全方位的统整与分析》，心理出版社2003

年版。

刘爱生：《美国大学治理：结构过程与人际关系》，中国社会科学出版社 2018 年版。

刘宝存：《大学理念的传统与变革》，教育科学出版社 2004 年版。

刘军甯主编：《市场逻辑与国家观念》，生活·读书·新知三联书店 1995 年版。

刘克选、方明东主编：《北大与清华：中国两所著名高等学府的历史与风格》，国家行政学院出版社 1998 年版。

刘敏：《法国大学治理模式与自治改革研究》，北京师范大学出版社 2015 年版。

陆谷孙主编：《英汉大词典》，上海译文出版社 1993 年版。

罗豪才主编：《行政法学（新编本）》，北京大学出版社 1998 年版。

毛寿龙、李梅、陈幽泓：《西方政府的治道变革》，中国人民大学出版社 1998 年版。

孟倩：《大学内部治理的分权与制衡——博弈论的视角》，中国编译出版社 2016 年版。

欧阳光华：《董事、校长与教授：美国大学治理结构研究》，高等教育出版社 2011 年版。

潘懋元、刘海峰主编：《中国近代教育史资料汇编：高等教育》，上海教育出版社 1993 年版。

清华大学校史编写组：《清华大学校史稿》，中华书局 1981 年版。

璩鑫圭、唐良炎主编：《中国近代教育史资料汇编：学制演变》，上海教育出版社 1991 年版。

任羽中、吴旭、杜津威、吴浩：《中国特色现代大学治理问题研究》，人民出版社 2017 年版。

任岳鹏：《哈贝马斯：协商对话的法律》，黑龙江大学出版社 2009 年版。

申素平：《教育法学：原理、规范与应用》，教育科学出版社 2009 年版。

沈宗灵:《现代西方法理学》,北京大学出版社 1992 年版。

沈宗灵主编:《法理学(第二版)》,北京大学出版社 2003 年版。

苏云峰:《从清华学堂到清华大学》,生活·读书·新知三联书店 2001 年版。

谭祖雪、周炎炎编著:《社会调查研究方法》,清华大学出版社 2013 年版。

王道俊、王汉澜主编:《教育学(新编本)》,人民教育出版社 1999 年版。

王文科、王智弘:《教育研究法(第十一版)》,五南出版 2007 年版。

王文科、王智弘编译:《质的教育研究:概念分析(第五版)》,师大书苑 2002 年版。

王文利:《日本大学校发展研究》,人民出版社 2016 年版。

王绽蕊:《高校治理:比较与改进》,光明日报出版社 2013 年版。

翁岳生:《行政法与现代法治国家》,台湾祥新印刷有限公司 1990 年版。

吴慧平:《西方大学的共同治理》,北京师范大学出版社 2012 年版。

肖静:《自媒体时代的大学权力结构与大学治理》,电子工业出版社 2016 年版。

徐显明主编:《公民权利和义务通论》,群众出版社 1991 年版。

许红梅、宋远航编著:《教育科学研究方法原理与应用》,黑龙江教育出版社 2007 年版。

许为民、张国昌、沈波、李成刚:《学术与行政:中外大学治理结构案例研究》,浙江大学出版社 2013 年版。

薛天祥主编:《高等教育管理学》,广西师范大学出版社 2001 年版。

杨孝溁:《传播研究方法总论》,三民书局 1991 年版。

尤建新编著:《管理学概论(第四版)》,同济大学出版社 2015 年版。

曾鸣:《英国大学治理机构发展研究》,厦门大学出版社 2019 年版。

张庆动:《论文写作手册(增订四版)》,心理出版社 2011 年版。

张维迎:《大学的逻辑》,北京大学出版社 2004 年版。

张文显主编：《法理学（第三版）》，高等教育出版社、北京大学出版社2007年版。

张智强主编：《大学生参与高校管理研究》，上海人民出版社2012年版。

郑永流主编：《法哲学与法社会学论丛（七）》，中国政法大学出版社2005年版。

中国社会科学院语言研究所词典编辑室编：《现代汉语词典（第5版）》，商务印书馆2007年版。

中央教育科学研究所比较教育研究室编译：《简明国际教育百科全书·教育管理》，教育科学出版社1992年版。

周丽华：《德国大学与国家的关系》，北京师范大学出版社2008年版。

周三多、陈传明、鲁明泓编著：《管理学——原理与方法（第五版）》，复旦大学出版社2009年版。

周永坤：《法理学——全球视野》，法律出版社2000年版。

（二）中译著作与典籍

［美］Angelo Kinicki、Brian K. Williams：《管理学（第四版）》，荣泰生译，美商麦格罗·希尔国际股份有限公司台湾分公司2012年版。

［英］阿什比：《科技发达时代的大学教育》，滕大春、滕大生译，人民教育出版社1983年版。

［美］艾伦·德肖维茨：《你的权利从哪里来》，黄煜文译，北京大学出社2014年版。

［西班牙］奥尔特加·加塞特：《大学的使命》，徐小洲、陈军译，浙江教育出版社2001年版。

［澳］巴巴利特：《公民资格》，谈谷铮译，桂冠图书股份有限公司1991年版。

［美］伯顿·R.克拉克：《高等教育系统：学术组织的跨国研究》，王承绪等译，杭州大学出版社1994年版。

［美］布鲁贝克：《高等教育哲学》，王承绪等译，浙江教育出版社

2001 年版。

［罗马］查士丁尼：《法学总论——法学阶梯》，张企泰译，商务印书馆 1989 年版。

［美］杜威：《民主主义与教育》，王承绪译，人民教育出版社 1991年版。

［美］杜威：《学校与社会·明日之学校》，赵祥麟等译，人民教育出版社 2005 年版。

［法］法约尔：《工业管理与一般管理》，周安华等译，中国社会科学出版社 1982 年版。

［美］弗雷德里克·泰罗：《科学管理原理》，胡隆昶等译，中国社会科学出版社 1984 年版。

［德］弗里德里希·包尔生：《德国大学与大学学习》，张弛、郄海霞、耿益群译，人民教育出版社 2009 年版。

［美］弗里蒙特·E. 卡斯特、詹姆斯·E. 罗森茨韦克：《组织与管理——系统方法与权变方法》，李柱流等译，中国社会科学出版社 1985 年版。

［荷］格劳修斯：《战争与和平法》，何勤华等译，上海人民出版社 2005 年版。

［德］哈贝马斯：《公共领域的结构转型》，曹卫东等译，学林出版社 1999 年版。

［德］哈贝马斯：《交往行动理论（第一卷）》，洪佩郁、蔺菁译，重庆出版社 1994 年版。

［德］哈贝马斯：《交往行为理论：行为合理性与社会合理化》，曹卫东译，上海人民出版社 2004 年版。

［德］哈贝马斯：《现代性的哲学话语》，曹卫东等译，译林出版社 2004 年版。

［德］哈贝马斯：《在事实与规范之间：关于法律和民主法治国的商谈理论》，童世骏译，生活·读书·新知三联书店 2003 年版。

［美］哈乐德·孔茨、海因茨·韦里克：《管理学（第九版）》，郝国

华等译，经济科学出版社 1993 年版。

［美］汉密尔顿、杰伊、麦迪森：《联邦党人文集》，程逢如等译，商务印书馆 2004 年版。

［美］汉娜·阿伦特：《人的条件》，竺干威等译，上海人民出版社 1999 年版。

［奥］汉斯·凯尔森：《法与国家的一般理论》，沈宗灵译，中国大百科全书出版社 1996 年版。

［德］黑格尔：《法哲学原理》，范扬等译，商务印书馆 1961 年版。

［美］加布里埃尔·A. 阿尔蒙德、西德尼·维伯：《公民文化：五个国家的政治态度和民主制度》，徐湘林等译，华夏出版社 1989 年版。

［美］杰克·普拉诺：《政治学分析辞典》，胡杰译，中国社会科学出版社 1986 年版。

［美］克拉克·科尔：《大学的功用》，陈学飞等译，江西教育出版社 1993 年版。

［美］克雷斯威尔：《研究设计与写作指导：定性、定量与混合研究的路径》，崔延强译，重庆大学出版社 2007 年版。

［美］克雷斯威尔：《混合方法研究导论》，李敏谊译，格致出版社、上海人民出版社 2015 年版。

［美］罗伯特·G. 欧文斯：《教育组织行为学（第 7 版）》，窦卫霖等译，华东师范大学出版社 2001 年版。

［美］罗伯特·达尔：《论民主》，李柏光、林猛译，商务印书馆 1999 年版。

［美］罗尔斯：《政治自由主义》，万俊人译，译林出版社 2000 年版。

［美］罗奈尔得·德沃金：《认真对待权利》，信春鹰、吴玉章译，中国大百科全书出版社 1998 年版。

［德］马克思、恩格斯：《马克思恩格斯全集》（第 1 卷），人民出版社 1995 年版。

［德］马克斯·韦伯：《经济、诸社会领域及权力（第 2 卷）》，李强

译，生活·读书·新知三联书店 1998 年版。

［法］孟德斯鸠：《论法的精神》，许明龙译，商务印书馆 2012 年版。

［英］牛津大学出版社编：《牛津大学英语词典》，上海译文出版社 2005 年版。

［英］纽曼：《大学的理想（节本）》，徐辉等译，浙江教育出版社 2001 年版。

［英］纽曼：《大学的理念》，高师宁等译，贵州教育出版社 2003 年版。

［美］Stephen P. Robbins、David A. Decenzo、Mary Coulter：《现代管理学（九版）》，洪伟典译，台湾培生教育出版股份有限公司 2016 年版。

［美］施特劳斯：《自然权利与历史》，彭刚译，生活·读书·新知三联书店 2016 年版。

［美］泰勒、佩普劳、希尔斯：《社会心理学》，谢晓非译，北京大学出版社 2004 年版。

［法］托克维尔：《论美国的民主（上）》，董果良译，商务印书馆 2007 年版。

［日］星野昭吉：《全球政治学》，刘小林、张胜军译，新华出版社 2000 年版。

［德］雅斯贝尔斯：《什么是教育》，邹进译，生活·读书·新知三联书店 1991 年版。

二　中文期刊及其他文献

敖洁、艾楚君：《公共精神：大学生公民教育的价值依归》，《湖南师范大学教育科学学报》2016 年第 6 期。

包万平：《教育改革应关注大学"两会"》，《科技日报》2011 年 1 月 21 日第 8 版。

包万平：《我国大学学术权力运行的历史变迁研究》，《重庆大学学报（社会科学版）》2019 年第 6 期。

毕宪顺、赵凤娟：《高等学校的民主监督与权力制约——以教职工代表大会制度为基本形式》，《教育研究》2009 年第 1 期。

别敦荣、冯昭昭：《论大学权力结构改革——关于"去行政化"的思考》，《清华大学教育研究》2011 年第 6 期。

别敦荣、唐世纲：《论教授治学的理念与实现路径》，《教育研究》2013 年第 1 期。

蔡惠芝：《西南联大的民主管理初探》，《云南师范大学学报（哲学社会科学版）》1999 年第 3 期。

蔡文伯、付娟：《学生参与大学管理的制度逻辑和模式选择》，《复旦教育论坛》2016 年第 4 期。

曹军、李祥永、郭红保、任惠兰：《权力观视阈下大学生参与高校管理研究》，《现代教育管理》2016 年第 4 期。

陈宝生：《在全国教育工作会议上的讲话》，《中国教育报》2018 年 2 月 7 日第 1 版。

陈大兴：《自由与限度：论高校内部治理中学生主体介入的权能制约与边界划定》，《内蒙古社会科学》2013 年第 2 期。

陈金圣、钟艳君：《大学行政化：内涵、生成与矫治》，《山西师大学报（社会科学版）》2010 年第 5 期。

陈向明：《参与式教师培训的实践和反思》，《教育研究与实验》2002 年第 1 期。

程巍：《北大 1922 年 10 月"讲义费风潮"》，《中华读书报》2010 年 9 月 2 日第 13 版。

储艾晶、周满生：《走向管理主义——荷兰大学内部治理结构变迁研究》，《比较教育研究》2011 年第 1 期。

储朝晖：《从人本值看以人为本的教育如何可能》，《湖南师范大学教育科学学报》2016 年第 4 期。

崔桓：《社会转型期下我国高校学生参与大学治理探析》，《高等农业教育》2015 年第 8 期。

代林利：《试析大学法人治理结构的构成要素》，《现代教育科学》

2006 年第 1 期。

丁建洋：《学术权力的凝视：日本大学治理结构的历史演进与运行逻辑》，《清华大学教育研究》2016 年第 1 期。

董薇：《学生代表大会制度中的民主教育》，《中国教师》2015 年第 1 期。

董伟伟：《论参与高校管理中的学生权力》，《理论观察》2014 年第 2 期。

董泽芳、岳奎：《完善大学治理结构的思考与建议》，《高等教育研究》2012 年第 1 期。

杜睿哲：《论当事人的程序参与权》，《兰州大学学报（社会科学版）》2002 年第 1 期。

段凡：《从法权概念到法权逻辑——中国法权研究评析与展望》，《湖北大学学报（哲学社会科学版）》2012 年第 3 期。

范伟、杨司阳：《教育法治视野下高校学生权利救济：内涵、原则与机制建构》，《现代教育管理》2017 年第 6 期。

方芳：《大学治理结构变迁中的权力配置、运行与监督》，《高校教育管理》2011 年第 6 期。

方新军：《权利客体的概念及层次》，《法学研究》2010 年第 2 期。

封华：《大思政背景下对高校学生代表大会制度的思考》，《学校党建与思想教育》2017 年第 8 期。

高松元、龚怡祖：《型塑大学治理结构：一种法权结构的重建》，《教育发展研究》2011 年第 11 期。

高翔：《浅谈高校处分权与学生权利救济的程序制度》，《教育理论与实践》2012 年第 30 期。

格里·斯托克：《作为理论的治理：五个论点》，《国际社会科学杂志（中文版）》1999 年第 2 期。

耿华昌：《浅析大学生参与权的理论基础》，《江苏高教》2015 年第 5 期。

龚怡祖：《大学治理结构：现代大学制度的基石》，《教育研究》2009

年第 6 期。

顾承瑶:《我国高校教职工代表大会制度的实践与思考》,《长春师范大学学报》2017 年第 5 期。

顾海良:《完善大学治理结构的四个着力点》,《教育文化论坛》2011年第 1 期。

顾建民:《大学治理的内涵建设》,《苏州大学学报(教育科学版)》2015 年第 4 期。

顾建民、刘爱生:《超越大学治理结构——关于大学实现有效治理的思考》,《高等教育研究》2011 年第 9 期。

郭春发、孙霄兵:《大学章程制定中要认真对待学生参与权》,《中国高教研究》2012 年第 11 期。

郭卉:《我国高校教职工代表大会制度变迁的历史考察》,《高教探索》2007 年第 2 期。

郭俊:《我国大学生参与大学治理的现状》,《武汉纺织大学学报》2016 年第 5 期。

韩益凤:《"双一流"建设背景下大学理念的重申》,《黑龙江高教研究》2018 年第 9 期。

韩震:《大学的使命与完善大学治理结构》,《山东高等教育》2015 年第 2 期。

郝永林:《大学治理的社会参与:中国情境及其实现》,《大学教育科学》2014 年第 3 期。

郝瑜、周光礼:《中国大学"去行政化"改革的制度困境及其破解》,《现代大学教育》2012 年第 3 期。

何晨玥:《大学生参与大学治理视阈下的法治德性》,《广西社会科学》2015 年第 6 期。

何静:《主体间性视域下学生参与高校管理的机制研究》,《现代教育管理》2012 年第 9 期。

何淑通:《论大学内部协商治理》,《当代教育科学》2015 年第 21 期。

何淑通、何源:《大学内部治理结构变革:模式、动因与内容》,《现代教育管理》2016 年第 11 期。

侯健：《三种权力制约机制及其比较》，《复旦学报（社会科学版）》2001 年第 3 期。

胡弼成、孙燕：《文化精神：大学内部治理之魂》，《清华大学教育研究》2016 年第 3 期。

胡祥：《近年来治理理论研究综述》，《毛泽东邓小平理论研究》2005 年第 3 期。

华东师范大学学报（教育科学版）：《加强教育实证研究，提高教育科研水平》，《华东师范大学学报（教育科学版）》2017 年第 3 期。

华坚、丁远：《高校学生参与管理的创新研究》，《教育与职业》2015 年第 36 期。

黄兴胜：《现代大学制度建设的进展与思考》，《黑龙江高教研究》2015 年第 2 期。

黄兴胜、舒刚波、翟刚学：《大学章程与大学内部治理———基于英国、意大利大学章程建设的考察报告》，《中国高教研究》2014 年第 1 期。

霍莉、李兰：《从"助学"到"培养"——研究生"三助"岗位制度创新的思考》，《研究生教育研究》2016 年第 6 期。

贾玉明：《大学内部治理实现路径探析》，《教育科学》2015 年第 4 期。

教育部：《中国高等教育质量报告（摘要）》，《中国教育报》2016 年 4 月 8 日 5 版。

金红莲：《日本国立大学内部治理的制度变迁》，《比较教育研究》2010 年第 9 期。

金业钦：《参与型公民文化与政治稳定》，《理论月刊》2014 年第 6 期。

靳晓燕：《2015 年度高校信息公开情况第三方评价报告出炉》，《光明日报》2016 年 3 月 1 日 13 版。

拉亚妮·奈杜、琼安娜·威廉斯：《学生合约与学生消费者：学习的市场化与高等教育公共产品性质的侵蚀》,《北京大学教育评论》2014 年第 1 期。

赖明谷、柳和生:《大学治理:从制度维度到文化维度》,《现代大学教育》2005 年第 5 期。

李步云、刘士平:《论行政权力与公民权利关系》,《中国法学》2004 年第 1 期。

李冲、苏永建、马永驰:《高校改进和完善学生评教制度的实践探索》,《现代教育管理》2017 年第 12 期。

李冲、刘世丽、苏永建:《我国高校内部治理结构与关系研究——基于教育部直属 75 所高校的调查与分析》,《大连理工大学学报(社会科学版)》2018 年第 5 期。

李冬梅:《对学术界"学生参与"内涵的梳理和解读》,《今日中国论坛》2013 年第 10 期。

李芳、孙思栋、周巍:《学生组织的扁平化转型——基于学生参与大学治理的调查研究》,《中国青年研究》2016 年第 12 期。

李景平、程燕子:《大学内部治理的困境与出路——基于七所"985工程"高校章程文本分析》,《现代教育管理》2015 年第 8 期。

李均:《论实证主义范式及其对教育学的意义》,《教育研究》2018 年第 7 期。

李军:《美国高校学生参与管理的历史、现状与启示》,《中国高教研究》2003 年第 10 期。

李立国:《大学治理的内涵与体系建设》,《大学教育科学》2015 年第 1 期。

李立国:《大学治理的转型与现代化》,《大学教育科学》2016 年第 1 期。

李玲玲、李家新:《"学生权利"与"学生权力":论高校管理中的学生参与》,《重庆高教研究》2014 年第 5 期。

李曼:《论大学治理模式变革的知识逻辑》,《教育研究》2015 年第 3 期。

李永贤：《国家之光人类之瑞——马相伯教育救国思想及实践》，《国家教育行政学院学报》2006 年第 2 期。

李喆：《地方大学优化内部治理结构的思考》，《中国高等教育》2015 年第 7 期。

李正、蒋芳薇：《资料分析的高校学生评教研究》，《中国大学教学》2018 年第 4 期。

梁瑜、陶钦科：《试论大学生参与学校民主管理存在的问题及对策》，《牡丹江大学学报》2008 年第 10 期。

林萍、廖强：《大学生参与高校管理的探索与实践》，《中国农业教育》2014 年第 2 期。

林永柏、邬志辉：《大学生参与高校管理研究综述》，《现代教育科学》2011 年第 4 期。

刘爱东：《学生权利的回顾与前瞻》，《现代教育科学》2004 年第 6 期。

刘宝存：《美国公、私立高等学校董事会制度比较研究》，《吉林教育科学（高教研究版）》2001 年第 6 期。

刘宝存：《美国公立高等学校董事会制度评析》，《高教探索》2002 年第 1 期。

刘宝存：《大学的真谛》，《天津市教科院学报》2004 年第 5 期。

刘宝存、杨尊伟：《我国高等教育治理体系的社会参与：国际比较的视角》，《中国高教研究》2016 年第 12 期。

刘宝存、张伟：《文化冲突与理念弥合——"一带一路"背景下新型世界公民教育刍议》，《清华大学教育研究》2018 年第 4 期。

刘博文：《高校治理中学生参与权的实现路径——基于协商、协同、共同治理机制的选择》，《高等理科教育》2015 年第 4 期。

刘博文：《高校决策中学生分层参与的理论构想》，《黑龙江高教研究》2015 年第 12 期。

刘博文：《论学生参与高校决策的主体设计》，《广州大学学报（社会科学版）》2015 年第 6 期。

刘广明：《中国大学治理模式的特点、困境与出路》，《郑州大学学报（哲学社会科学版）》2013 年第 5 期。

刘虹：《大学治理结构的政治学分析》，《复旦教育论坛》2013 年第 6 期。

刘鸿翔：《论治理理论的起因、学术渊源与内涵特点》，《云梦学刊》2008 年第 2 期。

刘磊：《发现"我"与认同"我们"——公民诞生视角下的公民教育》，《教育研究》2016 年第 5 期。

刘磊、魏丹、王浩：《大学生对高校信息公开的反应》，《大学图书馆学报》2010 年第 1 期。

刘丽、余蓝：《大学"去行政化"的制度省思》，《教育科学研究》2014 年第 7 期。

刘铁芳：《学生何以进入公共生活之中——基于学生视角的学校公共生活建构》，《当代教育与文化》2013 年第 1 期。

刘铁芳：《大学文化建设：何种文化如何建设》，《高等教育研究》2014 年第 1 期。

刘岩：《我国大学生参与高校管理的现状、问题及对策》，《当代教育论坛》2006 年第 5 期。

刘杨：《基本法律概念的构建与诠释——以权利与权力的关系为重心》，《中国社会科学》2018 年第 9 期。

刘尧、冯洁：《雾里看花：寻找大学的主人》，《教育与现代化》2009 年第 3 期。

刘永芳、龚放：《打造"学科尖塔"：创业型大学治理模式的创新及其启示》，《中国高教研究》2014 年第 10 期。

刘振天：《西方国家教育管理体制中的社会参与》，《比较教育研究》1996 年第 3 期。

柳翔浩：《转换与融合：大学治理模式的历史社会学分析》，《教育研究》2016 年第 7 期。

龙献忠、杨柱：《治理理论：起因、学术渊源与内涵分析》，《云南师范大学学报（哲学社会科学版）》2007 年第 4 期。

罗昆、阙明坤：《博弈·边界·创新：我国大学内部治理的权力审视》，《现代教育管理》2016 年第 5 期。

吕晓轩：《论大学文化在创建世界一流大学进程中的基础性作用》，《现代教育科学》2018 年第 2 期。

马丁·休伊森、蒂莫西·辛克莱：《全球治理理论的兴起》，《马克思主义与现实》2002 年第 1 期。

马克·泰勒：《现代大学的共享治理》，《山东高等教育》2015 年第 10 期。

莫于川：《试论条理法在调整特别权力关系中的作用》，《河南财经政法大学学报》2014 年第 3 期。

倪其润、苏立宁：《国外大学内部治理结构典型模式的启示与借鉴》，《三峡大学学报（人文社会科学版）》2017 年第 3 期。

牛军明、张德祥：《高校信息公开的缘由、现状与策略研究——基于 2016 年度教育部 75 所直属高校的信息公开年度报告》，《中国高教研究》2018 年第 2 期。

彭阳红：《"教授治校"与"教授治学"之辨——论中国大学内部治理结构变革的路径选择》，《清华大学教育研究》2012 年第 6 期。

彭宇文：《中国特色现代大学制度建设的时代性》，《复旦教育论坛》2018 年第 4 期。

祁占勇：《高校教职工代表大会的法律地位与权利边界》，《高教探索》2012 年第 5 期。

钱春芸：《高校事务管理中的学生参与权》，《哈尔滨师范大学社会科学学报》2013 年第 3 期。

秦奥蕾：《论"公民"作为基本权利主体的内涵》，《中国政法大学学报》2010 年第 5 期。

秦惠民：《我国大学内部治理中的权力制衡与协调——对我国大学权力现象的解析》，《中国高教研究》2009 年第 8 期。

秦惠民、郑中华：《网络舆情作用下的大学治理结构完善》，《中国高教研究》2013 年第 5 期。

邵文龙:《大学生受教育权与高校教育管理权冲突研究》,《黑龙江高教研究》2016 年第 2 期。

申建林、徐芳:《治理理论在中国的变异与回归》,《学术界》2016 年第 1 期。

施晓光:《现代大学治理模式的转向》,《苏州大学学报(教育科学版)》2015 年第 4 期。

施晓光、李俊:《美国、英国、日本高等学校信息公开研究》,《国家教育行政学院学报》2014 年第 7 期。

石中英:《教育中的民主概念:一种批判性考察》,《北京大学教育评论》2009 年第 4 期。

时伟:《大学内部治理结构改革的逻辑、动力与路径》,《中国高教研究》2014 年第 11 期。

史少杰、周海涛:《研究生"三助一辅"工作:问题及对策》,《国家教育行政学院学报》2016 年第 3 期。

司林波:《高校内部治理模式"去行政化"的构想与设计》,《国家教育行政学院学报》2010 年第 8 期。

司晓宏:《关于推进现阶段我国大学章程建设的思考》,《教育研究》2014 年第 11 期。

苏兆斌、孔微巍、李天鹰:《大学生参与高校管理的制度反思与建议》,《当代教育科学》2015 年第 17 期。

眭依凡:《教授"治校":大学校长民主管理学校的理念与意义》,《比较教育研究》2002 年第 2 期。

眭依凡:《好大学理念与大学文化建设》,《教育研究》2004 年第 3 期。

孙冰红、衣学磊、杨小勤:《澳大利亚的大学治理结构与运行模式及启示》,《中国高等教育》2011 年第 17 期。

孙大军:《对当代我国高校治理中民主与效率问题的认识》,《教育评论》2014 年第 12 期。

孙丽昕：《英国大学内部治理的权力共享与制衡机制分析——以牛津大学和斯特灵大学为例》，《高教探索》2014年第5期。

孙佩瑜：《高校管理中学生的参与权研究》，《高教探索》2007年第3期。

孙霞：《中国的大学治理：法治意义及其实现》，《南京师大学报（社会科学版）》2015年第2期。

孙宵兵：《在法治基础上构建现代大学制度》，《中国高等教育》2006年第19期。

谈申申、孙思栋、杜秦智：《学生组织参与高校民主化管理状况的调查评估》，《中南财经政法大学研究生学报》2014年第3期。

谭晓玉：《教师参与大学内部治理：角色定位与制度反思》，《复旦教育论坛》2015年第1期。

汤子平：《发挥学生参与高校管理的作用》，《现代教育科学》1988年第3期。

唐汉琦：《大学治理结构下学术自治与科层制的矛盾冲突及其消解》，《现代大学教育》2014年第2期。

唐开秀：《我国大学治理结构的滞后与重塑》，《现代教育管理》2014年第11期。

陶行知：《学生自治问题之研究》，《新教育》1919年第2期。

童之伟：《法权中心说补论》，《法商研究》2002年第1期。

汪明义：《构建中国特色的社会主义大学治理模式》，《国家教育行政学院学报》2017年第4期。

王长乐：《"教授治学"到底是什么意思？》，《民主与科学》2011年第4期。

王洪才：《论大学内部治理模式与中位元原则》，《江苏高教》2008年第1期。

王洪才：《大学治理的内在逻辑与模式选择》，《高等教育研究》2012年第9期。

王洪才：《大学治理的四种内涵》，《苏州大学学报（教育科学版）》

2015 年第 4 期。

王洪才：《大学治理：理想、现实、未来》，《高等教育研究》2016 年
　　第 9 期。

王红岩、张瑞林：《大学内部治理改革存在的问题与发展趋势》，《东
　　北师大学报（哲学社会科学版）》2015 年第 3 期。

王建富：《高校管理中的学生参与权浅》，《唯实》2012 年第 7 期。

王琳雯：《论公民参与权的基本保障》，《长春工业大学学报（社会科
　　学版）》2013 年第 5 期。

王胜利、王洁：《浅析高校惩戒权与大学生受教育权的冲突与平衡》，
　　《天津法学》2010 年第 1 期。

王晓辉：《法国大学治理模式探析》，《比较教育研究》2014 年第
　　7 期。

王晓辉：《大学治理要素——国际比较的视角》，《中国人民大学教育
　　学刊》2016 年第 3 期。

王亚杰：《美国大学治理对中国特色现代大学治理体系建设的启示》，
　　《中国高教研究》2014 年第 9 期。

王英杰：《论共同治理——加州大学（伯克利）创建一流大学之路》，
　　《比较教育研究》2011 年第 1 期。

王英杰：《大学文化传统的失落：学术资本主义与大学行政化的叠加
　　作用》，《比较教育研究》2012 年第 1 期。

王英杰：《治理结构：现代大学制度的基石》，《比较教育研究》2012
　　年第 2 期。

王瑛滔、李家铭：《大学法人化与大学治理结构变革——东京大学的
　　经验和启示》，《全球教育展望》2012 年第 11 期。

魏建徽：《〈学校教职工代表大会规定〉的时代特征》，《工会论坛》
　　2012 年第 4 期。

邬大光：《高等教育大众化理论的内涵与价值——与马丁·特罗教授
　　的对话》，《高等教育研究》2003 年第 6 期。

吴江：《大学生参与校园民主管理现状与机制研究》，《当代青年研

究》2014 年第 6 期。

吴启迪：《创新现代大学办学理念》，《中国高等教育》1999 年第 15/
　　16 期。

吴云香、熊庆年：《英国大学治理模式的多样性及其存在基础》，《重
　　庆高教研究》2013 年第 6 期。

吴运来：《学生参与高校治理权的正当性及类型化研究》，《现代教育
　　科学》2012 年第 2 期。

夏勇：《权利哲学的基本问题》，《法学研究》2004 年第 3 期。

冼季夏：《构建学生参与的高校治理实践研究》，《广西社会科学》
　　2016 年第 5 期。

谢艳娟：《大学治理结构法治化变迁的国际经验与逻辑反思》，《现代
　　教育管理》2016 年第 5 期。

熊庆年、代林利：《大学治理结构的历史演进与文化变异》，《高教探
　　索》2006 年第 1 期。

熊勇清、茶世俊：《大学生参与教学管理的实践与思考》，《国家教育
　　行政学院学报》2008 年第 9 期。

徐青：《第一次学生代表大会的召开》，《中国人民大学》2018 年第
　　1664 期第 4 版。

阎亚军、邱昆树：《文化传统与我国公民教育建构——基于中国文化
　　传统中连带的"公"的思考》，《高等教育研究》2018 年第 3 期。

杨娟：《论我国高校学生权利的内涵、现状及保障机制》，《河北科技
　　大学学报（社会科学版）》2011 年第 2 期。

杨靓：《渐进的变革：大学内部共同治理的多元模式摭探》，《辽宁教
　　育行政学院学报》2014 年第 4 期。

杨叔子：《论教授治学——兼议华中科技大学学术委员会工作条例
　　（试行）》，《高等工程教育研究》2002 年第 1 期。

仰丙灿：《学院自治：大学内部治理结构优化的路径选择》，《复旦教
　　育论坛》2015 年第 5 期。

仰丙灿：《大学内部治理中的教师权力》，《黑龙江高教研究》2017 年

第 5 期。

姚佳胜：《论大学治理的学生参与》，《黑龙江高教研究》2016 年第 4 期。

姚荣、王思懿：《"上下分治"：西方公立大学内部治理结构的变革——基于任务导向型法权配置的视角》，《江苏高教》2016 年第 6 期。

叶飞：《"治理"视域下的学校公民教育》，《教育学报》2013 年第 6 期。

叶文明：《差异化放权：大学内部治理变革的策略选择》，《高等工程教育研究》2017 年第 2 期。

尹浩：《高校内部治理主体结构碎片化的整合机制研究》，《当代教育科学》2016 年第 19 期。

尹力：《试论学校与学生的法律关系》，《北京师范大学学报（人文社会科学版）》2002 年第 2 期。

俞可平：《治理和善治引论》，《马克思主义与现实》1999 年第 5 期。

喻恺、谌思宇：《我国大学信息公开的现状及对策分析——基于 1219 所本科高校的调查》，《复旦教育论坛》2017 年第 6 期。

袁本涛：《教授何以治学？——基于中国现行大学制度的思考》，《高等理科教育》2014 年第 1 期。

袁贵仁：《建立现代大学制度推进高教改革和发展》，《中国高等教育》2000 年第 3 期。

张革华、彭娟：《高校学代会制度的育人功能分析》，《高校辅导员学刊》2010 年第 4 期。

张建初：《现代大学制度下的大学治理结构》，《教育评论》2009 年第 5 期。

张金辉：《学生申诉制度的实证分析与对策研究》，《中国青年研究》2012 年第 5 期。

张天兴：《大学治理中的学生参与问题研究》，《华北电力大学学报（社会科学版）》2016 年第 1 期。

张炜、童欣欣:《欧洲大学治理模式的变革趋势及其治理启示》,《杭州电子科技大学学报（社会科学版)》2012 年第 2 期。

张笑涛:《"教授治学"的内涵及落实路径》,《江苏高教》2016 年第 3 期。

张应强:《中国特色现代大学制度建设任重道远》,《探索与争鸣》2018 年第 6 期。

赵春雷、高和荣:《论西方治理理论的精神实质——基于前治理理论统构视角》,《南京社会科学》2017 年第 4 期。

赵海丰、骆兴山:《关于完善高校学生代表大会提案工作的思考》,《高校辅导员学刊》2012 年第 2 期。

赵蒙成:《"教授治校"与"教授治学"辨》,《江苏高教》2011 年第 6 期。

赵世奎、卢晓斌:《教授治学:自下而上配置学术权力》,《中国高等教育》2016 年第 2 期。

赵湘、白宗新:《英国伯明翰大学内部治理结构分析》,《世界教育信息》2017 年第 10 期。

赵彦志、周守亮:《网络视域下的大学组织特征与治理机制》,《教育研究》2013 年第 12 期。

钟秉林、赵应生:《加快建设中国特色的大学文化》,《国家教育行政学院学报》2010 年第 9 期。

钟飞:《高校管理权和学生受教育权张力平衡再探析:新制度主义视角》,《现代教育管理》2016 年第 10 期。

周光礼:《大学治理模式变迁的制度逻辑——基于多伦多大学的个案研究》,《高等工程教育研究》2008 年第 3 期。

周光礼:《健全学校法人治理结构　从管理走向"治理"》,《人民政协报》2014 年 2 月 12 日第 10 版。

周光礼、吕催芳:《中国大学与政治社会化:公民意识教育的实证研究》,《高等教育研究》2011 年第 8 期。

周世厚、高贺:《多学科视角:高校学生的校政参与何以必须?》,

《高教发展与评估》2015 年第 4 期。

周巍、孙思栋、谈申申：《学生组织参与大学治理的驱动因素研究——基于结构方程模型》，《中国高教研究》2016 年第 6 期。

朱丽丽、宋思涛：《学生参与高校治理路径的比较研究》，《中国轻工教育》2015 年第 6 期。

朱守信、杨颉：《共同治理视域下教授治校的当代阐释》，《中南大学学报（社会科学版）》2015 年第 5 期。

宗河：《本科高校年底前出台本校学术委员会章程》，《中国教育报》2014 年 3 月 22 日第 1 版。

左崇良：《现代大学治理的法权结构》，《复旦教育论坛》2015 年第 6 期。

三　英文学术文献

（一）英文著作与文集

Arendt H. , *The Human Condition*, Chicago：The University of Chicago Press，1958.

Babbie E. , *The practice of social research* ，10*th ed.* ，Belmont，CA：Thomson/Wadsworth，2004.

Bauer M. &Askling B. &Gerard M. S. &Marton F. , *Transforming University：Changing Patterns of Governance*，*Structure and Learing in Swedish Higher Education*，London：Jessica Kingsley，1999.

Becker L. C. , *Property Rights：Philosophical Foundations*，London：Routledge and Kegan Paul，1997.

Bentham J. , "Supply Without Burthern"，in Stark W. , eds. *Jeremy Bentham's economic writings.* London：George Allen &Unwin，1952.

Bok D. , *Universities and the Future of America*，Durham，NC：Duke University Press，1990.

Boyer E. L. , *College：The Undergraduate Experience in America*，New York：Harper &Row，1987.

Carnegie Commission on Higher Education. , *Governance of Higher Education: Six Priority Problems*, New York: McGraw – Hill, 1973.

Collingwood R. G. , *The New Leviathan*, Oxfofd: The Clarendon Press, 1942.

Commission on Global Governance. , *Our global neighbourhood: The report of the Commission on Global Governance*, Oxford: Oxford University Press, 1995.

Dey I. , *Qualitative data analysis: A user – friendly guide for social scientists*, London: Routledge, 1993.

Flexner A. , *Universities: American, English, German*, London: Oxford University Press, 1930.

Fontana A. &Frey J. H. , "Interviewing: The Art of Science", in Denzin N. K. & Lincolo Y. S. , eds. *Handbook of Qualitative Research*, Thousand Oaks: Sage Publications, 1994.

Gayle D. J, &Tewarie B. , & White A. Q. , *Governance in the Twenty – First – Century University: Approaches to Effective Leadership and Strategic Management*, San Francisco: Jossey – Bass, 2003.

Gewirth A. , "Can Utilitarianism Justify Any Moral Rights? ", in Pennock R. &Chapman J. , eds. *Ethics, Economics and the Law*, Nomos XXIV, New York: New York University Press. 1982.

Goetz J. P. &Lecompte M. D. , *Ethnography and Qualitative Design in Educational Research*, New York: Academic Press, 1984.

Hardy C. , *The politics of collegiality: Retrenchment strategies in Canadian universities*, Kingston: McGill – Queen's University Press, 1996.

Hirsch W. Z. &Weber L. E. , *Governance in Higher Education: The University in a State of Flux*, London: Economica, 2001.

Hobbes T. , *Leviathan, Parts I and II*, Indianapolis: Bobbs – Merrill, 1958.

Hobhouse L. T. , *The elements of social justice*, London:

Routledge, 1993.

Jaspers K. , *The idea of the university*, London: Peter Owen Ltd, 1965.

Jouvenel B. , "Authority: The Efficient Imperative", in Fredrich C. J. , eds. *Audwrity*, *Nomos I*, Cambridge, Mass: Harvard University Press, 1958.

Keeter S. &Zukin C. &Andolina M. &Jenkins K. , *The civic and political health of the nation: a generational portrait*, College Park: Center for Information &Research on Civic Learning &Engagement, 2002.

Kohler K. B. &Eising R. , *The Transformation of Governance in the European Union*, London: Routledge, 1999.

Kotter J. P. , *What Leaders Really Do*, Boston: Harvard Business Press, 1999.

Lasswell H. &Kaplan A. , *Power and Society*, New Haven: Yale University Press, 1950.

Lincoln Y. S. &Guba E. G, "Paradigmatic controversies, contradictions, and emerging confluences", in Denzin N. K. &Lincoln Y. S. , eds. *Handbook of qualitative research*, Thousand Oaks, CA: *Sage* publications, 2000.

Lyall K. C. , "Recent Changes in Structure and Governance of American Higher Education", in Hirsch W. Z. &Weber L. E. , eds. *Governance in Higher Education: The University in a State of Flux*, London, UK: Economica, 2001.

Martin R. , *Rawls and rights*, Lawrence, KS: University Press of Kansas, 1985.

Miles M. &Huberman A. , *Qualitative Data Analysis: An Expanded Sourcebook*, CA: Sage Publications, Newbury Park, 1994.

Mishler E. G. , *Research Interviewing: Context and Narrative*, Cambridge, Mass: Harvard University Press, 1986.

Newman J. H. , *The Idea of A University: Defined and Illustrated*, Chicago: Loyola University Press, 1987.

Niemi R. &Junn J. , *Civic education: What makes students learn*, New Haven, CT: Yale University Press, 1998.

Plant R. , "Needs, Agency, and Welfare Rights", in Moon J. D. , eds. *Responsibility, Rights, and Welfare: The Theory of the Welfare State*, Boulder: Westview Press, 1988.

Pratte R. , *The civic imperative: examining the need for civic education*, New York: Teachers College Press, 1988.

Rawls J. , *A Theory of Justice*, Cambridge, Mass: Belknap Press of Harvard University, 1999.

Rosenau J. N. & Czempiel E. O. , *Governance without Government: Order and Change in World Politics*, Cambridge: Cambridge University Press, 1992.

Russell B. , *Power: A New Social Analysis*, London: George Allen and Unwin, 1938.

Sharma N. , *Value – Creating Global Citizenship Education*, Cham, Switzerland: Palgrave Pivot, 2018.

Simon H. A. , *Administrative Behavior: A Study of Decision Making Processes in Administrative Organization*, New York: Free Press, 1976.

Sporn B. , "Governance and Administration: Organizational and Structural Trends", in Forest J. J. F. & Altbach P. G. , eds. *International Handbook of Higher Education*, Netherlands: Springer, 2007.

Strauss A. & Corbin J. , *Basics of qualitative research: grounded theory procedures and techniques*, Newbury Park, California: Sage Pubications, 1990.

Trow M. *"Problems in the Transition from Elite to Mass Higher Education"*, Paper presented at the Conference on Future Structures of Post – secondary Education, Paris, 1973.

（二）英文期刊

Arnstein S. R. ,"A Ladder of Citizen Participation", *Journal of the American Institute of Planners*, Vol. 35, No. 4, 1969.

Astin A. W. , "Student Involvement: A Developmental Theory for Higher Education ", *Journal of College Student Development*, Vol. 40, No. 5, 1999.

Birnbaum R. , "The end of shared governance: Looking ahead or looking back", *New Direction For Higher Education*, No. 127, 2004.

Blackstone W. T. , "Equality and human rights", The *Monist*, Vol. 52, No. 4, 1968.

Carreau D. G. , "Toward 'Student Power' in France", *The American Journal of Comparative Law*, Vol. 17, No. 3, 1969.

Conover P. J. , "Citizen Identities and Conceptions of the Self", *Journal of Political Philosophy*, Vol. 3, No. 2, 2010.

Creswell J. W. & Miller D. L. , "Determining validity in qualitative inquiry", *Theory into Practice*, Vol. 39, No. 3, 2000.

Ergun O. , "Participation of Students in University and Faculty Administration in Turkey", *The American Journal of Comparative Law*, Vol. 17, No. 3, 1969.

Feinberg J. &Narveson J. , "The nature and value of rights", *Journal of Value Inquiry*, Vol. 4, No. 4, 1970.

Geck W. K. , "Student power in West Germany: The authority of the student body and student participation in decision – making in the universities of the Federal Republic of Germany", *The American Journal of Comparative Law*, Vol. 17, No. 3, 1969.

Harter P. J. , "Negotiating regulations: a cure for the malaise?", *Environmental Impact Assessment Review*, Vol. 3, No. 1, 1982.

Heaney T. , "Democracy, Shared Governance, and the University", *New Direction for Adult and Continuing Education*, No. 128, 2010.

Johnson R. B&Onwuegbuzie A. J. , "Mixed methods research: a research paradigm whose time has come", *Educational Researcher*, Vol. 33, No. 7, 2004.

Johnstone D. B. , "The Student and His Power", *The Journal of Higher Education*, No. 3, 1969.

Keating A. &Benton T. , "Creating cohesive citizens in england?: exploring the role of diversity, deprivation and democratic climate at school", *Education, Citizenship and Social Justice*, Vol. 8, No. 2, 2013.

Laurence G. , "Group Problem Solving as a Different Participatory Approach to Citizenship", *Education Journal of Social Science Education*, Vol. 16, No. 2, 2017.

Leslie A. , "Sustainable Communities: the Role of Global Citizenship Education", *POLIS Journal*, Vol. 2, No. Winter, 2009.

Maassen P. , "Shifts in Governance Arrangements: An Interpretation of New Management Structures in Higher Education", *Higher Education Dynamics*, No. 3, 2003.

Mancini F. , "Student Power in Italy", *The American Journal of Comparative Law*, No. 3, 1969.

Mckinney M. J. , "Negotiated Rulemaking: Involving Citizens in Public Decisions", *Montana law Review*, Vol. 60, No. 2, 1999.

Osler A. &Vincent K. , "Citizenship and the Challenge of Global Education", *British Journal of Educational Studies*, Vol. 52, No. 1, 2004.

Ploeg P. V. D. , "Dewey versus 'dewey' on democracy and education", *Education, Citizenship and Social Justice*, Vol. 11, No. 2, 2016.

Reichert F. , "Learning for active citizenship: Are Australian youths Discovering Democracy at school", *Education, Citizenship and Social Justice*, Vol. 11, No. 2, 2016.

Rhodes R. A. W. , "The New Governance: Governing without Government", *Political Studies*, Vol. 44, No. 4, 1996.

Rist R. C., "On the Relations Among Educational Research Paradigms: From Disdain to Detente", *Anthropology and Education Quarterly*, Vol. 8, No. 2, 1977.

Smouts M. C., "The proper use of governance in international relations", *International Social Science Journal*, Vol. 50, No. 1, 1998.

Tashakkori A. &Creswell J. W., "The New Era of Mixed Methods", *Journal of Mixed Methods Research*, Vol. 1, No. 1, 2007.

Vladimir J., "Participation of students in administration of colleges and universities in Yugoslavia", *The American Journal of Comparative Law*, Vol. 18, No. 1, 1970.

（三）英文文件及报告

UNESCO, *Citizenship Education for the 21st Century*, Paris: United Nations Educational, Scientific and Cultural Organization, 1998.

UNESCO, *Higher Education in the Twenty – First Century: Vision and Action*, Retrieved from http: //www. unesco. org/ education/ educprog/ wche/ declaration_ eng. htm, 1998.

UNESCO, *Leaning: The Treasure Within*, Paris: United Nations Educational, Scientific and Cultural Organization, 1996.

U. S. Congress, *Declaration of Independence*, Retrieved from http: // www. constitution. org/usdeclar. htm, 1776.

World Bank, *Sub – Saharan Africa: From Crisis to Sustainable Growth*, The World Bank, 1989.

后　　记

我刚参加工作之后首先做的是学生工作，与学生的接触较多，发现学生们非常关注大学的改革与发展，对于学校任何工作都有自己的看法和意见，这促使了我对这个问题的初始关注。后来我到高等教育研究所工作后，主要做学校宏观的研究与咨询服务工作，在此期间经历了大学章程的起草工作。作为大学章程起草小组的主要成员，我在撰写学生权利时再次关注到大学内部治理中的学生参与权问题，当时我只有一个想法，就是如何在我国当前的环境里，将学生的参与权变为现实。

苏力教授在其《法治及其本土资源》一书的自序中提出了"什么是你的贡献"的自问，这个问题也时常浮现于我的脑海之中，这几年时间里，我一直在苦苦寻求，以回答"什么是你的贡献"。为此我将《大学内部治理中的学生参与权研究》作为研究选题，以期望能够通过我的研究和努力，尽可能地为推进大学内部治理中学生参与权研究贡献微薄之力，从而为我国大学推进民主治校、提升办学水平有所帮助。

需要说明的是，大学内部治理中的学生参与权研究需要运用多学科的知识、原理、方法，这就要求研究者本人具备管理学、法学、教育学等交叉的学科背景，但囿于本人知识结构、理论水平等限制，研究好这个课题对我来讲还是很有难度的。在本书的研究和写作中，我也尽最大努力，以望精益求精，在本书即将画上句号的时候，仍发现问题颇多，存在着许多不足。

在本书写作的过程中，我的导师刘宝存教授付出了很大的心血。他通过各种途径指导我，使得我的研究在质量上有了很大的飞跃；同时，刘老师也为我的研究积极创造条件，这对我的教育研究水平的提升给予了很大的促进作用。在研究过程中，本人有幸受到颜泽贤教授、李树英教授、李昕教授、郭晓明教授等的教诲，他们对于学术研究或具体工作的执着追求深深感染了我，同时也大大开阔了我的视野，使我受益匪浅。

在进行研究的过程中，学界陈向明教授、王战军教授、洪成文教授、谷贤林教授、储朝晖研究员、周光礼教授、彭宇文教授、胡弼成教授、刘铁芳教授、陈鹏教授、胡海建教授、吴立保教授、王杰教授、徐振明教授、张建伟教授、刘霜教授、范笑仙教授、苑英科教授、荀振芳教授、翟亚军教授等学界前辈给予了极大帮助和支持。华北电力大学和青海师范大学的领导和同事等给予了大力的支持和帮助。此外还有家人的关心和挂念、朋友们的督促和问候、同学们的安慰和协助，使我信心百倍、奋发努力，才交出了一份答卷。

本书能够顺利出版，感谢中国社会科学院杨早研究员的帮助，同时还要感谢中国社会科学出版社老师们在编辑、排版与校稿方面的投入与耐心，特别感谢本书的责任编辑许琳老师的倾力协助与支持。

在此，向给予我支持的所有单位和个人，一并致谢，感谢你们！

由于时间紧、任务重，再加上个人水平有限，本书难免有不妥、欠缺，甚至是错误的地方。另外，在研究的过程中，参考了大量前人的研究成果，本人在引用的过程中，难免有疏漏之处。恳请大家批评指正。

包万平

2022 年 1 月